● 음양, 생명의 몸짓

주역과 만나다

☞ 증산도상생문화총서 022

周易과 만나다 -음양, 생명의 몸짓-

초판발행 : 2013년 6월 11일
글쓴이 : 양재학
펴낸이 : 안중건
펴낸곳 : 상생출판
주소 : 대전광역시 중구 선화동 289-1번지
전화 : 070-8644-3161
팩스 : 0505-116-9308
E-mail : sangsaengbooks@sangsaengbooks.co.kr
출판등록 : 2005년 3월 11일(제175호)
ⓒ 2013 상생출판

가격은 뒤표지에 있습니다.
이 책에 수록된 자료의 저작권은 증산도상생문화연구소에 있습니다.
파본은 서점에서 교환해 드립니다.

ISBN 978-89-94295-62-6
ISBN 978-89-957399-1-4(세트)

● 음양, 생명의 몸짓

주역과 만나다

양재학 지음

상생출판

프롤로그

　동서양에는 수많은 고전이 존재한다. 인류는 힘든 시기를 맞이할 때마다 고비를 벗어날 수 있는 지혜를 고전에서 배웠다. 고전은 삶에 찌들어 심신이 고달픈 자에게 영혼을 맑게 하거나 힘을 불어넣는 옹달샘과 같다. 고전이 고전일 수 있는 까닭은 문화와 역사의 길잡이 역할을 톡톡히 수행했기 때문이다. 읽기 쉬운 고전이 어디 있으랴마는 그 중에서 주역周易은 가장 난해한 책 중의 하나로 손꼽힌다.

　주역은 사서삼경四書三經 가운데 가장 으뜸가는 고전이다. 대한민국 성인 중에서 주역을 모르는 사람은 거의 없다. 하지만 주역을 제대로 아는 사람은 아주 드물다. 게다가 이땅에서 출현한 정역正易은 전문가들에게조차도 귀에 익지 않은 생소한 고전으로 분류된다. 주역이 과거로부터 동양인들의 세계관을 비롯하여 인생관, 가치관을 정립하는 소중한 고전古典이었다면, 정역은 19세기 후반 한국 땅에 혜성같이 등장하여 주역을 뛰어넘어 새로운 우주관을 제시한 신고전新古典이다. 말하자면 정역은 선후천론先後天論을 바탕으로 주역을 새롭게 해석하여 매듭지은 희망의 철학이다.

　증산도사상의 주역관은 종래의 관점으로는 이해하기 힘든 파격적인 성격을 지닌다. 기존의 주역해석이 윤리도덕의 근거는 어디에 있는가를 중심으로 연구해 온것에 그쳤다면, 증산도의 주역관은 기존의 관점을 뛰어넘어 천지개벽이 이루어지는 과정을 밝힌 것이 주역이 씌여진 궁극목적으로 본다. "주역은 개벽할 때 쓸 글이니 주역을 보면 내 일을 알리라."(『도전』 5:248:6) "천지개벽도 음양이 4시로 순환하는 이치를 따라 이루어지는 것이니 천지의 모든 이치가 역易에 들어 있느니라."(『도전』 2:20:4-5) 등을 궁구해 보면, 한마디로 주역은 천지개벽의 원인과 과정을 밝힌 책으로 파악하고 있는 것임을 알 수 있다.

예로부터 동양에서는 '아버지는 나를 낳으시고 어머니는 나를 기르신다[父生母育]'는 말을 소중한 가르침으로 받들어 왔다. 인간과 만물의 부모인 하늘과 땅, 즉 천지부모天地父母를 중심으로 이치를 깨우쳐 인간의 문제를 진단하고 해결점을 찾고자 했다. 이러한 가치관이 고스란이 투영된 주역은 하늘을 건乾[天], 땅은 곤坤[地]이라고 하여 하늘은 생명을 낳고 땅은 생명을 길러내며, 해[日]와 달[月]은 하늘과 땅의 자녀이자 대행자로 제시하였다. 말하자면 천지天地는 부모이며, 일월日月은 천지의 뜻을 대행하여 천지의 뜻을 완수하는 존재로 파악한 것이다.

이처럼 천지의 뜻이 인사人事에 구체적으로 구현된다는 것이 증산도의 주역관이다. 증산도의 주역관에서 천지와 인간의 문제를 보아야만 주역과 정역의 메시지가 극명하게 드러날 뿐만 아니라 새로운 우주관(선후천관)과 진리에 대한 깨달음이 활짝 열릴 수 있을 것이다.

이 책은 증산도상생문화연구소의 '동서양 고전읽기' 세미나에서 발

표되었던 원고와 STB 상생방송의 '주역강좌'에서 강의한 내용을 수정 보완한 것이다. 상생방송에서 방영한 주역강좌는 새로운 관점에서 주역을 읽는다는 동기에서 진행되었다.

주역읽기에는 다양한 방법이 있다. 과거에는 대체로 시대별, 인물별, 주제별, 학파별로 읽는 방법이 통용되었다. 이것이 주역에 대한 외형적 연구라면, 주역 자체의 논리에 충실하게 읽는 내부적 탐구가 있을 것이다. 『주역』 64괘의 형성과 순서를 언급한 「서괘전序卦傳」의 구성은 서로 반대되는 음양이 서로의 존재근거인 동시에 서로를 완성시킨다는 상반상성相反相成의 원리를 바탕으로 이루어졌다는 사실에 주목하여 접근하는 방식이다. 이런 의미에서 주역읽기에 도움이 되는 10개의 괘를 간략하게 소개하면 다음과 같다.

천지만물의 배꼽을 뜻하는 건곤乾坤이 만물을 잉태한 다음에 생명탄생의 어려움과 만물을 길러내는 수많은 고난의 과정을 거치면 지엄한 군대 규율로 인간을 다스려야 한다는 의미의 7번 사괘師卦와, 규율이 지나치면 얼음처럼 차가운 세상으로 변질되기 때문에 사물들의 친화성을 강조하는 8번 비괘比卦가 뒤따른다. 만물이 서로 소통하면 마음까지도 합치되는 세상에 진입할 수 있다는 13번 동인괘同人卦를 이어받아 유형과 무형의 모든 것을 통틀어 진정한 부자가 된다는 14번 대유괘大有卦가 뒤따른다. 겸손은 인류의 미덕에 그치는 것이 아니라, 천도와 지도를 비롯하여 귀신조차도 겸손한 사람을 돕는다고 했듯이 15번 겸괘謙卦는 주역 64괘 중에서 가장 좋은 말로 구성되어 있다. 겸괘를 이어받은 16번 예괘豫卦는 새로운 세상으로 거듭나려는 이치를 우레가 땅을 뚫고 나오는 모양새로 표현한 다음에, 오늘의 '나'를 있게 해준 조상과 상제를 받들라고 가르친다. 49번 혁괘革卦는 표범이 한순간에 털갈이하는 것처럼 주뼛거리지 말고 의식의 혁명은 과감하게 진행하라고 촉구한다. 혁명에는 부산물이 있다. 50번 정괘鼎卦는 백성들의 불안을 잠재우기 위해서는 민심의 안정에 국력을 쏟아부어야 한다고 강조한다. 또한 51번 진괘震卦는 우레의 두려움에서 마음의 평안을 되찾을 수 있는 방법은 오직 인격의 수양에 있다고 강조한다. 52번 간괘艮卦의 가르침은 64괘를 매듭짓는 '멈춤[艮]의 미학'이라고 할 수 있다. 사람은 아무 때나 멈춰서는 안 되고, 시간의 명령에 따라 나아가고 멈추는 지혜를 터득할 것을 요구한다. 그것은 간괘가 곧 시중時中의 중요성을 밝히는 『주역』의 으뜸가는 원리임을 증명한다고 할 수 있다.

이처럼 64괘의 순서는 만물이 생성하는 순환의 끝이 곧 새로운 시간의 시작이라는 창조적 순환론에 기초하고 있는 것이다. 천지와 인간의 유기적인 연관성을 강조한 64괘에서 중요하지 않은 것이 없으나, 이 열 개의 괘는 새로운 진리의 눈동자로 주역과 정역의 세계를 들여다볼 수 있는 핵심이라 판단하였다. 모쪼록 이 책을 통해 주역을 쉽게 이해할 수 있는 작은 디딤돌이 되기를 희망한다.

2013. 4. 27

증산도상생문화연구소 연구위원 양재학

차례

프롤로그 ·· 4

Chapter 1 지수사괘地水師卦 ················ 14

1. 세상을 구하는 조직의 규율 : 사괘 ················ 14
2. 사괘 : 군대의 생명은 곧음 ····················· 17
3. 단전 : 정도正道로 집단을 움직여야 ··············· 18
4. 상전 : 포용으로 백성을 보듬고 ··················· 20
5. 초효 : 군율의 지엄함 ························· 23
6. 2효 : 하늘이 사랑하는 지도자 ··················· 24
7. 3효 : 지도자의 조건 ·························· 25
8. 4효 : 지도자는 상황판단이 빨라야 ················ 27
9. 5효 : 중용의 실천 ···························· 28
10. 상효 : 인재등용의 원칙 ······················· 29
11. 주역에서 정역으로 ··························· 33

☞ 周易 上經 ····································· 38

Chapter 2 수지비괘水地比卦 ················ 40

1. 인화의 첫걸음 : 비괘 ························· 40
2. 비괘 : 고통을 이겨내야 평안함을 맛볼 수 있다 ········ 42
3. 단전 : 천지가 도와서 내린 처방의 결과가 조화다 ······ 44
4. 상전 : 땅과 물은 상부상조의 지혜를 표상 ············ 46
5. 초효 : 주역읽기는 하늘을 믿는 것으로부터 ··········· 48
6. 2효 : 도덕성의 확보는 내면의 정화에 있다 ·········· 51
7. 3효 : 스스로가 몸과 마음의 주인이 되어야 ·········· 52
8. 4효 : 안으로 마음닦기에 열중하라 ················ 54
9. 5효 : 순역順逆은 사귐의 원칙 ··················· 54
10. 상효 : 상대를 돕는 데에 순위를 두지 말라 ········· 64
11. 주역에서 정역으로 ··························· 66

☞ 周易 下經 ····································· 70

Chapter 3 천화동인괘天火同人卦 ········· 72

1. 하늘의 섭리에 순응하면서 성찰해야 : 동인괘 ············ 72
2. 동인괘 : 열린 마음으로 진리의 바다에 빠져라 ··········· 77
3. 단전 : 올바른 마음으로 문명사를 기획해야 ············· 79
4. 상전 : 통일성과 다양성의 조화를 향하여 ············· 82
5. 초효 : 파벌을 버리고 포용의 정신으로 타협하라 ········· 84
6. 2효 : 혈연과 파벌의식을 타파하라 ················· 85
7. 3효 : 내 안의 적이 훨씬 무섭다 ·················· 86
8. 4효 : 피흉避凶의 방법은 정의를 추구하는 것에 ········· 88
9. 5효 : 고난을 거친 성공이 진정한 행복이다 ············ 89
10. 상효 : 하늘의 뜻을 받드는 삶을 살아라 ············· 90
11. 주역에서 정역으로 ························ 92

☞ 正易 上經 ······························ 96

Chapter 4 화천대유괘火天大有卦 ········· 98

1. 위대한 소유란 무엇인가? : 대유괘 ················ 98
2. 대유괘 : 소유의 전제조건은 형통이다 ·············· 101
3. 단전 : 하늘의 원리는 진리의 원형이자 뿌리 ·········· 102
4. 상전 : 선善은 아름다움[休]으로 더욱 빛난다 ·········· 104
5. 초효 : 때(시간)에 부합하는 교제를 선택하라 ········· 106
6. 2효 : 자신의 능력을 배양하면서 겸손하라 ··········· 107
7. 3효 : 군자는 상황논리에 빠지지 않는다 ············ 109
8. 4효 : 내면의 잠든 영혼을 일깨워라 ··············· 111
9. 5효 : 믿음과 위엄이 사귐의 원칙이다 ············· 112
10. 상효 : 스스로를 도와야 하늘이 도와준다 ··········· 114
11. 주역에서 정역으로 ······················· 115

Chapter 5 지산겸괘地山謙卦 ····· 120

1. 꽃보다 아름다운 겸손 : 겸괘 ····· 120
2. 겸괘 : 군자의 역사적 사명 ····· 127
3. 단전 : 천지와 함께하는 진리의 삶 ····· 128
4. 상전 : 만물의 운동방식 ····· 133
5. 초효 : 군자의 행동강령 ····· 135
6. 2효 : 진리와 하나되는 길 ····· 136
7. 3효 : 수고롭고 겸손함 - 유종의 미 ····· 137
8. 4효 : 겸손의 가치 - 원칙과 변칙의 통일 ····· 139
9. 5효 : 복종토록 만드는 방법 ····· 141
10. 상효 : 겸손의 필요충분 조건 ····· 142
11. 주역에서 정역으로 ····· 143

☞ 正易 下經 ····· 148

Chapter 6 뇌지예괘雷地豫卦 ····· 150

1. 새로운 질서의 창조는 예정되어 있다 : 예괘 ····· 150
2. 예괘 : 새 술은 새 부대에 ····· 153
3. 단전 : '순응'은 천지와 시간이 운행하는 방식 ····· 154
4. 상전 : 상제와 조상의 은덕에 감사하라 ····· 158
5. 초효 : 홀로 즐기는 즐거움은 외롭다 ····· 159
6. 2효 : 선비의 절개는 돌로 깨뜨릴 수 없다 ····· 161
7. 3효 : 소인이여! 사방을 바라보라 ····· 163
8. 4효 : 내면에 잠든 덕성과 능력을 의심하지 말라 ····· 165
9. 5효 : 타이밍에 알맞게 실천하라 ····· 166
10. 상효 : 진정한 즐거움은 진리의 소리를 듣는 것 ····· 167
11. 주역에서 정역으로 ····· 169

Chapter 7 택화혁괘澤火革卦 ······ 174

1. 진정한 개혁 : 혁괘 ······ 174
2. 혁괘 : 천지변화와 의식혁명 ······ 177
3. 단전 : 신천지를 열망하며 ······ 180
4. 상전 : 새로운 시간질서 ······ 185
5. 초효 : 기축己丑으로 시작하는 후천 ······ 188
6. 2효 : 개혁의 시기가 무르익다 ······ 191
7. 3효 : 개혁의 3단변화 ······ 192
8. 4효 : 개혁의 성공 - 굳건한 믿음 ······ 194
9. 5효 : 대인의 믿음직한 혁명 ······ 195
10. 상효 : 두 마음을 품는 소인 ······ 197
11. 주역에서 정역으로 ······ 199

Chapter 8 화풍정괘火風鼎卦 ······ 204

1. 이 세상을 어떻게 안정시킬 것인가? : 정괘 ······ 204
2. 정괘 : 개혁 이후 가장 시급한 일은 안정이다 ······ 209
3. 단전 : 성인의 임무는 현인을 양성에 있다 ······ 210
4. 상전 : 군자는 천명을 현실에 구현해야 ······ 213
5. 초효 : 과거의 잘못은 과감하게 버려라 ······ 215
6. 2효 : 초지일관의 마음을 지켜라 ······ 217
7. 3효 : 주변 여건에 흔들리지 말라 ······ 218
8. 4효 : 의무와 책임소재는 타인에게 양도할 수 없다 ······ 220
9. 5효 : 중용으로 천하를 먹여 살려야 ······ 221
10. 상효 : 강유의 조화는 상황을 역전시키는 양약 ······ 223
11. 주역에서 정역으로 ······ 225

Chapter 9 중뇌진괘重雷震卦 ····· 230

1. 세상을 다스리는 원칙과 변수 : 진괘 ····· 230
2. 진괘 : 천둥은 일종의 하늘의 경찰관이다 ····· 233
3. 단전 : 종묘사직은 나라와 왕실의 안녕과 직결 ····· 236
4. 상전 : 자연의 경고음은 하늘의 메세지 ····· 238
5. 초효 : 우레는 인간의 도덕성을 판단하는 하늘의 검찰 ····· 239
6. 2효 : 목숨과 재물은 양립할 수 없다 ····· 241
7. 3효 : 날마다 마음을 단속하라 ····· 243
8. 4효 : 숨이 가쁘면 잠시 쉬어가라 ····· 244
9. 5효 : 중용은 최고의 보약 ····· 245
10. 상효 : 실천에 앞서 거듭 생각하라 ····· 246
11. 주역에서 정역으로 ····· 248

Chapter 10 중산간괘重山艮卦 ····· 254

1. 새로운 생명이 움트는 옴빠로스(배꼽) : 간괘 ····· 254
2. 간괘 : 멈춤과 그침의 미학 ····· 263
3. 단전 : 간괘의 핵심은 시중時中의 정신이다 ····· 265
4. 상전 : 하늘이 부여한 자신의 위상을 사무치게 새겨야 ····· 269
5. 초효 : 멈춤의 시기에도 올바름[正]으로 무장하라 ····· 270
6. 2효 : 진리[道]가 펼쳐지지 않음을 근심하라 ····· 271
7. 3효 : 의견을 조정하고 소통하는 지혜를 터득해야 ····· 273
8. 4효 : 몸뚱이를 움직이는 것은 '간'의 마음 ····· 274
9. 5효 : 입과 혀는 몸을 망치는 도끼와 칼이다 ····· 276
10. 상효 : 배움의 목적은 머무름을 알기 위해서 ····· 277
11. 주역에서 정역으로 ····· 280

찾아보기 ····· 284

地水師卦
지 수 사 괘

조직을 움직이는 것은 사람이고, 사람을 움직이는 것은 규율이다. 사람과 조직을 움직이는 것은 정도正道 이외에 다른 것은 없다. 정도를 지키는 사람은 문무를 겸비해야 한다.

Chapter 1

지수사괘地水師卦
: 진리의 군대는 규율이 엄정해야

1. 세상을 구하는 조직의 규율 : 사괘

정이천은 천수송괘 다음에 지수사괘가 오는 이유를 다음과 같이 말한다.

* 師는 序卦에 訟必有衆起라
  _{사 서괘 송필유중기}

  故受之以師라 하니라
  _{고수지이사}

  師之興은 由有爭也니 所以次訟也라
  _{사지흥 유유쟁야 소이차송야}

  爲卦坤上坎下하니 以二體言之하면
  _{위괘곤상감하 이이체언지}

  地中有水하니 爲衆聚之象이오
  _{지중유수 위중취지상}

<ruby>以</ruby><ruby>二</ruby><ruby>卦</ruby><ruby>之</ruby><ruby>義</ruby><ruby>言</ruby><ruby>之</ruby>하면 <ruby>內</ruby><ruby>險</ruby><ruby>外</ruby><ruby>順</ruby>하여
以二卦之義言之하면 內險外順하여
險道而以順하니 行師之義也오
以爻言之하면 一陽而爲衆陰之主하니
統衆之象也라
比는 以一陽으로
爲衆陰之主而在上하니 君之象也오
師는 以一陽으로
爲衆陰之主而在下하니 將帥之象也라

사괘는 「서괘전」에 '소송은 반드시 여럿이 일어나기 때문에 사괘로 이어받았다'라고 했다. 군대가 일어남은 분쟁이 있기 때문이므로 송괘 다음이 된 것이다. 괘의 형성은 곤은 위에, 감은 아래에 있다. 두 실체로 말하면 땅 가운데 물이 있으니 여럿이 모이는 형상이다. 두 괘의 뜻으로 말하면 안은 험난하고 밖은 순하여 험난한 도이면서 순함을 본질로 삼으니, 군대를 행하는 뜻이다. 효로 말하면 하나의 양이 여러 음의 주장이 되어 여러 사람을 통솔하는 형상이다. 비괘는 하나의 양이 여러 음의 주장이 되어 위에 있으니 군자의 모습이다. 사괘는 하나의 양이 여러 음의 주장이 되어 아래에 있으니, 장수의 모습이다.

'사師'는 무리 '사', 군대 '사'이다. 상괘는 땅[坤; ☷], 하괘는 물[坎; ☵]로 구성된 것이 사괘師卦이다. 옛날의 농사꾼은 평소에는 땅을 일구어 세금을 바치고, 농한기에는 부역으로 끌려 나갔고, 전쟁 때에는 군인으로 복역하였다. 농사는 하늘의 뜻을 이어받은[順應] 최고의 직업이라는 의미에서 '농자천하지대본農者天下之大本'이라는 말이 생겼다. 하늘 아래에는 물이라는 위험이 도사리고 있다. 즉 농사일 뒤에는 위험한 전쟁을 상징하는 험난함[險難; 坎]이 가로막혀 있다. 또한 이성을 잃다 보면 개인적인 소송건이 집단분쟁의 불씨가 되기도 한다. 집단분쟁은 곧잘 전쟁으로까지 확대되어 걷잡을 수 없다는 뜻이다.

지수사괘의 구조

그것은 괘의 구조가 대변한다. 지수사괘地水師卦(䷆)에서 2효만 양이고 나머지는 모두 음이다. 유약한 다섯 음에 양 하나가 포위당했어도 강력한 힘을 발휘하고 있다. 즉 다섯 음은 병사이고, 단 하나의 양인 2효는 5효 임금에게서 대권을 이양 받은 장군이다. 최고 통수권자인 임금의 명령장을 근거로, 심지어 병사의 대열에 낀 임금조차도 이끌고 전쟁터에 나가는 형국이다.

2효는 비록 아래에 있지만, 위의 5효 임금에게서 병권을 위임받은 사령관이다. 군주가 사령관에게 출정명령을 내리는 상황에 빗대어 설명하기 때문에 괘 이름을 '사괘'라 했던 것이다. 군대는 특수조직이다. 상관의 말은 지상명령이다. 지휘관에 대한 명령 불복종은 '하극상下剋上'이라 하여 처벌대상이다. 그렇다고 계급의 권위로 군대를 이끈다고 전쟁의 승리를 보장받지 못한다. 명령에는 합당한 전제조건이 뒤따르기 때문이다.

참고로 주역 64괘에서 '일음오양一陰五陽'의 구조를 갖는 괘가 여섯 개, 또한 '일양오음一陽五陰'의 구조를 갖는 괘도 여섯 개이다. 전자는 택천쾌괘澤天夬卦(䷪), 천풍구괘天風姤卦(䷫), 화천대유괘火天大有卦(䷍), 천화동인괘天火同人卦(䷌), 풍천소축괘風天小畜卦(䷈), 천택리괘天澤履卦(䷉) 등이다. 후자는 지뢰복괘地雷復卦(䷗), 산지박괘山地剝卦(䷖), 뇌지예괘雷地豫卦(䷏), 지산겸괘地山謙卦(䷠), 지수사괘地水師卦(䷆), 수지비괘水地比卦(䷇) 등이다. 전자가 주로 수신·제가·치국·평천하와 같은 정치문제를 언급했다면, 후자는 천지지도天地之道와 이에 근거한 실천문제를 언급하고 있다.

'사괘'의 구성을 통해서 인류사의 발전과정을 추적해 볼 수 있다. 인류는 원시공동체를 이루면서 공동생산, 공동분배를 통해서 경제생활을 영위했다. 하지만 시대가 흘러 인간의 무한욕망이 표출되면서부터 이기심의 충돌은 분쟁과 투쟁의 양상으로 나타났다. 분쟁은 목숨 건 싸움으로 발전하여 입장이 같은 부류끼리 연합하기에 이른다. 이런 의미에서 '사괘'는 군대의 기율에 대해 가르치고 있다.

2. 사괘 : 군대의 생명은 곧음

★ 師사는 貞정이니 丈人장인이라야 吉길코 无咎무구하리라

사는 곧음이다. 장인이라야 길하고 허물이 없다.

주역은 언제 어디서나 곧음[貞정]과 올바른 마음[正정]을 강조한다. 그러니까 주역은 마음학[心學심학]이다. 불교처럼 가끔은 현실을 냉소적으로 바라보는 태도가 아니라, 오히려 주역은 현실개혁을 적극적으로 옹

호하고 촉구한다. 행운[吉]을 획득하기 위해서 올바른 행위를 하라는 것이 아니다. 우연히 찾아오는 행운을 기대하기보다는 정당하고 떳떳한 행위 뒤에 따라오는 행운을 맛보라고 가르친다.

주역은 애당초 대동사회를 지향한다. 대동사회의 건설을 법률과 힘에 의지할 것인가, 아니면 도덕률에 기초한 공동체를 형성하느냐의 선택이 기다리고 있을 따름이다. 주역은 후자를 지향한다. 맹자는 도덕성을 거부한 통치자의 정당성조차 인정하지 않았다. 사괘는 심지어 규율이 강력하기로 소문난 군대에게도 도덕적 정당성을 요구한다. 분대, 소대, 중대, 대대, 연대, 사단으로 이어지는 계급집단에서 명령거부는 있을 수 없다. 명령에 무조건 순종하는 것이 특수조직인 군대의 생명인 것이다.

> ☞ 기율을 생명으로 삼는 군대는 '올바름[貞=正]'으로 움직여야 옳다.

3. 단전 : 정도正道로 집단을 움직여야

* 象曰 師는 衆也오

　貞은 正也니 能以衆正하면 可以王矣리라

　剛中而應하고 行險而順하니

　以此毒天下而民이 從之하니

吉코 又何咎矣리오
_{길 우하구의}

단전에 이르기를 사는 무리요, 곧음은 올바름이다. 능히 무리를 올바르게 하면 왕이 될 수 있다. 강하고 적중하여 응하고, 험한 것을 실행하면서 순하게 한다. 이로써 천하를 훈육(혹독)하므로 백성들이 따르니 길하고 또한 무슨 허물이 있겠는가.

집단을 움직이는 것은 조직도 아니고, 돈도 아니고 권력도 아니다. 조직을 움직이는 것은 사람이다. 사람을 사람이게끔 하는 것은 정도正道 이외에 다른 것은 없다. 그렇다고 정도를 지키는 사람은 단연코 유약해서는 안 된다. 문무를 겸비해야 한다. 그래서 정의는 늠름한 장수에 의해 실현될 수 있다고 했다. 그만큼 정의는 힘이 뒷받침되지 않으면 구현되기 어렵다는 사실이다. 오죽하면 서양의 궤변론자들이 '정의는 강자의 이익'이라 했겠는가. '장인丈人'을 대인大人으로 볼 수도 있다. 5효 대인大人에게서 막강한 권한을 이양 받은 장군이기에 '장인丈人'이라고 했을 뿐이다. '장인丈人'은 차라리 건괘乾卦 2효의 대인大人으로 보는 것이 옳을 것이다.

정의와 불의

정의[正]와 불의의 가치기준은 무엇인가? 법률인가, 양심인가? 이는 동서양 철학자들이 골머리를 앓았던 문제이다. 정의는 양심에 뿌리를 두고 있다. 양심은 맹자가 얘기했던 것처럼 인간이 어머니 뱃속에서부터 배우지 않고도 아는 선천적이며, 동시에 인간이면 누구나 다 태어날 때부터 본유本有한 본성이다. 그것이 바로 공자에게는 '인仁'이고 맹자에게는 '인의仁義'였다. 맹자는 「양혜왕梁惠王」 상편의 첫머리에서 사회적 이익만을 챙기는 양혜왕에게 도덕적 가치가 더 근원적이라고 일침을 가하고 있다.

뭇사람을 이끌어가는 원동력은 힘과 조직, 돈과 권력과 명예가 아니라 개인과 사회를 꿰뚫는 '올바른 길[正道]'[1]에 있다. 대중을 교육하는 방법은 덕으로 다스리는 왕도이지 채찍을 일삼는 패도가 아니다. 진정으로 백성들이 원하는 바가 왕도라는 사실 자체를 논증한 이론이 바로 성선설性善說이다. 백성과 함께 하지 않는 정치는 아무런 쓸모가 없다는 것이 유교의 종지이다. 그래서 공자는 '안민安民'을, 맹자는 '여민동락與民同樂'을, 다산은 '목민牧民'을 외쳤던 것이다.

> ☞ 조직을 움직이는 것은 사람이다. 정도正道를 지키며, 문무를 겸비해야 지도자로서의 자격을 갖출 수 있다.

4. 상전 : 포용으로 백성을 보듬고

* 象曰 地中有水師니
  君子以하여 容民畜衆하나니라

땅 속에 물이 있음이 사이니, 군자는 이를 본받아 백성들을 널리 포용하고 무리를 길러낸다.

---

1 『易程傳』, "師之道, 以正爲本, 興師動衆, 以毒天下而不以正, 民弗從也, 强驅之耳, 故師以貞爲主."

어머니 대지는 생명수를 가슴에 가득 품고 있다. 이러한 형상을 본 뜬 것이 사괘師卦이다. 군자는 이러한 생명의 의지를 깨달아 어머니가 자식을 품듯이 백성들을 한없는 사랑으로 감싸서 양육하라는 지침이다.

대지는 만물생성의 자궁이며, 물은 자궁을 율동시키는 생명의 씨앗이다.[2] 신화학의 대가 조지프 켐벨은 "신화는 제 1의 자궁이며, 종교는 제 2의 자궁"[3]이라 했다. 이런 점에서 땅과 물에 대한 사괘師卦의 가르침은 제 3의 자궁에 대한 노스텔지어를 불러일으키는 명언이다. 어머니 대지는 여성원리로서 만물에 대한 배타적 사랑이 아니라 포괄적인 사랑을 뿜어낸다. 가정에서 어머니[땅; 地]가 자식에게 사랑을 부여하는 존재라면, 아버지[하늘; 天]는 자식에게 사회적 성격을 부여하는 존재이다.

「상전」의 앞부분은 자연에 대한 객관적 서술이요, 후반부는 자연의 인간화라는 문화와 문명을 얘기한다. 자연을 정복하고 싶어 하는 것은 인간의 선천적 본능일지도 모른다. 서양에서는 자연을 넘어서거

---

2 사라 알란/오만종,『공자와 노자, 그들은 물에서 무엇을 보았는가』(서울: 예문서원, 1999), 25-26쪽 참조. "물은 생명을 제공하고 땅으로부터 자발적으로 솟아올라 저절로 움직이며, 고요한 상태가 될 때 완전한 수평이 되는 동시에 스스로 침전작용을 하여 맑아진다. 또 그릇의 모양에 따라 어떠한 형태도 취하고 가장 조그마한 틈도 뚫고 들어가며, 강압에 양보하지만 가장 단단한 돌도 닳게 하고 얼음이 되어 단단해지고 증기가 되어 사라지기도 한다. 이러한 특성을 지닌 물은 우주의 본성에 관한 철학적 개념의 모델이다. … 형태의 다양성과 이미지를 생성하는 데 비상한 능력을 갖고 있는 물은 자연의 이치뿐만 아니라 사람의 행위에 대해서도 적용되는 일반적인 우주원리들을 개념화하는 주요한 모델을 제공했다."
3 조지프 켐벨/이윤기,『신화의 힘』(서울: 고려원, 1996), 120쪽 참조.

나 극복(정복)하는 것을 문명이라 단정지었다. 그들에게 '가장 자연스런 것'은 '문명화되는 것'이라고 말할 수도 있다. 주역은 자연의 정복을 경계하지만, 문명화되는 것에 대해서는 긍정적이다. 64괘 전체 「상전」의 문법구조가 자연의 인간화로 일관되어 있기 때문이다.

「상전」에 함축된 문제의식에 대해서 서양인들은 생태학적으로 접근하기 시작했다. 그들은 자연에 대한 의무인가, 인류에 대한 의무인가로 압축했던 것이다.

> "첫째, 인류에 대한 의무보다 자연에 대한 의무가 더 우월한 차원에 있다는 주장이다. 이는 생태학적 전체론의 입장인데, 논리적으로 인간의 자유를 축소시킬 뿐 아니라, 인구수까지 감소시킬 권리를 내포한다. 둘째, 자연에 대한 의무와 인류에 대한 의무가 같은 차원에 있다는 주장이다. 우리에게는 분명 두 번째 선택이 더 매력적인 것으로 보인다."[4]

'용容'은 용납하다, 포용하다, 용서하다 등 여러 뜻이 있다. 진정한 의미에서 포용의 정신은 종교의 극한 대립마저도 초월한다. 용납은 상대방의 잘못을 용서하는 것이고, 포용은 상대방의 사상과 이념 등을 존중하고 인정한다는 뜻이다. '포용'은 지난 일에 발목 잡히지 않는다. 미래를 지향하기 때문이다.

> ☞ 어머니가 자식을 품듯이, 백성들을 사랑으로 감싸안고 양육할 책임을 짊어진 사람이 바로 군자이다.

---

[4] 오귀스트 베르크/김주경, 『대지에서 인간으로 산다는 것』(서울: 미다스 북스, 2001), 140쪽.

5. 초효 : 군율의 지엄함

* 初六은 ^{초육} 師出以律^{사출이율}이니
  否^{부}면 臧^{장}이라도 凶^{흉}하니라

  象曰^{상왈} 師出以律^{사출이율}이니 失律^{실율}하면 凶也^{흉야}리라

초육은 군대가 출정하는데 군율로써 해야 한다. 그렇지 않으면 비록 착하더라도 흉하다. 상전에 이르기를 '군대가 출정하는데 군율로써 해야 한다'는 것은 군율을 상실하면 흉할 것이다.

군인의 길은 절대복종이 미덕이다. 군대는 매일 반복하는 훈련과 더불어 규율이 군대의 전투력을 높이는 지름길인 까닭에 갖가지 규범을 만들어 포상하거나 징계하여 조직력을 강화시켰다. 규율을 지키지 않으면 아무리 착한 군인일지라도 군율로 처벌받는다. 군율의 지엄함은 선악의 가치를 넘어선다는 말이다. 특히 「상전」의 말에 따르면, 질서 파괴자는 반드시 신상필벌信賞必罰의 원칙에 의거하여 용서받을 수 없다는 법가사상法家思想 또는 병가兵家의 주장과 거의 일치한다.

초효는 음이 양의 자리에 있고, 하괘의 중도를 얻지 못했기 때문에 '부중부정不中不正'이다. 그것은 2효 사령관의 명령에 복종하지 않는 군율 위반행위를 상징한다. 그런데 제갈량諸葛亮은 "출사표出師表"를 지을 때, 군율의 엄정함보다는 전쟁이 과연 합당한가 여부를 먼저 하늘에 물었다. 이는 아무리 군율일지라도 하늘과 땅과 인간의 도리에 부합하지 않으면 그 정당성마저 잃는다는 뜻이다. 그러나 일단 군대

를 지휘할 때, 군율이 공평하게 적용되지 않으면 군율은 있으나마나 한 휴지조각에 불과할 것이다.

> ☞ 하늘과 땅과 인간의 도리[진리]에 부합하지 않으면 군율도 정당성을 잃는다.

6. 2효 : 하늘이 사랑하는 지도자

* 九二는 在師하여 中할새 吉코 无咎하니
  王三錫命이로다
  象曰 在師中吉은 承天寵也오
  王三錫命은 懷萬邦也라

구이는 군사에 있어서 적중하기 때문에 길하고 허물이 없다. 왕이 세 번이나 명을 내리도다. 상전에 이르기를 '군사에 있어서 적중하기 때문에 길하다'는 것은 하늘(천자)의 은총을 받듦이요, '왕이 세 번이나 명을 내린다'라는 것은 모든 나라를 내 품으로 포용함이다.

2효는 사괘에서 유일하게 에너지가 넘치는 양효이다. 모든 음에 둘러싸여 있으면서도 그들의 전폭적인 지원과 신뢰를 받는다. 특히 5효 군주의 각별한 신임 아래 막강한 힘을 발휘하여 전쟁을 승리로 이끄는 덕장德將이면서 지장智將이자 용장勇將이다.

2효가 길한 까닭은 중용의 덕을 갖추고 있기 때문이지, 전술전략에 탁월한 장수 단독의 능력으로 이루어지 않는 것을 뜻한다. 불의를 보고도 그냥 지나치는 무능한 장군이 아니라 불의조차도 중용의 덕으로 감화시키는 유능한 장군이다. 그러니까 왕은 은총을 계속 내리고, 부하들은 모두가 감복하여 군율을 잘 지킴으로써 군대의 사기는 하늘을 찌를 듯이 높아질 수밖에 없다.

2효는 하늘의 섭리에 대한 땅의 대행자, 성인에 대한 군자, 군주에 대한 신하의 위치를 상징한다. 하늘의 은총을 받는 자는 군주의 신임을 받는 사람이다. 하늘의 사랑을 받는 자는 백성의 지지를 받는 훌륭한 지도자다. 이런 지도자는 하늘의 뜻을 계승하여 온 천하를 감동시킬 수 있다. 그것은 힘에 의한 강요가 아니라 덕치에 의한 감화인 것이다.

> ☞ 하늘의 사랑을 받는 지도자는 중용의 덕을 갖추어 백성의 지지를 받는다.

7. 3효 : 지도자의 조건

* 六三은 師或輿尸면 凶하리라
(육삼) (사혹여시) (흉)

象曰 師或輿尸면 大无功也리라
(상왈) (사혹여시) (대무공야)

육삼은 군대가 혹시 전쟁에 패하여 시체를 수레에 실으면 흉할 것이다.[5] 상전에 이르기를 '군대가 혹시 전쟁에 패하여 시체를 수레에 싣는다'는 것은 큰 공로가 없음이다.

3효는 중용의 덕을 한 단계 지나친 하괘의 끝자락에 위치한다. 또한 양의 자리에 음효가 자리잡고 있다. 이는 아무런 권한도 없는 사람이 지휘관 노릇하면서 뽐내는 형상이다. 누구도 무서워하지 않는다. 그러니까 병사들로부터 존경받지 못한다. 이를 사괘는 전쟁터에서 패배하여 시체를 수레에 싣고 처량하게 돌아오는 모습으로 묘사하고 있는 것이다.

3효는 자질이 부족한 사람이 사령관의 지휘봉을 흔드는 꼴이다. 그는 자신의 능력에서 빗나간 불법행동을 마구 저지른다. 이런 사람이 사령관이 된다면, 그 군대는 백전백패한다. 사령관이 전사하여 병사들이 비를 맞으면서 그 시체를 삐거덕거리는 달구지에 싣고 돌아온다는 뜻이다. 전리품은 커녕 패배로 인한 배상의 짐만 지고 온 셈이다.

> ☞ 자질이 부족한 지휘관은 모두에게 불행이다.

---

5 대부분의 풀이들과는 다르게, 정이천의 주석에 입각하여 "군사가 혹 여럿이 주장하면[輿尸, 衆主也.] 흉하다"고 한 것도 있다. (김석진, 앞의 책, 328쪽)

8. 4효 : 지도자는 상황판단이 빨라야

* 六四는 師左次니 无咎로다

  象曰 左次无咎는 未失常也라

육사는 군사가 왼쪽으로 후퇴하여 물러남이니 허물이 없다. 상전에 이르기를 '왼쪽으로 후퇴하여 물러남이니 허물이 없다'는 것은 떳떳함을 잃지 않음이다.

4효는 음이 음의 자리에 있어 정正이지만, 중中의 위치는 아니다. 비록 유약하고 능력이 부족한 지휘관이지만, 자기 분수를 잘 알기 때문에 정도를 지킨다. 전쟁에서 무모하게 앞으로 나가는 것을 금지하는 말이다. 단지 전력보강을 위해 잠시 후퇴하여 대열을 정돈하는 데 필요한 시간을 버는 작전을 가리킨다.

긴박한 상황에서 나아가고 물러가는 것을 판단하는 것은 유능한 지휘관이 아니면 불가능하다. 적을 알고 나를 알면 백 번 싸워도 패하지 않는다는 말이 있다. 후퇴하는 것은 비겁해서 그런 것이 아니라, 3보 전진을 위해서 2보 물러서는 것일 따름이다. 싸워서 이길 수 없다는 판단이 서면 후퇴하는 것이 지는 것보다 훨씬 낫다.

군사행동을 비롯하여 일상생활을 통틀어서 전진과 후퇴를 결정하는 가늠자는 적절한 시간을 선택하는 데에 있다.[6] 전진해야 할 때는 후퇴하고, 후퇴할 때 전진하는 오류를 범해서는 안 된다. 객관적 시기

---

6 정이천의 주석은 참고할 만 하다. "行師之道, 因時施宜, 乃其常也."

와 공간적 상황을 합리적으로 판단하여야 병사들의 생명을 보호할 수 있을 뿐만 아니라 전쟁의 종지부를 찍을 수 있는 것이다.

> ☞ 전진과 후퇴를 결정하는 기준은 적절한 시간의 선택에 있다.

9. 5효 : 중용의 실천

* 六五는 田有禽이어든 利執言하니 无咎리라
  長子帥師니 弟子輿尸하면 貞이라도 凶하리라
  象曰 長子帥師는 以中行也오
  弟子輿尸는 使不當也라

육오는 밭에 새가 있거든 포획하라고 말하는 것이 이로우니 허물이 없을 것이다. 장자가 군사를 통솔하니 제자가 시체를 실으면 올바르더라도 흉할 것이다. 상전에 이르기를 '장자가 군사를 통솔한다'는 것은 중도로써 행함이요, '제자가 시체를 싣는다'는 것은 부림이 온당치 않음이다.

새는 나무 위에서 목청껏 노래 불러야 한다. 밭에 새가 있다는 것은 땀 흘려 농사지은 작물을 마구 먹어치우는 까닭에 그러한 새는 사냥해도 좋다는 뜻이다[利執言]. 이와 마찬가지로 백성들을 보살핀다는 명목으로 괴롭히는 도적은 마땅히 잡아들여야만 근심이 사라진다.

이제야 대의명분을 내걸고 불의한 집단을 토벌할 시간이 왔다고 암시한다. 그러니까 실리보다는 명분이 정당하기 때문에 여론조성에 아무런 흠집이 없다. 5효는 음이 양의 자리에 있기 때문에 부정不正이지만 중中을 얻고 있다. 5효는 군대를 움직이는 주체로서 중용의 덕을 쌓은 군주이다.

장자長子와 제자弟子의 대비가 절묘하게 구성되어 있다. 일차적으로는 하늘의 큰아들과 나머지 여러 아들을 뜻한다. 하늘의 큰아들만이 장수들을 통솔할 자격이 있다는 말이다. 이밖에도 장자학長子學=공자학孔子學이며, 제자학弟子學=제자학諸子學이라고도 할 수 있다. 제자들이 모는 달구지는 시체를 싣는 쓰임새요, 공자의 무리들이 이끄는 수레는 진리를 싣는다는 뜻이다. 왜냐하면 장자학長子學은 중용의 도리를 실천함을 목적으로 삼기 때문이다.

☞ 중용의 실천이 고난극복의 지름길이다.

10. 상효 : 인재등용의 원칙

* 上六은 大君이 有命이니
  開國承家에 小人勿用이니라
  象曰 大君有命은 以正功也오
  小人勿用은 必亂邦也일새라

> 상육은 대군이 명을 내린 것이 있으니, 나라를 열고 가업을 이어
> 받음에 소인을 등용하지 말지어다. 상전에 이르기를 '대군이 명을
> 내린다'는 것은 공을 바르게 함이요, '소인을 등용하지 말라'는 것
> 은 반드시 나라를 어지럽히기 때문이다.

상효는 전쟁이 끝난 후에 벌어지는 '논공행상論功行賞'에 대해 얘기하고 있다. 각각의 공로에 대한 심사를 엄격히 한 다음에, 공신에게는 제후諸侯에 봉하거나 또는 경대부卿大夫에 임명한다. 아무리 적을 토벌한 공적이 많더라도 나라를 창업하고 백성을 다스리는데 인격적 품성이 부족하면 관리로 임명하지 말아야 한다고 단언했다.[7]

소인은 마음에 두 얼굴을 품고 있다. 겉으로는 환한 얼굴과 뛰어난 말주변, 속으로는 재물을 좋아하면서 기회를 엿보아 음모의 이빨로 군자 찍어내기를 서슴지 않는다. 국가의 흥망성쇠는 인재등용에 달려 있다. 역사는 항상 인재발탁이 중요하다고 말해주고 있으나, 인간사에서 그것은 말처럼 쉽지 않다.

인재등용에 따른 왕도와 패도

인재등용의 성공여부에 따라 왕도와 패도가 갈린다. 왕도는 정의실현이 그 목표이며, 패도는 곧잘 힘과 법률로 옭아매는 전제주의와 직결된다. 전자는 인간본성에 호소하기 때문에 자칫 이상주의로 흘러 현실감이 뒤떨어진다는 평가가 뒤따랐다. 후자는 날카로운 칼과 군주 한 사람에게 집중된 권력 지상주의를 밑바탕으로 하기 때문에 일시적

---

7 소인이 공로를 세웠을 경우에 군주는 황금과 비단을 내릴지언정 세습작위와 땅을 하사하지 않는다. "師之終, 順之極, 論功行賞之時也. 坤爲土, 故有開國承家之象, 然小人則雖有功, 亦不可使之得有爵土, 但優以金帛可也."(주자의 풀이)

으로는 엄청난 효과를 나타내기도 한다. 패도정치가 오래 가지 않아 멸망당한다는 것은 진시황秦始皇의 말로가 입증하였고, 그 잔혹성은 인류에게 심각한 폐해를 남겼다.

왕도를 걷는 사회에는 도덕이 지켜지는 반면에, 패도는 겉으로는 당근을 내보이면서, 속으로는 채찍을 휘둘러 공포정치를 일삼는다. 왕도를 수호하는 부류는 온건파이지만, 패도를 자랑하는 과격파는 권력자 주변에서 득실거리면서 언로를 차단하는 일을 불문율로 지킨다. 매파는 비둘기파를 역사의 수레바퀴를 뒤로 돌린다고 매도하여 몰아친다. 항상 권력자 주위에 있는 인재가 말썽이다. '인사가 만사다'라는 말이 있다. 군주는 군자를 가까이 하고 소인을 멀리해야 한다.

동곽번간東郭墦間

소인에는 여러 부류가 있으나, 그 중에서 상황에 따라 카멜레온처럼 변신에 능한 이중인격자는 아무도 못말린다. 맹자는 허세 부리는 자와 이중인격자를 경계하라고 경고했다. 목적을 달성하기 위해서 수단방법을 가리지 않고 온갖 비굴한 행동은 물론 약자에게는 거드름을 피우고 강자에게는 한없이 약한 면모를 보이고서도 부끄러워하지 않는 뻔뻔한 인간상을 고발했다. 다음의 고사성어는 널리 인구에 회자되고 있는 내용이다. 동쪽 성곽 밖에 있는 무덤이라는 '동곽번간東郭墦間'이 바로 그것이다.

> "제나라에 아내와 첩과 함께 한 지붕 아래에서 사는 사람이 있었다. 남편이 나가면 반드시 술과 고기를 물리도록 먹고 취해 돌아오곤 했다. 그의 아내가 누구와 함께 술 마시고 먹었느냐고 물으면 모두 돈 많고 벼슬깨나 하는 자들이라고 했다. 그의 아내가 첩

에게 '바깥양반이 나갔다 오면 술과 고기를 잔뜩 먹고 마시고 돌아오고, 함께 마시고 먹은 자들이 돈 많고 벼슬께나 하는 자들이라고 했는데 여지껏 이름난 사람이 와본 적이 없으니, 나는 바깥양반이 외출하는 날 가는 곳을 몰래 알아 보려네'라고 말했다. 일찌감치 일어나 남편이 가는 곳을 은밀히 미행했다. 온 천하를 돌아다니는 걸 보아도 누구와 더불어 얘기하는 사람은 없었다. 마침내 동쪽 성 밖의 무덤에서 제사지내는 사람한테 가서 그들이 먹고 남은 것을 구걸하고, 모자라면 또 돌아보고서는 다른 곳으로 가곤 하였다. 이것이 그가 질리도록 취하고 마시는 방법이었던 것이다. 아내가 집에 돌아와 첩에게 '바깥양반은 우러러 보고 평생토록 함께 살아갈 사람인데 지금 그이는 이 꼴일세'하고 그의 첩과 더불어 자기 남편을 나무라면서 마당 가운데서 서로 부둥켜안고 울었다. 그런데도 남편은 그것을 알 리가 없었다. 밖에서 뻐기면서 돌아와 아내와 첩에게 뽐냈던 것이다. 군자의 안목으로 볼 때는 사람들이 부귀와 영달을 찾아다니는 방법치고는 그들의 아내와 첩이 부끄러워하지 않고, 서로 울지 않는 것이 드물다."[8]

인재등용하면 가장 먼저 떠올리는 인물이 있다. 당태종唐太宗 이세민李世民(598~649)이 바로 그다. 그는 유교의 인의와 도가의 민첩함, 법가의 냉혹함과 병가의 모험심, 종횡가의 실리와 음양가의 신비를 중

---

8 『孟子』「離婁」下, "齊人, 由一妻一妾而處室者, 其良人, 出則必饜酒肉而後, 反, 其妻問所與飮食者則盡富貴也. 其妻告其妾曰 良人, 出則必饜酒肉而後, 反, 問其與飮食者, 盡富貴也, 而未嘗有顯者來, 吾將瞯良人之所之也. 蚤起, 施從良人之所之, 徧中國, 無與立談者, 卒之東郭墦間之祭者, 乞其餘, 不足, 又顧而之他, 此其爲饜足之道也. 其妻歸告其妾曰 良人者, 所仰望而終身也, 今若此, 與其妾, 訕其良人而相泣於中庭, 而良人, 未之知也, 施施從外來, 驕其妻妾. 由君子觀之, 則人之所以求富貴利達者其妻妾, 不羞也而不相泣者幾希矣."

정지도中正之道[9]로 압축하여 정치현실에 접목하였다. 그는 인재의 특성, 성격에 따른 인재의 차별적 등용, 인재의 장단점을 살피는 안목, 인재의 재능에 따른 적재적소의 배치, 권한과 책임을 조화시켜 인재를 관리하는 지혜, 인격자를 발탁하는 능력, 인재 선발의 방법, 목적을 달성하는 비결 등에 탁월한 재능을 보였다.[10]

> ☞ 인재등용이 왕도와 패도를 결정짓는다. 왕도의 목표는 정의실현에 있다.

11. 주역에서 정역으로

정역사상의 연구자 이상룡李象龍은 선후천론의 입장에서 사괘의 성격을 다음과 같이 설명한다.

師는 在文從阜從帀이니 帀은 周也오 阜는 大也라
大道周遍하여 作之師於天下也며
又水由地中이니 周帀於大陸之外也라
盖水土旣平이어늘 新換一番이니

---

9 어느 한 쪽으로 치우침이 없이 똑바르고 올바름, 혹은 과불급過不及이 없는 상태를 일컬음.
10 이에 대한 궁금증을 풀어주는 책이 있다. 렁청진/김태성, 『변경辨經』(서울: 더난출판, 2003), 20 - 25쪽 참조.

則當有聖人者 作爲君師於天下하고
懲之以軍旅之威하고 敎之以聖神之道하며
率土之濱莫不被法師之化하니
而同軌同道가 萬億年偃武修文之象也라
而天地交泰然後에 君師作人之化가
可以周遍이라 故次於泰也라

사는 문자적으로 언덕 부阜와 두루 잡帀의 합성어다. '잡帀'은 보편이오 부阜는 크다는 뜻이다. 대도는 두루두루 알맞기 때문에 천하를 위해 군대(스승)를 만들었으며, 물[水]은 땅에 뿌리를 두기 때문에 대륙 바깥까지 골고루 미친다. 수토水土가 이미 균등의 방식으로 새롭게 혁신되어 성인을 천하의 스승으로 삼고, 군대의 위엄으로 징벌하고, 성신聖神의 도로써 가르쳐 토土가 주재하는 영향력이 군대 규율에 미치지 않는 곳이 없다. 정상적인 궤도로 돌아가는 우주의 원리는 영구토록 문무를 닦는 모습을 담고 있다. 천지가 사귀어 소통한 뒤에 임금과 스승이 사람을 길러내는 교화가 두루 퍼질 수 있다. 그래서 태괘 다음에 위치하는 것이다.

象曰 師는 貞이니 丈人이라아 吉코 无咎하리라는
師道貞正하면 武文幷斌也며 能以衆正하면
可以王矣리라는 首出之君道也라

*「단전」- "사는 곧음이다. 장인이라야 길하고 허물이 없다"는 것은 군사를 일으키는 도가 올바르면 문무가 빛나고, "능히 무리를 올바르게 하면 왕이 될 수 있다"는 것은 가장 먼저 나오는 임금의 도리를 뜻한다.

象曰 君子以하여 容民畜衆하나니라는
(상왈 군자이   용민휵중)

容而敎之하고 愛而育之也니라
(용이교지   애이육지야)

*「상전」- "군자는 이를 본받아 백성들을 널리 포용하고 무리를 길러낸다"는 말은 널리 포용하여 가르치고 사랑으로 길러내는 것을 뜻한다.

初六은 師出以律이니 否면 臧이라도
(초육   사출이율   부   장)

凶하니라는 水戰之勝敗也라
(흉   수전지승패야)

* 초효 - "초육은 군대가 출정하는데 군율로써 해야 한다. 군율을 지키지 않으면 착하더라도 흉하다"는 것은 수전水戰의 승패를 가리킨다.

九二는 在師하여 中할새 吉은 大夫行師也오
(구이   재사   중   길   대부행사야)

王三錫命이로다는 寵之以殊錫也라
(왕삼석명   총지이수석야)

* 2효 - "구이는 군대에 있어서 중도를 실행하기 때문에 길하다"는 것은 대부가 군대를 일으킴이요, '왕이 세 번이나 명을 내린다'는 것은 총애하여 특별한 하사품을 내리는 것이다.

六三는 師或輿尸면 凶하리라는

水上六이 戊運已去矣일새라

* 3효 - "육삼은 군대가 혹 전쟁에 패하여 시체를 수레에 실으면 흉할 것이다"는 것은 물을 의미하는 상효의 무토운戊土運이 이미 지났기 때문이다.

六四는 師左次니 无咎로다는

敎化无外而八軍止東也라

* 4효 - "육사는 군대가 왼쪽으로 후퇴하여 물러남이니, 허물이 없다"는 것은 교화는 끝이 없어 팔군八軍이 동쪽에 머무는 것을 뜻한다.

六五는 田有禽이어든 利執言하니라는 所向无敵也오

長子帥師는 主器於后天也오 弟子輿尸하면

貞이라도 凶하리라는 先天之多門也라

* 5효 - "육오는 밭에 새가 있거든 포획하라고 말하는 것이 이롭다"는 것은 가는 곳마다 적이 없다는 것이요, '장자가 군대를 통솔한다'는 것은 후천의 주인공이라는 것이며, "제자가 시체를 실으면 올바르더라도 흉하다"는 것은 선천에는 수많은 길이 있다는 뜻이다.

上六는 大君이 有命이니 開國承家에
小人勿用이니라는 聖賢君王이 命之하면 承之하니
小人道銷也라

* 상효 - "상육은 대군이 내린 명령이 있어, 나라를 열고 가업을 이어감에 소인을 등용하지 말라"는 것은 성현과 군왕이 명령을 내리면 계승하므로 소인의 도가 사라진다는 뜻이다.

☞ 周易 上經

1重天乾	2重地坤	3水雷屯	4山水蒙	5水天需	6天水訟
7地水師	8水地比	9風天小畜	10天澤履	11地天泰	12天地否
13天火同人	14火天大有	15地山謙	16雷地豫	17澤雷隨	18山風蠱
19地澤臨	20風地觀	21火雷噬嗑	22山火賁	23山地剝	24地雷復
25天雷无妄	26山天大畜	27山雷頤	28澤風大過	29重水坎	30重火離

水地比卦
_{수 지 비 괘}

하늘은 생명을 낳아 기르고 인간을 도와주기 때문에 인간은 하늘의 명령[天命]을 기꺼이 받들어야 한다。 하늘과 땅이 서로 도와서 내린 종합처방의 결과가 바로 조화造化다。

Chapter 2

수지비괘水地比卦
: 친근함과 평화를 향하여

1. 인화의 첫걸음 : 비괘

정이천은 지수사괘 다음에 수지비괘가 오는 이유를 다음과 같이 말한다.

比는 序卦에 衆必有所比라 故受之以比라 하니라

比는 親輔也니 人之類는 必相親輔然後能安이라

故旣有衆則必有所比하니 比所以次師也라

爲卦上坎下坤하니 以二體言之하면 水在地上하니

物之相切比无間이 莫如水之在地上이라

故爲比也오 又衆爻皆陰이오 獨五以陽剛으로
居君位하여 衆所親附하고 而上亦親下라
故爲比也라

"비괘는 「서괘전」에 '무리가 형성되면 반드시 친근한 바가 있으므로 비괘로 이어받았다'라고 했다. 비는 친근하고 도와줌이다. 사람의 무리는 반드시 서로 친근하고 도와준 뒤에 편안할 수 있다. 이런 까닭에 이미 무리가 있으면 반드시 친근하는 바가 있기 때문에 비괘가 사괘 다음이 된 것이다. 괘의 형성은 위는 감이고 아래는 곤이다. 두 실체로 말하면 물이 땅 위에 있으니, 사물이 서로 극진하게 가까워 간격이 없음은 물이 땅 위에 있는 것보다 더한 것이 없기 때문에 비괘가 된 것이다. 또한 여러 효가 모두 음이고 오직 5효가 양강으로 임금의 자리에 거하여 무리가 친근하게 따르며, 위 역시 아래에 친근하기 때문에 비괘가 된 것이다."

사괘師卦가 땅 속에 물이 가득 차 있는 형상이라면, 비괘比卦는 땅 위에 물이 고여 있는 형상이다. 물이 땅 속에 숨어 있느냐, 겉에 드러나 있느냐에 따라 생명활동에 어떤 영향을 미치는가가 달라진다. 생명수가 땅 위에 있다는 것은 만물로 하여금 생기를 북돋우고[11] 서로 가깝게 하고 도울 수 있는 기회가 더 많다는 뜻이다.

---

11 김석진, 앞의 책, 336쪽, "주역 64괘의 배열은 우주의 생성과정을 하나로 축약한 것이다. 처음에 하늘과 땅이 열린 후 만물이 태어나기 위해서는 물이 필요하므로 하늘과 땅을 상징하는 乾坤卦 다음에 1,6水의 물괘(屯·蒙·需·訟·師·比) 여섯 개를 놓아 생명의 근원을 밝혔다."

'비比'는 두 사람이 나란히 서 있는 모습을 본뜬 글자로서 '친하다[親친]'는 뜻이다. 만약 두 사람이 반대방향으로 치달린다면 서로 등진다(배반하다)는 '배北'가 될 것이다. 보고 있어도 보고 싶은 친한 사람들끼리 모여 있으면 마냥 좋고 또 좋다. 그래서 「잡괘전」에서는 "비괘比卦는 즐겁고, 사괘師卦는 근심한다[比樂師憂비 악 사 우]"고 했다. 서로 좋아하는 사람들이 모여 즐겁게 춤추면서 격양가와 풍년가를 부르는 세상이 가장 아름다운 낙원일 것이다.

2. 비괘 : 고통을 이겨내야 평안함을 맛볼 수 있다

* 比비는 吉길하니 原筮원서하되 元永貞원영정이면 无咎무구리라

不寧불녕이어야 方來방래니 後후면 夫부라도 凶흉이리라

비는 길한 것이니, 처음 점을 쳐서 크게 변함없이 곧으면 허물이 없을 것이다. 평안하지 못하여 바야흐로 올 것이니, 뒤늦으면 대장부라도 흉할 것이다.

64괘의 배열에는 일정한 원칙이 있다. 앞의 사괘는 전쟁을 얘기했다면, 비괘는 인화人和를 얘기한다. 인화는 자기부정에서 출발해야지 상대부정이 되어서는 곤란하다. 상대부정은 곧 파탄의 지름길인 반면에 자기부정(자아성찰)을 통한 자기긍정(자기확대)은 인화의 첫걸음이다. 자기긍정의 사회화는 개인윤리의 집단윤리화로 직결된다. 이것이 바로 동양윤리의 기초이자 조화사상의 목표인 것이다.

그래서 비괘比卦는 처음부터 길吉에서 시작한다. 몽괘蒙卦는 '초서初筮'라 했지만, 비괘比卦는 '원서原筮'라 했다. 시초[初]와 근원[原]은 어떻게 다르고, '점[筮]'의 목적은 무엇인가? 시초始初(太初)가 시간적 의미라면, 원초原初는 공간적 의미이다. 그러니까 만물생성의 시초를 말하는 둔괘屯卦와 몽괘蒙卦는 '(시始)초初'로 규정했으며, 인간관계의 원만한 조화를 말하는 비괘比卦에서는 '원原(초初)'이라 했던 것이다.[12] '서筮'는 점쳐서 길흉을 판단하는 일종의 술수이다. 술수가 근거하는 원칙은 최고의 근원적인 존재인 하늘[天]이다. 하늘의 의지를 깨닫는 것이 주역의 결론이다.

'원元'은 아주 크다는 뜻 이외에 '착할 선善'[13]의 뜻도 있다. '원영정元永貞'은 선하고 항구불변한 올바른 행위를 가리킨다. 점 칠 수 있는 자격을 갖춘 이는 오로지 군주 한 사람 뿐이다. 군주가 정치를 어떻게 하면 좋을까 하고 하늘에게 물었을 때, 하늘은 '원영정元永貞'이라고 계시를 내렸던 것이다. 그러니까 천하백성을 위해 선한 마음씨로 항구불변하게 올바른 정도를 실현하는 것이 정치의 요체이다. 그러므로 허물이 있을래야 있을 수 없는 것이다.

"평안하지 못하여 바야흐로 오는 것이니 뒤에 하면 대장부라도 흉하리라[不寧, 方來, 後, 夫, 凶]"는 명제는 둔괘屯卦와 곤괘坤卦에서

---

12 師卦와 比卦의 근저에는 공간의식이 자리잡고 있다. 여기에서 교화원리가 나온다.
13 乾卦에서 '元者善之長也'라 했듯이, 인간본성이 원래 선하다는 근원성을 말했다. '元永貞'은 우주론적 의미와 윤리적 의미가 있다. 여기서는 후자로 풀이하는 것도 무리가 없다.

그 유래를 찾아야 할 것이다. '불녕不寧'은 수뢰둔괘水雷屯卦(䷂) 「단전」의 "하늘이 처음으로 만물을 만들 때는 어둡고 혼돈의 상태이므로 마땅히 제후를 대리인으로 세우고, 편안히 여기지 말아야 한다[天造草昧, 宜建侯, 而不寧]"는 구절에 전거한다. 그리고 "뒤에 하면 대장부라도 흉할 것이다[後夫凶]"라는 말은 곤괘坤卦에 전거한다. 따라서 이 둘을 조합해서 이해하여만 그 실체가 분명하게 드러날 것이다.

> ☞ 자기 긍정의 마음이 공동체의 윤리화에 기여한다.

3. 단전 : 천지가 도와서 내린 처방의 결과가 조화다

* 彖曰 比는 吉也며 比는 輔也니 下順從也라
  原筮元永貞无咎는 以剛中也오
  不寧方來는 上下應也오 後夫凶은 其道窮也라

단전에 이르기를 비는 길한 것이며 비는 돕는 것이니, 아래로부터 순종함이다. '처음 점을 쳐서 크게 변함없이 곧으면 허물이 없다'는 것은 강으로써 적중한 까닭이요, '평안하지 못하여 바야흐로 온다'는 것은 상하가 서로 상응함이요, '뒤늦으면 대장부라도 흉함'은 그 도가 곤궁한 것이다.

이를 선후천의 시각에서 종합하면 다음과 같다. 여기서의 관건은 '불녕不寧'을 정치적 관점에서 보느냐, 아니면 선후천론의 시각에서 보느냐에 따라 달라진다. 천지창조 이래 인간과 역사와 문명은 진보의 과정을 거쳤다. 우주창조의 설계도인 하도의 밑그림에서 출발한 우주는 낙서 상극질서의 과정을 거쳐 진화하기 때문에 온갖 역경과 고난을 겪을 수밖에 없고 인생은 편안할 수 없는 것이다. 그래서 곧이어 인간의 삶의 자세를 언급하고 있는 것이다.

이는 곤괘坤卦 괘사卦辭에 구체적으로 나타나 있다. "먼저 가면 아득하고, 뒤에 가면 얻으리니[先, 迷, 後, 得]"[14]에서 '먼저 가면'은 선천이고, '뒤에 가면'은 후천을 뜻한다. 하지만 비괘比卦의 '뒤에 한다[後]'는 말은 선후천 교체기에 일어나는 급격한 변화를 알지 못하여 허둥지둥대다가 뒤처진 행동을 묘사한 것이다. 그래서 보통 대장부들도 흉할 것[後, 夫, 凶]이라고 했던 것이다. 즉 '뒤에 처진다[後]'는 것은 시간의 질적 변화로 나타나는 선후천 전환의 이치를 깨닫지 못하는 일반인들의 행위를 뜻한다. 그것은 시간의식에 대한 무지에서 비롯된 명제들이다.

이에 '하늘과 땅이 서로 도와서[比, 輔, 上下應也]' 내린 종합처방의 결과가 바로 조화造化인 것이다. 왜냐하면 시간적으로 선천의 막바지에 이르렀기 때문이다[其道窮也]. 그래서 '비比'에는 돕는다[輔]는 뜻이 있는 것이다. 돕는다는 것은 하늘이 돕는다는 말이다. 그러니까 다섯 개의 음효들이 하나의 양이 믿고 천명天命에 순응한다는 의미이다. 위가 하늘이라면 아래는 인간이다. 아래로부터 순응하여 따른다[下順從]는 것은 하늘의 명령에 마음으로 복종하는 것을 뜻한다. 그

---

14 '後'는 비괘에서는 '뒤처진다'는 동사의 의미이며, 곤괘에서는 앞에 대한 뒤라는 형용사적인 상대적 의미이다.

러므로 하늘은 인간을 도와주고, 인간은 하늘의 명령을 기꺼이 받아들이는 것이다. 그러니까 점을 쳐도 허물이 있을 수 없다.

'비 온 뒤에 땅이 굳어진다', '고생 끝에 복이 온다'는 말이 있다. 쓰라린 고통을 이겨낸 강건한 자라야 평안함을 누릴 자격이 있다. 그것은 5효의 양과 나머지 다섯 개의 효가 서로 화답하는 모습을 표상한다. 왜냐하면 하늘과 땅이 서로 조화를 일으키기 때문이다[上下應也].

> ☞ 점占의 목적은 하늘이 인간을 도와주고 인간은 하늘의 뜻에 순응하기 때문에 허물이 없는 경지에 도달하는 것에 있다.

4. 상전 : 땅과 물은 상부상조의 지혜를 표상

* 象曰 地上有水比니

　　先王이 以하여 建萬國하고 親諸侯하나니라

땅 위에 물이 있는 것이 비이니, 선왕이 이를 본받아 만국을 세우고 제후들을 친밀히 여긴다.

물은 위에서 아래로 흐른다. 아래에서 위로 거슬러 올라가는 물은 없다. 물을 메워서 저수지를 만들면 고인 물이 위로 올라가는 현상이 나타날 수 있다. 그것도 잠시 뿐이다. 물은 저수지 꼭대기를 넘어 다시 아래로 흐른다. 물의 무게 때문에 아래로 흐르는 것일까? 운명 굴레를 못이겨 한없이 아래로만 향할까? 물이 아래로 흐르는 현상을 가능하게 해주는 조건은 무엇인가?

물은 흐를 만한 땅이 있어야 한다. 물과 땅은 서로 아무런 의심 없이 의지해야만 물은 어디로든 흐를 수 있는 것이다. 그래서 비괘는 서로 친하다, 서로 돕는다고 했던 것이다. 어머니 대지와 물은 서로 의존하며 살아가는 '상부상조의 지혜'를 알려 준다. 따라서 수지비괘는 자연계에 존재하는 사물과 현상을 읽어내는 눈을 틔어주고 있다.

> "인간이기 이전에 물이라는 사실을 깨달았을 때 비로소 인간이란 무엇인가라는 물음에 대한 해답을 찾을 수 있지 않을까. 물의 정체를 알면 인간의 본질을 알 수 있고, 산다는 것이 무엇인지 수수께끼를 풀 수 있을 것이다. 인간은 물이다. 이 말은 세계의 수수께끼를 풀어줄 키워드이다. 그 관점으로 바라보면 세계는 전혀 다른 풍경으로 다가올 것이다. 사람이 자아내는 수많은 드라마는 물이 비춰내는 이야기라 할 수 있다. 인간 사회는 하나의 커다란 바다와도 같다. 그 바다에 물방울을 떨어뜨림으로써 사회에 참가하고 있는 것이다. 물을 안다는 것은 우주와 대자연, 생명의 모든 것을 아는 것과 같다."[15]

물과 땅의 호혜관계를 통해 생명이 싹트고 길러진다. 이러한 물과 땅의 호혜성은 과학적 용어로는 정보전달의 시스템이라고 할 수 있다. 정보에는 상극의 정보와 상생의 정보가 있다. 전자는 삶의 역동성을,

---

15 에모토 마사루/양억관, 『물은 답을 알고 있다』(서울: 나무심는 사람, 2003), 14-26쪽.

후자는 삶의 목표를 뜻한다. 그래서 「상전」은 물과 땅이란 자연의 이법에 근거하여 사회와 국가를 경영하라고 가르친다.

> ☞ 자연계의 사물이 존재하는 이유와 현상을 읽어내어 믿음의 사회를 만들어야 할 것이다.

5. 초효 : 주역읽기는 하늘을 믿는 것으로부터

* 初六_{초육}은 有孚比之_{유부비지}라야 无咎_{무구}리니

有孚盈缶_{유부영부}면 終_종에 來有他吉_{래유타길}하리라

象曰_{상왈} 比之初六_{비지초육}은 有他吉也_{유타길야}니라

초육은 믿음을 두고 친근해야만 허물이 없을 것이다. 믿음을 두어야 질그릇에 가득 차면 마침내 다른 길한 것이 오리라. 상전에 이르기를 비괘의 초육은 다른 곳으로부터의 길함이 있는 것이다.

주역은 한결같이 믿음을 강조한다. 믿음에는 여러 종류가 있다. 상사와 부하 사이의 믿음, 사랑하는 연인 사이의 믿음, 부모와 자식 사이의 믿음, 친구 사이의 믿음 등은 혈연과 인간관계에서 비롯된 한없이 소중한 윤리적 덕목들이다. 하지만 최고의 믿음은 하늘에 대한 믿음이다. 하늘은 만물을 섭리한다. 하늘이 만물로 하여금 뜻대로 펼쳐지도록 하는 것은 시간의 흐름을 주도하기 때문이다. 따라서 만물은 시간의 법칙에서 벗어날 수 없다. 하늘이 선천과 후천이라는 두 얼굴

을 갖듯이, 시간도 선천 캘린더와 후천 캘린더라는 두 얼굴을 갖는다.

주역에서 믿을 '부孚'는 여러 괘에 등장한다. 그런데 시간의 질적 변화(= 자연질서의 급격한 전환)에 대한 핵심은 택화혁괘澤火革卦에 있다. 그곳에서는 '천간이 기에 해당되는 날이야말로 진정한 믿음의 세계[己日乃孚]'라 했다. 이를 비괘에서는 '질그릇에 가득 차면[盈缶]'[16] 이라고 은유로 표현했을 따름이다. 기쁨이 넘쳐 흐르면 옹이그릇의 테두리를 리듬에 맞춰 두드린다. 우주의 율동에 맞추어 춤추고 노래하는 것이 바로 무용이자 음악이다. 그러니까 최종적[終]으로 전혀 상상을 초월하는 기쁨이 다가온다는 것이다.

온 천하가 하늘의 섭리를 충실하게 믿고 따르는 세계가 곧 정역세상이다. 정역사상의 논리적 근간을 이루는 것은 60갑자이다. 김일부는 괘도와 하도낙서와 시간성의 문제를 동양에서 전통적으로 사용해온 천간지지天干地支로 일원화시켰다. 그 결정판이 바로 무극無極, 태극太極, 황극皇極의 삼극론三極論이다.

음양운동의 세분화와 통일화 과정을 중심으로 선후천 교체의 타당성을 검증한 이론이 바로 3극론이다. 무극은 우주창조의 본원으로서 인간의 감각으로 포착 가능한 실체가 아니다. 하루 자체가 무극이라면, 하루의 속성인 밤과 낮의 음양질서는 태극이다. 무극은 우주조화의 바탕이며, 태극은 무극의 조화성이 처음으로 열려 질서화되는 경계이다. 따라서 태극이 음양질서의 통일성의 경계라면, 무극은 조화

---

16 '盈缶'는 율여도수가 꽉 들어찼다는 뜻으로서, 선후천 교체기의 절정기에 진입했음을 흙으로 만든 질그릇을 두드려 그 믿음을 하늘에게 알리는 축하연주인 셈이다.

의 기틀이다. 태극은 현실의 다양성의 근원이므로 실질적인 만물의 창조와 분열운동은 태극에서 비롯된다. 음양의 근거로서 태극은 상대적인 음양의 분열양상으로 작용한다.[17]

> "이때 양 운동이 시간적 발전을 거듭함에 따라 만물이 세분화되는데, 그 세분화작용의 극단에 이르는 과정을 황극이 주도한다. 무극에 이르는 준비과정의 끝이 바로 황극이다. 즉 갑甲의 끝이 황극이고, 기己의 시작이 무극인 것이다. 그러므로 만물은 황극에서 통일을 준비하고 태극에서 화생을 시작하는 바 무극이란 그들의 주재자인 것이다."[18]

삼극론이 음양의 내부구조를 거대담론으로 규명한 것이라면, 이를 보다 세부적으로 해명한 것이 그 유명한 율려도수론律呂度數論이다.

> "모든 사물은 本末과 始終이 있는데, 그것은 또한 本末과 始終處가 있다는 것을 암시하는 것이기도 하다. 그 의존처를 中이라 하는데, 그 中은 바로 우주정신의 본체이다. 우주의 中인 정신은 본체면에서 보면 中이지만, 작용면에서 보면 律呂作用이라고 한다. 율려는 한마디로 말해서 운동하는 음양의 순수핵심을 가리킨다."[19]

이러한 음양의 순수핵심이 가면을 벗어던지고 새로운 얼굴로 참신하게 선보이는 사건을 주역은 '영부盈孚'라는 단어에 보물찾기 형식으

---

17 양재학, 「무극대도 출현의 당위성」 『증산도사상』창간호(서울: 대원출판, 2000), 215-216쪽.
18 한동석, 앞의 책, 45쪽.
19 한동석, 앞의 책, 316-317쪽 참조.

로 숨겨놓은 것이다.

> ☞ 인륜질서 중에서 으뜸가는 덕목은 하늘에 대한 믿음이다.

6. 2효 : 도덕성의 확보는 내면의 정화에 있다

* 六二는 比之自內니 貞하여 吉토다
象曰 比之自內는 不自失也라

육이는 친근함을 안으로부터 하니 올바르기 때문에 길하다. 상전에 이르기를 '친근함을 안으로부터 함'은 스스로 잃지 않음이다.

2효는 유순柔順으로서 중정中正의 덕을 갖추고 있다. 2효는 하괘의 중中이고, 음이 음의 자리에 있으며, 또한 양의 신분으로 상괘의 중中을 갖춘 5효와 가장 바람직한 상응관계를 형성하고 있다. 2효는 자기 정체성 확인의 소중함을 얘기한다. 인격은 스스로 닦는 것이지 남이 대신할 수 없는 것이다. 자신을 뽐내서는 안 되고, 스스로를 주인으로 삼아야 한다. 자아성찰은 수기修己의 첫걸음이다. 그러므로 군자는 혼자 있을 때를 삼가는 것이다.[20]

---

20 『大學』 6장, "이른바 그 뜻을 정성되게 한다는 것은 스스로를 속이지 않는 것이니, 나쁜 냄새를 싫어함과 같고 좋은 빛깔을 좋아함과 같은 것이니, 이것을 일컬어 스스로 겸손함이라 한다. 이런 까닭에 군자는 반드시 그 홀로 있을 때를 삼가는 것이다.[所謂誠其意者, 毋自欺也, 如惡惡臭, 如好好色, 此之謂自謙, 故, 君

누구든지 스스로가 몸과 마음의 주인공이 되어야 한다. 영혼과 정신수양에 집중하여 주체성을 확보하는 일이 급선무이다. 주체성 상실은 화禍를 불러들이는 지름길이다. 군자는 화禍가 자기에게서 비롯된다는 것을 깨닫는데 반해서, 욕망의 화신인 소인은 자기를 이기기가 어렵다. 맹자도 "(그것은) 자진해서 화禍를 구함이다. 화복禍福은 자기로부터 구하지 않음이 없다.[自求禍也. 禍福, 無不自己求之者]"(「公孫丑」上)고 했다. 소인은 아예 수신에는 관심조차 없다. 그는 각종 유혹의 손아귀에서 빠져 나오지 못하고, 수신을 너무 쉽게 포기한다.

수신修身과 제가齊家와 치국治國에 이르는 길에는 두 가지가 있다. 하나는 도덕의 나라에서 문화의 나라를 세우는 방법이고, 다른 하나는 애당초 도덕국의 건설은 불가능하다고 단정하여 예법을 통해서 문화와 문명국 건설을 강조하는 방법이 있다. 전자는 성선설에 근거한 맹자의 입장이고, 후자는 순자가 성악설을 바탕으로 평생을 바쳐 세운 이론이다.

> ☞ 자아성찰은 수기修己의 첫걸음이다. 그래서 군자는 홀로 있을 때를 삼가는 것이다.

7. 3효 : 스스로가 몸과 마음의 주인이 되어야

* 六三은 比之匪人이라

子, 必愼其獨也.]"

象曰 比之匪人이 不亦傷乎아
_{상 왈 비 지 비 인   불 역 상 호}

육삼은 친근함에 사람다운 사람이 아니다. 상전에 이르기를 '친근함에 사람다운 사람이 아니다'라는 것이 또한 상하지(괴롭지) 않겠는가?

3효는 음이 양자리에 있고, 중도[中]를 갖추지 못했기 때문에 부중부정不中不正이다. 3효 주변의 2효와 4효 역시 음효이며, 상괘에서 상응하는 상효 또한 음이기 때문에 안팎으로 곤란한 형국이다. 더욱이 3효가 친하려고 하는 친구들 모두 음이다. 음은 양과 친하려는 것이 본성이다. 그리고 3효 자체도 하괘에서 상괘로 넘어가려는 상태에 있는 까닭에 위태롭다. 그래서 인품을 갖추지 못한 사람들과 친하려니까 마음 상하지 않겠는가라고 했던 것이다.

3효 스스로 변신에 변신을 거듭하여 새롭게 태어나려고 노력하지만, 주위환경은 그렇지 않다는 것이다. 그래서 건괘 3효에서 "군자는 하루종일 온 힘을 다하고 저녁에도 근심하고 두려워하면 위태로우나 허물은 없으리라[君子終日乾乾, 夕惕若, 厲, 无咎]"고 했다. 나머지 다섯 효들은 용龍으로 설명하고 있으나, 오직 3효에서만 '군자'가 등장한다. 이것이 건괘의 수수께끼이다. 3효를 제외한 나머지 다섯 효는 '용龍(변화의 실상인 원형이정, 즉 생명력의 공능)'이 주제어이지만, 3효만 유독 인간이 주어라는 사실에 주목해야 할 것이다.

> ☞ 주체성의 상실이 곧 화를 불러들이는 지름길이다.

8. 4효 : 안으로 마음닦기에 열중하라

* 六四_는 外比之_{하니} 貞_{하여} 吉_{토다}
  (육사) (외비지) (정) (길)

  象曰 外比於賢_은 以從上也_라
  (상왈 외비어현) (이종상야)

  육사는 밖으로 도와서 올바르게 해서 길하다. 상전에 이르기를 '밖으로 어진 이를 돕는 것'은 위를 좇음이다.

4효는 초효와 상응하지만, 두 효 모두 음효인 까닭에 친밀할 수 없다. 그래서 관심을 밖으로 방향을 돌려 5효를 도우려는 형세다. 음효가 음위陰位에 있는 4효는 '올바름[正]'을 지키고 있다. 이러한 4효가 중정中正의 덕을 지닌 5효와 친하여 도우려는 것은 아주 당연한 일이다. 그러니까 길하다.

2효 군자는 안에서 마음닦기에 치중하면서 남몰래 힘을 쌓고, 4효는 정치현실에 뛰어들어 5효 군주를 돕는다. 비록 2효와 4효의 위치가 다르지만, 똑같이 '올바르기 때문에 길하다[貞, 吉]'는 것이다.

> ☞ 하괘에서 상괘로 진입한 4효는 개인의 도덕적 가치를 사회적으로 구현해야 한다는 당위성을 얘기한다.

9. 5효 : 순역順逆은 사귐의 원칙

* 九五_는 顯比_니 王用三驅_에 失前禽_{하며}
  (구오) (현비) (왕용삼구) (실전금)

^{읍 인 불 계} ^길
邑人不誡니 吉토다

^{상 왈 현 비 지 길　　위 정 중 야}
象曰 顯比之吉은 位正中也오

^{사 역 취 순　　실 전 금 야}
舍逆取順이 失前禽也오

^{읍 인 불 계　　상 사 중 야}
邑人不誡는 上使中也일새라

구오는 현명하게 도움이다. 왕이 삼구법을 사용함에 앞의 새를 놓치며, 마을사람들이 경계하지 않으니 길하다. 상전에 이르기를 '현명하게 도와서' 길한 것은 위치가 정중하기 때문이요, 거슬리는 것은 내버리고 순응해서 오는 것을 취하는 것은 '앞의 새를 놓침이요', '마을사람들이 경계하지 않는 것'은 윗사람이 중도를 쓰기 때문이다.

현명하다[顯]는 것은 공명정대한 행위를 뜻한다. 5효는 비괘比卦에서 유일한 양효陽爻로서 중정中正의 덕을 갖추고 있다. 나머지 다른 효들이 서로 친해지려고 앞서거니 뒤서거니 찾아온다. 공적으로는 공명정대하게 그들을 다루고, 인간적으로는 오는 자는 거절하지 않고 가는 자는 막지 않는다. 그것은 5효 군주가 백성들에게 인정仁政을 베푸는 포근한 마음씀이다.

은나라 탕왕湯王의 어진 정치[仁政]는 '삼구법三驅法'에 잘 나타난다. 탕왕이 들판에 나갔다가 사방에 그물을 치고 "천하의 모든 것이 모두 그물로 들어오게 하소서"라고 축원하는 사람을 만났다. 그러자 탕은 "어허! 한꺼번에 다 잡으려고 하다니!"라고 하며, 세 면의 그물을 거두게 하고서 다음과 같이 축원하게 하였다. "왼쪽으로 가고 싶은 것은 왼쪽으로 가게 하고, 오른쪽으로 가고 싶은 것은 오른쪽으로 가게 하소서. 내 명령을 따르지 않는 것만 내 그물로 들어오게 하소서." 제후들은 이 소식을 듣자, "탕의 덕이 지극하시구나! 그 덕이 금수禽獸에까지 이르렀도다!"라고 감탄하였다.[21] 이처럼 삼면에서 짐승을 쫓는 방법을 삼구법이라 불렀던 것이다.

탕왕의 사냥법을 거울로 삼아 후대에는 포위망의 앞쪽을 열어 과도한 살생을 금지하는 규범을 만들었다. 그래서 도망치는 놈은 내버려두고, 포위망에 걸린 놈만 잡았던 것이다. '삼구법'은 도망치는 새들은 쫓아가서 잡지 않는다는 것이요, 앞쪽으로 도망치는 금수는 살려주어 사냥감으로 취하지 않는다는 뜻에서 '실전금失前禽'이라 했던 것이다. 곧은 낚시바늘로 물고기를 낚았다는 강태공의 어진 마음씨와 다를 바가 없다.

쥐를 쫓는 고양이도 도망갈 구멍은 남겨놓고 압박한다고 했다. 탕왕의 정치는 자연의 생존법칙을 인간사회에 적용시킨 대표적인 사례이다. 금수까지 사랑할 정도라면 인간에 대한 존엄성은 말할 필요도 없다. 유교의 인정仁政은 눈에 보이지 않는 법망이라는 그물을 쳐놓고 백성들이 걸리도록 기다리는 폭압정치를 철저히 경계하였다. 이러한 주역의 가르침은 왕도사상에 비하여 그 도덕적 순수성이 떨어지는 것은 사실이다. 그것은 차라리 정치의 실용적인 유효성을 지적한 것이라 하겠다.

아무리 공명정대하고 현명한 군주라도 만백성을 다 돌볼 수는 없

---

21 사마천/정범진 외, 『史記』「殷本紀」(서울: 까치, 2005), 56쪽.

다. 가을걷이에서 숙성된 알곡과 쭉정이는 쓰임새가 확연히 갈린다. 인간 쭉정이는 제멋대로이다. 이곳으로 가라 하면 저리 가고, 저리 가라 하면 이리 가는 청개구리이다. 3효처럼 사람답지 않은 사람에게 [匪人비인] 엉뚱하게 친하려거나, 상효처럼 너무 늦어서 항상 뒷북치는 대장부[後夫후부]는 어찌할 도리가 없다.[22]

'거슬리는 것은 내버리고 순응해서 오는 것을 취하는 것[舍逆取順사역취순]'이라는 문제에 대한 정이천程伊川의 윤리도덕적 해명 속에는 정역사상에서 말하는 시간론의 선구가 될 수 있는 아이디어가 담겨 있다.[23] 그는 "도망가는 자를 '역逆'이라 하고 오는 자를 '순順'"이라 했다. '간다'는 것은 현재에서 미래로, '온다'는 것은 미래에서 현재로 다가오는 시간의 법칙을 뜻한다. 즉 정역사상에 따르면, 전자는 역생도성逆生倒成을, 후자는 도생역성倒生逆成을 뜻한다. 전자와 후자는 각각 별개의 독립적인 시간의 사태를 가리키는 것이 아니다. 이 둘은 연속적인 관계를 유지하면서 시간 흐름의 양면성으로 존재한다.

사실적 시간은 과거에서 현재로, 현재에서 미래로 흘러간다는 논리를 『정역正易』은 역생도성逆生倒成으로 규정했다. 이에 반해서 시간의 원리는 미래에서 현재로, 현재에서 다시 과거로 비춰져온다는 것이 도

---

22 이정호, 『周易正義』(서울: 아세아문화사, 1980), 18-19쪽. "初二四는 取順者요, 三上은 舍逆者니 三은 匪人이요 上은 後夫이다."
23 "禮에 '명령을 따르지 않는 자를 취한다' 했으니, 이것은 바로 순종하는 자를 버리고 거슬리는 자를 취하는 것이니, 명에 순종하여 도망간 자는 모두 잡힘을 면하는 것이다. 비는 향배로써 말했으니, 도망가는 자를 '역'이라 하고 오는 자를 '순'이라 한다.[禮取不用命者, 乃是舍順取逆也, 順命而去者, 皆免矣. 比以向背而言, 謂去者爲逆, 來者爲順也.]"

생역성倒生逆成이다. 그렇다고 역생도성逆生倒成을 현상적 시간의 흐름에 한정해서 이해하면, 정역의 시간관은 직선적 시간관에 빠질 위험이 있다. 마찬가지로 도생역성倒生逆成을 오로지 미래적 시간관이라고 단정한다면, 정역의 시간관은 미래학의 이론과 동일한 것으로 오해될 수 있으며, 더욱이 시간의 역설에 대한 함정에도 속수무책일 것이다.

주역은 시간을 섭리하는 천도를 어떻게 설명하는가? 하나는 괘도(복희팔괘, 문왕팔괘)로 표상하는 방식이고, 다른 하나는 상수론의 극치인 하도낙서의 도상으로 표상하는 방법이 있다. 전통 주역학은 괘도의 표상형식과 그 언어적 설명인 의리학을 정통으로 인정하는 경향이 많았다. 괘도[象]는 진리의 공간적 표상방식이라면, 하도낙서는 진리의 시간적 표상방식이다. 정역은 하도낙서에서 시작하여 하도낙서로 끝맺는다.

따라서 '역曆'과 '상象'은 천도를 표상하는 방법론인 셈이다. 이를 우리말로 옮기면 천도를 '역曆하고(단순 의미로는 캘린더 구성법칙)', '상象한다(이미지화, 상징화)'[24]는 동사로 풀이해야 할 것이다.[25] 역曆은

---

24 '象(상징화 작업)'이라고 해서 디자인 차원으로 이해해서는 안 된다. 주자도 卦의 형상은 진리에 대한 模寫라고 규정하였다. 模寫說은 플라톤의 이데아설을 연상시키지만, 주역학에서의 모사설은 형식과 내용이 일치한다는 전제가 밑바탕에 깔려 있다. 卦라는 표상형식과 진리의 내용 자체가 어떻게 일치하는가라는 논증은 생략한 채 '眞理의 自明性'에서 출발한다.

25 한문학자 성백효는 曆象에 대해 "책력을 기록하고 觀象하는 도구이다. 曆은 수를 기록하는 책이요 象은 하늘을 관측하는 기구이다"라고 번역한다. 성백효, 『書經集傳』상(서울: 전통문화연구회, 1998), 18-19쪽.

일차적으로 시간을 재거나 헤아리는 시스템[曆法]이다. 과거의 좌표를 정하는 척도인 동시에 미래를 가늠할 수 있는 메카니즘의 체계로 나타난 것이 바로 역법曆法이다. 역법에 기초한 캘린더의 두 가지 주요한 형태는 태음력과 태양력이다.[26] 하지만 소강절은 역법曆法과 역리曆理를 혼동해서는 안 되며, 이 둘을 구분해서 이해해야 한다고 주장했다.

'역리曆理'는 단순히 캘린더의 구성법칙을 뜻하는 것이 아니다. 그것은 캘린더 구성의 근거, 즉 태양력과 태음력이 나뉘어지기 이전의 본원적 구조원리를 뜻한다. 왜 태양력은 366일[堯之朞]에서 365¼일[舜之朞]의 엄청난 변화를 겪는가, 그리고 태음력은 왜 1년 360일에서 며칠이 모자라는 354일인가? 라는 근본적 물음을 던지면서 김일부의 철학이 출현하였다고 할 수 있다.

김일부는 역의 명제를 바꾼다. "역이라는 것은 시간의 원리[冊(策)曆]이니 시간의 원리가 없으면 성인도 없으며 성인이 탄생하지 않았으면 역이 성립될 수 없다.[易者는 曆也니 無曆이면 無聖이요 無聖이면 無曆이라]" 이렇게 볼 때 주역이 곧 정역이요, 정역이 곧 주역이다. 주역의 본질은 시간론[曆]이다. 주역이라는 텍스트가 없으면 정역의 탄생도 불가능하다. 정역이 이 세상에 나타나지 않았다면 우주변화의 실상도 헤아릴 수도 없다는 것이다.

---

26 "신은 낮과 밤을 만들었고 인간은 달력을 만들었다"는 서양 격언이 있다. 세상의 모든 캘린더는 달이 찼다가 이지러지는 주기 혹은 계절의 규칙적 교대와 태양의 운행에 의해서 이어지는 밤과 낮을 토대로 한다. 그러므로 자연현상의 시간표를 보여주는 어떤 징후라도 그것은 인간의 생존에 지대한 영향을 끼친다.

비록 정역이 몇천 뒤에 출간되었으나, 원리적으로는 정역 시스템에 근거하여 주역의 시스템이 나타났다고 할 수 있다. 그러니까 정역은 천도天道 자체를 풀이한 순수 우주론이라면, 주역은 도덕과 사회윤리와 정치철학 등을 총망라한 종합적 성격을 지닌다. 예컨대 정역은 상수론적으로 10과 5라는 본체수를 핵심축으로 삼는데 반해서 주역은 9와 6이라는 작용수를 중심으로 논리를 전개하기 때문이다. 다시 말해서 주역이 본체수 10과 5를 숨겨진 이치로 남겨두었던 것을 김일부가 이를 낱낱이 해체하고 재조직하여 복원시켰다라고도 할 수 있다. 따라서 역수曆數란 천지의 속살 또는 시간성의 내부구조를 낱낱이 해부한 개념이다.

『서경書經』의 '역상일월성신경수인시曆象日月星辰敬授人時'와 '천지역수재여궁天之曆數在汝窮'[27]를 한마디로 요약하면 '역수曆數'다. 그것의 반영체가 하도낙서이다. 하도는 순도수順度數의 원리에 따라 10, 9, 8, 7, ⑥, 5, 4, 3, 2, 1의 방향으로 진행하며, 낙서는 역도수逆度數의 원리에 따라 1, 2, 3, 4, ⑤, 6, 7, 8, 9의 방향으로 진행한다. 선천은 역도수의 발동에 따른 억음존양抑陰尊陽의 시대이다. 억음존양이 정음정양으로 되기 위해서는 건곤이 뒤집어져야 한다. 즉 복희팔괘의 건남곤북이 정역팔괘의 건북곤남으로 바뀌어야 한다. 김일부는 낙서의 질서에서 하도의 질서로 전환되는 과정을 원론적으로 밝히고 있다.

---

27 천지일월과 성신의 운행으로 인해 생명체가 태어나서 자라나고 늙는다. 천체의 운행을 관찰하는 행위는 인간이 스스로가 시간적 존재임을 깨닫도록 한다. 만일 천지일월과 성신이 없다면 생노병사도 없을 것이다. 따라서 천체의 운행은 인간 삶의 시간적 리듬인 것이다. 결국 天文의 인간화가 人文世界라고 할 수도 있다.

그 논리적 설명체계가 곧 역도수逆度數와 순도수順度數이다. 역도수란 상극질서를, 순도수란 상생질서를 뜻한다. 낙서는 상극질서를, 하도는 상생질서를 가리킨다. 상극질서는 고난과 역경의 행군을 요구하는 시스템이다. 그것은 음양의 부조화와 불균형에서 비롯된 지축경사에서 그 원초적 원인을 찾을 수 있다.

상극질서는 '역생도성逆生倒成의 질서'이며, 상생질서는 '도생역성倒生逆成의 질서'이다. 아기가 어머니 뱃속에서 태어날 때는 머리부터 나온다. 하지만 사람이 태어난 뒤에는 발로는 땅을 딛고, 하늘을 머리에 이고 살아가면서 진리를 터득해야 하는 운명은 역도수를 대변한다. 여기에서 바로 수행의 필연성이 대두되는 것이다. 생명의 씨앗은 과거에 뿌리를 두지만, 그 원리는 미래에서부터 빛이 비추어져 오는 이치에 의해 탄생과 죽음이 순환반복하는 것이다. 아버지의 원리는 과거에, 어머니의 원리는 미래에 뿌리를 둔다.

시간의 본질에 대한 논쟁에서 어떤 사상가이든 패자도 없고 승자도 없다. 동서양 철학자들은 시간 자체에 대해 골머리를 앓으면서 물음과 해답을 제시했으나, 시간문제에 종지부를 찍지 못하고, 오히려 하나의 방법을 덧붙임으로써 혼란을 가중시킨데 불과하다. 물음은 또다른 물음을 낳고, 해답은 종종 또다른 의문을 제기하여 새로운 탈출구를 모색한 형태로 나타났다. 이런 의미에서 시간론은 우주와 역사와 문명을 통일적으로 해명하는 통로인 까닭에 철학의 궁극명제가 되었던 것이다.

동서양 시간론의 대표적 유형은 크게 순환론적 시간관과 직선형의 시간관이 있으며, 이들의 절충형도 있다. 과거와 현재와 미래를 역사적으로 어떻게 받아들이느냐에 따라 과거중심주의와 미래중심주의와 현재중심주의라는 역사관이 성립된다고 볼 때, 시간을 객관적으로 인식하는 작업은 매우 중요하다. 과거중심주의는 불확실한 변화를 가져오는 미래로부터 과거를 해방시키려 하며, 미래중심주의는 시간은 무한하기 때문에 미래를 중심으로 과거로부터 미래를 해방시키려고 노력한다. 현재중심주의는 오직 믿을 수 있는 것은 현재인 까닭에 과거와 미래보다는 현실에 충실한 삶을 살아갈 것을 강조하는 역사관을 낳는다.

과거적 진리관은 진리의 원형을 과거에 두는 경향이 있다. 서양의 대표적 철학자인 플라톤이 여기에 해당될 것이다. 과거적 진리관은 인과율을 금과옥조로 삼는다. 과거적 진리관이 과거적(직선적) 시간관과 동일선상에 있다는 것은 다음의 사실이 입증한다. 결과는 원인을 결코 앞설 수 없다. 인과율에 의하면, 범인이 쏜 총알이 심장에 박혀 피를 흘리며 죽는 것이지, 죽은 다음에 총알이 와서 심장에 박힐 수 없다는 뜻이다. 이는 곧 시간의 역전현상이 불가능하다는 것을 대변한다.[28]

---

28 '시간의 역설'에 대한 최신이론을 소개하면 다음과 같다. "다수의 물리학자들이 시간여행에 대하여 부정적인 생각을 고수하고 있는 것은 각 이론의 세부사항을 문제 삼기 때문이 아니라, 시간여행 자체가 다양한 역설을 야기시키기 때문이다. 예를 들어, 당신이 타임머신을 타고 당신이 태어나기 전의 과거로 돌아가 부모님을 살해했다면, 당신은 더 이상 존재할 수 없게 된다. 과학은 논리적으로 타당한 아이디어에 기초를 두고 있으므로 이것은 결코 가볍게 넘길 문제가 아니다. 시간여행과 관련해 지금까지 제기된 역설들을 음미해보면, 시간여행은 불가능하다는 결론을 내릴 수밖에 없을 것 같다. 시간과 관련된 역설은 다음과 같이 몇

이와는 다르게 미래적 진리관은 미래적 시간관과 동일선상에 있다. 직선적 시간관은 과거에서 현재로, 현재에서 미래로 시간은 일방향적으로 흐른다는 것이 그 입론근거이다. 하지만 우리는 이를 뒤집어 생각할 수도 있다. 미래는 끊임 없이 현재를 혁신, '개벽'시키고 과거 속으로 사라져가는 힘의 원천으로 볼 수 있을 것이다. 미래적 시간관에서는 미래 → 현재 → 과거로 시간은 흘러간다고 상정한다. 이는 시간관의 혁명적 발상이 아닐 수 없다.

　과거적 시간관과 미래적 시간관의 통합형식이 바로 한국 근대사상

개의 부류로 나눌 수 있다. ① 할아버지 역설: 현재의 상황이 절대로 일어날 수 없도록 과거를 바꿈으로써 발생하는 역설이다. 과거로 갔다가 인류의 조상과 우연히 마주쳤는데, 그가 당신의 생명을 위협해 어쩔 수 없이 죽였다면 논리적으로 당신은 존재할 수 없다. ② 정보역설: 현재를 가능하게 만든 정보가 미래로부터 오는 경우이다. 한 늙은 과학자가 타임머신을 발명한 후, 과거로 이동하여 젊은 자신에게 타임머신의 제작법을 알려주었다고 하자. 이렇게 되면 타임머신에 관한 정보는 그 근원을 상실하게 된다. ③ 빌커(Bilker)의 역설: 미래에 발생할 사건을 미리 알고 있는 사람이 그 사건이 일어나지 않도록 무언가를 행함으로써 야기되는 역설이다. 타임머신을 타고 미래로 갔다가 당신과 제인이 결혼하는 장면을 목격하고 현재로 돌와왔다. 당신은 제인과의 결혼을 원치 않았기에 억지로 헬렌과 결혼했다. 그렇다면 당신이 보고 온 미래는 어디로 사라진다는 말인가. 이밖에도 몇 가지의 역설이 있다. 현대의 물리학자들은 시간역설과 관련하여 두 가지 가능한 해법을 제시한다. 첫째, 러시아의 우주론자 이고리 노비코프의 주장대로 '모든 사건들이 역설적 상황에 빠지지 않도록 질서를 유지시키는 힘이 어딘가 존재한다'고 믿는 것이다. 둘째, '여러 갈래로 갈라지는 시간'을 허용하는 것이다. 당신이 출생 전의 과거로 돌아가 장래의 부모를 살해했다면 그 후의 모든 사건들은 다른 우주에서 진행된다고 생각하자는 것이다. 물론 당신의 부모가 무사하여 당신이 태어나는 우주도 '부모소급 살인사건'의 영향을 받지 않은 채 별개로 존재한다. 흔히 '다중우주이론(many worlds theory)'이라 불리는 이 논리는 모든 가능한 양자적 세계가 여러 개의 우주 속에 공존한다는 것을 기본가정으로 삼고 있다." 미치오 카쿠/박병철, 『평행우주(Parallel Worlds)』(서울: 김영사, 2006), 231-236쪽 참조.

의 독창적 시간관이라고 할 수 있다. 왜냐하면 시간의 양면성을 해명한 역도수와 순도수가 있기 때문이다. 역도수는 과거 → 현재 → 미래를 지향하며, 순도수는 미래 → 현재→ 과거를 지향하여 나아가는 것을 상징한다. 역도수의 이면에는 순도수 있고, 순도수의 이면에는 역도수가 존재한다. 그것은 단순히 과거적 시간관 또는 미래적 시간관에서 말하는 일방향적 시스템이 아니라, 쌍방향적 시스템으로 이룩된 혁신적 시간관이다. 특히 우주는 시간의 거대한 순환 속에서 직선적으로 흐른다는 거대담론과 미시담론이 동시적으로 구비된 개벽적 시간관이라 할 수 있다.

> ☞ 중도[中]를 올바르게[正] 실천해야 하는 논리적 근거는 '거슬리는 것은 버리고 순응해서 오는 것은 취한다[舍逆取順]'는 명제에 있다.

10. 상효 : 상대를 돕는 데에 순위를 두지 말라

* 上六은 比之无首니 凶하니라
  (상육) (비지무수) (흉)

象曰 比之无首 无所終也니라
(상왈) (비지무수 무소종야)

상육은 돕는데 시초가 없으니 흉하다. 상전에 이르기를 '돕는데 시초가 없는 것'은 끝맺는 바도 없다는 것이다.

상효는 음陰이 음의 자리에 있지만 극한에 도달했다. 5효의 도움을 받고 싶지만, 5효는 이미 2효와 굳게 신뢰를 쌓은 정응관계正應關係를 이루고 있어 도움받기가 여의치 않다. 게다가 가장 믿을 만한 3효 역시 음효인 까닭에 서로를 밀친다. 벼랑 끝에 서 있는 형국이다. 그래서 지각하는 사람, 혹은 뒷북치는 사람이라는 뜻의 '후부흉後夫凶'이 여기에 해당되는 것이다.

'머리 수首'는 시초를 뜻한다. 비괘는 천지의 시작과 끝을 인간학적으로 설명하고 있다. 즉 상효는 친근함과 하늘을 돕는 일에서 가장 뒤떨어져 있다. 다른 사람들과 더불어 앞장서서 친화할 기회마저 놓친 경우이다. 시초도 늦었는데, 마지막마저 늦는 것은 어쩌면 당연한 이치일 것이다.

순자荀子와 아리스토텔레스는 인간을 사회적 동물이라고 했다. 상효는 사회 속에서 단독자로 묻혀 사는 사람을 묘사하고 있다. 고독한 사람은 도움 줄 일이 없으므로 받을 것도 없다는 것을 신조로 삼는다. 절대 고독자는 '만인은 일인을 위하여'라는 보험제도마저도 거추장스럽게 여기는 세월의 방랑자를 연상케 한다.

초효는 순수한 심정으로 군주를 믿고 따르는 모습이며, 2효는 앞으로 군주와의 만남을 기대하며 자신을 성숙시키는 선비의 자세를 보여주고 있다. 3효는 자신의 능력을 벗어난 행동 때문에 몸을 망치고 후회하는 모습, 4효는 군주의 명령을 충실히 따르는 중간관리의 입장을, 5효는 중정의 덕을 갖춘 군주의 넓은 아량을 보여주고, 상효는 시종일관 상황판단이 늦을 뿐만 아니라 실천력이 부족하여 열매 맺지 못한 쭉정이를 상징한다.

주역 건곤괘 이후 둔屯·몽蒙·수需·송訟·사師·비比의 여섯 괘에는 공통적으로 '위험하다는 의미의 물[坎]'이 들어 있음을 확인할 수 있었다. 그것은 양陽이 음陰 가운데 빠져서 허우적거리는 모습과 흡사하다. 한편 둔·몽·수·송·사·비 등은 그 이면에서 매우 희망적인 메시지를 보내고 있으나, 비괘比卦의 마지막은 다시 절망감을 표현하고 있다. 그래서 조금씩이나마 하늘과 인간, 신과 인간의 재결합을 꿈꾸는 소축괘小畜卦로 연결되는 것이다.

> ☞ 시작이 있으면 반드시 마침이 있다는 것은 곧 마침에서 새롭게 출발한다는 뜻을 함축한다.

11. 주역에서 정역으로

정역사상의 연구자 이상룡李象龍은 선후천론의 입장에서 태괘의 성격을 다음과 같이 설명한다.

北_은 太陰水方_{이니} 故比之爲字 從北從水_니
水土比化_{일새} 盖水在地之上下而親比之義也_라
且師卦_는 有治水下泄之理_오
比卦_는 水溢于地上_{일새} 有將退之象_{이니} 故次師也_라

북방은 태음수의 방향이다. 친할 비比 자는 북北과 물[水]의 합성어로 수水와 토土가 창조적 변화에 친근함을 의미하는 글자다. 물[水]이 땅[地]의 상하에 있으면 친함을 나타낸다. 또한 사괘가 치수治水 사업에 물이 아래로 새어나가는 이치를 말했다면, 비괘는 지상에 물이 넘치는 형상으로 장차 물이 물러나는 모습이기 때문에 사괘 다음에 위치한다.

象曰 比는 吉하니 原筮호대 元永貞이면 无咎리라는
逆推知來하여 正道無窮也오 不寧이어야 方來니
後면 夫라도 凶이리라는 水土顚覆而欲平緩이나
必有凶也라

*「단전」- "비는 길한 것이니, 처음 점을 쳐서 크게 변함없이 곧으면 허물이 없을 것이다"라는 것은 거슬러서 이치를 추구하여 미래를 알아 정도正道가 무궁한 것이고, "평안하지 못하여 바야흐로 올 것이니, 뒤늦으면 대장부라도 흉할 것이다"라는 것은 수토水土가 뒤집혀졌기 때문에 평안하고 느슨해지기를 바라나 반드시 흉할 것이다.

象曰 先王이 以하여 建萬國하고 親諸侯하나니라는
紀綱乎后天也라

*「상전」-"선왕이 이를 본받아 만국을 세우고 제후들을 친밀히 여긴다"는 말은 후천의 기강을 뜻한다.

周易과 만나다 -음양, 생명의 몸짓-

初六는 有孚比之라야 无咎는

水由地中일새 行而无害也라

* 초효 - "초육은 믿음을 두고 친근해야만 허물이 없을 것이다" 라는 것은 물이 땅 속에 있기 때문에 행동해도 해로움이 없다는 뜻이다.

六二는 比之自內니 貞하여 吉토다는

地有內外間之裨瀛也라

* 2효 - "육이는 친근함을 안으로부터 하니 올바르기 때문에 길하다"는 말은 땅의 겉과 속 사이에 큰 바다가 있음을 가리킨다.

六三은 比之匪人이라는 勿親其遡하여 流而來也라

* 3효 - "육삼은 친근함에 사람다운 사람이 아니다"라는 것은 물을 거슬러 올라가는 것을 친하게 여기지 않아야 물이 흘러서 아래로 내려오는 것을 가리킨다.

六四는 外比之하니 貞하여 吉토다는 臣亦擇君也라

* 4효 - "육사는 밖으로부터 도와서 올바르게 해서 길하다"는 것은 신하 또한 임금을 선택하는 것을 말한다.

九五는 顯比니 王用三驅에

失前禽은 王師寬仁也오 邑人不誡니
吉은 推我信誠하여 比道廣也라

* 5효 - "구오는 현명하게 도움이다. 왕이 삼구법을 사용함에 앞의 새를 놓친다"는 것은 왕의 군대가 관용과 어질다는 것이요, "마을사람들이 경계하지 않으니 길하다"는 것은 나를 미루어 믿음과 성실하므로 비比의 도리가 널리 퍼지는 것을 뜻한다.

上六은 比之无首니 凶하니라는 浪賊獻馘也라

* 상효 - "상육은 돕는데 시초가 없으니 흉하다"는 말은 방자한 도적이 머리를 베어 바치는 것을 뜻한다

☞ 周易 下經

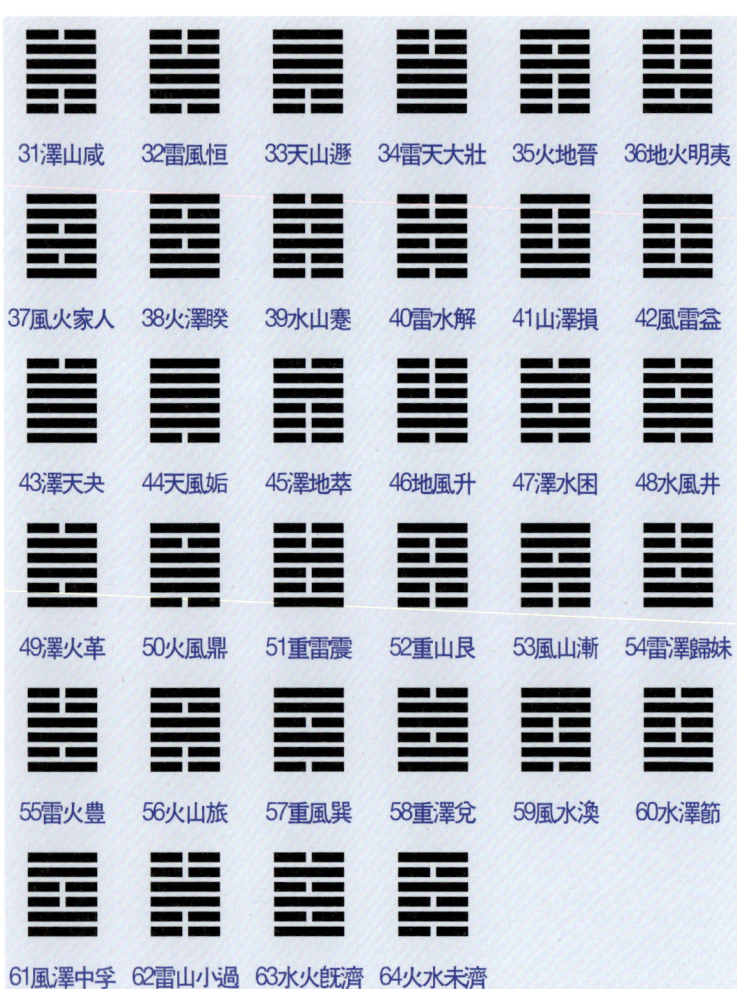

천 화 동 인 괘
天火同人卦

유토피아의 어원은 이 세상에는 없는 곳(no-place)과 좋은 곳(good-place)이라는 이중적 의미가 내포되어 있다. 주역에서 말하는 대동사회는 "바로 여기(now and here)"라는 현실에 도덕사회의 건설에 초점이 맞추어져 있다.

Chapter 3

천화동인괘天火同人卦
: 대동사회의 건설을 위하여

1. 하늘의 섭리에 순응하면서 성찰해야 : 동인괘

정이천은 천지비괘 다음에 천화동인괘가 오는 이유를 다음과 같이 말한다.

★ 同人_은 序卦_에 物不可以終否_라
故受之以同人_{이라 하니라} 夫天地不交則爲否_오
上下相同則爲同人_{이니} 與否義相反_{이라} 故相次_라
又世之方否_엔 必與人同力_{이라야} 乃能濟_니
同人所以此否也_라 爲卦乾上離下_{하니}

以二象言之하면 天은 在上者也니 火之性炎上하여
與天同也라 故爲同人이오 以二體言之하면
五居正位하여 爲乾之主하고 二爲離之主하여
二爻以中正相應하여 上下相同하니 同人之義也라
又卦唯一陰이라 衆陽所欲同하니 亦同人之義也라
他卦에 固有一陰者나 在同人之時하여
而二五相應하고 天火相同이라 故其義大라

"동인괘는 「서괘전」에 '사물은 끝내 막힐 수 없기 때문에 동인괘로 이어받는다'고 했다. 대저 천지가 사귀지 못하면 비가 되고, 상하가 서로 함께 하면 동인이 되니 비괘 뜻과 상반되기 때문에 서로 다음이 된 것이다. 또한 세상이 바야흐로 막힐 때에는 반드시 남과 힘을 함께 하여야 건널(구제될) 수 있기 때문에 동인괘가 비괘의 다음이 된 것이다. 괘의 형성은 건이 위에 있고 리가 아래에 있다. 두 형상으로 말하면 하늘은 위에 있는 것인데, 불의 성질은 타서 올라가 하늘과 함께하기 때문에 동인이 되었다. 두 실체로 말하면 5효가 정위에 거처하여 건의 주체가 되고, 2효는 이괘의 주체가 되어 두 효가 중정으로 서로 감응하여 상하가 서로 함께 하니 동인의 뜻이다. 또한 괘에 오직 하나의 음이 있는데 여러 양이 함께 하고자 하는 바이니, 역시 동인의 뜻이다. 다른 괘에도 진실로 하나의 음이 있으나 동인의 때에 있어서는 2효와 5효가 서로 감응하고 하늘과 불이 서로 함께 하기 때문에 그 뜻이 크다."

매년 5월이 되면 대학가는 대동제大同祭를 벌이느라 캠퍼스가 온통 막걸리 냄새로 뒤범벅되고, 노래와 춤판으로 들썩거리느라 야단법석이다. 대동제는 주역 14번째 대유괘의 '대大'와 13번째 동인괘의 '동同'과 생명의 시원에게 제사를 올린다는 축제(잔치)가 조합된 합성어다. 크게 소유하면서 모든 사람이 함께 같은 길을 걷는 것을 일컬어 대동이라 한다. 불이 하늘에 떠있는 것이 대유大有라면, 불이 하늘 아래에 같이 있는 것은 동인同人이다. 이 둘은 하늘과 불이 주체가 된다. 그러니까 대유와 동인의 결합이 곧 대동사상의 핵심이다.

서양에는 기독교의 천년왕국설,[29] 종말론과 함께 마음 속의 세계지도인 유토피아사상[30]이 있었다면, 동양에는 대동사상이 있다. 인간이 죄악에 빠져 허덕이며 살고 있는 지상보다는 하나님의 나라를 지향해야 한다는 것이 기독교의 입장이라면, 주역은 하늘과 땅과 인간이 하나가 되는 도덕문화의 이상향을 이 세상에 건설해야 한다고 강조한다.

---

29 미야시 젠키치/최진규, 『중국의 천년왕국』(서울: 고려원, 1993), 3-10쪽 참조. "천년왕국은 혁명의 신학이다. 이는 「요한계시록」20장의 '천년 동안 크리스트와 함께 통치한다'는 구절에 전거가 있다. 그것은 억압받는 자의 resentment[怨恨]를 포함하는 반항의 神義論이다. 이를테면 '세계의 타락 → 아마겟돈 → 최후의 심판 → 새로운 예루살렘'이라는 천년왕국설을 기반으로 성장한 홍수전洪秀全(1814~1864)의 태평천국은 크리스토교적 천년왕국으로 분류된다."

30 영국의 토마스 모어Thomas More가 정의내린 유토피아Utopia에 대한 어원은 '이 세상에는 없는 곳(no-place)'과 '좋은 곳(good-place)'이라는 이중적 의미를 내포한다. 우리가 알고 있는 유토피아는 실제로는 존재하지 않는 '이상향'을 가리킨다. "동양고전에 나타난 유토피아[大同] 개념의 유형은 『山海經』型- 원시이상사회형, 『禮記·禮運』型- 협의의 大同社會型, 『老子』의 小國寡民- 武陵桃源型, 문학작품에 나타난 '隱逸型'의 이상론이 있다." 양승근, 「중국문인의 은일과 유토피아」 『21세기 사회와 종교 그리고 유토피아』(서울: 생각의 나무, 2002), 300-301쪽 참조.

대동사회를 도덕적 공동체 건설의 낙원으로 볼 것인가? 이에 대한 당위론적 근거를 얘기하는 동인괘의 형성에 대해 알아보자. 상괘는 하늘(☰), 하괘는 불(☲)이다. 하늘이 위에 존재하고, 불은 하늘 아래에 존재하는 동인괘의 모습은 사실 차원의 명제이다. 하지만 '동인' 하면 '다함께'라는 당위적 임무와 실천이 가장 먼저 떠오른다. 전자가 우주의 구조에 대한 필연성의 문제라면, 후자는 실천론의 최고 덕목인 것이다.

자연학이든 실천론이든간에 결국 '인간이란 무엇인가'라는 문제로 귀결된다. 루소는 "모든 과학에서 가장 유용하면서도 가장 발전하지 못한 분야가 바로 인간에 대한 과학이다"라고 말했다. 우리 주변에 보이는 것이라곤 온통 타락하고 부패한 인간군상과 시궁창 사회뿐이다. 세상은 정치적 부패, 약자를 착취하는 강자의 도덕적 불감증, 소수를 위한 정책으로 인해 빚어지는 수많은 사람들의 상대적 박탈감, 탐욕, 전쟁, 질병, 자연재해 등이 뒤섞여 대중들의 희망을 송두리째 빼앗아갔다.

인간사는 자연사와 현격한 대조를 이룬다. 그래서 자연에 대한 다양한 물음이 끊임없이 제기되었던 것이다. 자연법칙은 아주 간단하고도 자명하다. 별들은 예전이나 지금이나 똑같은 궤도를 한 치의 오차 없이 돈다. 자연은 질서정연하게 움직이는 까닭에 예측이 가능하다. 마찬가지로 인간의 삶에도 보편적인 행위법칙이 존재해야 한다. 자연질서와 일치하는 진정한 원리들이 도출된다면 더 나은 삶과 정의로운 사회를 이루는 방법을 배울 수 있을 것이다. 그러면 문명이 일으키는 범죄와 악도 사라지게 될 것이다.

주역의 자연학은 공자의 도덕지상주의적 대동론으로 활짝 꽃피운다. 『예기禮記』「예운禮運」은 유가의 대동을 다음과 같이 설명하고 있다.

> "대도가 행해지면 천하에는 공의가 구현된다. 현자를 뽑고 능력 있는 사람에게 일을 맡기며 신의를 논하고 화목을 닦게 한다. 그러므로 사람들은 제 부모만을 부모로 여기지 않고, 제 자식만을 자식으로 여기지 않아 늙은이는 편안한 여생을 마칠 수 있고, 장년들은 일할 수 있고, 어린애는 길러주는 사람이 있으며, 과부와 홀애비와 병든 자들이 모두 부양받게 된다. 남자는 짝이, 여자는 시집갈 곳이 있다. 재화가 땅에 버려지는 것을 싫어하지만 반드시 자신만의 소유로 할 필요가 전혀 없다. 스스로 노동하는 것을 싫어하지만 반드시 자기만을 위해서 일하지도 않는다. 그러므로 남을 해치려는 음모가 생길 이치가 없고, 도적이나 난적亂賊이 생기지 않는다. 바깥문을 닫을 필요가 없다. 이런 세상을 대동이라고 한다.[大道之行也에 天下를 爲公하여 選賢與能하며 講信脩睦하더니 故로 人不獨親其親하며 不獨子其子하여 使老有所終하며 壯有所用하며 幼有所長하며 矜寡孤獨廢疾者皆有所養하며 男有分이오 女有歸하며 貨惡其棄於地也나 不必藏於己하며 力惡其不出於身也나 不必爲己니 是故로 謀閉而不興하며 盜竊亂賊이 而不作이라 故로 外戶而不閉니 是謂大同이라]

대동사회는 사리사욕이 말끔히 씻겨진 삶을 꿈꾸었던 원시유가의 모델였다. 대동이란 '대도大道'가 구현되는 이상사회를 일컫는 말이다. 대도의 실체는 무엇인가? 대동사회는 도덕적 가치의 사회적 확대를 지향하는데 있다. 지금까지는 대도를 유가사상이 지향하는 도덕사회로만 해석했다. 후대에 내려오면서 대동사회는 사회제도의 이념을 구성하고 운영되는 세상만을 총칭했다. 따라서 우리는 대동의 실상을 우주론적인 시각으로 외연을 넓혀야 할 것이다.

2. 동인괘 : 열린 마음으로 진리의 바다에 빠져라

★ 同人于野_{동인우야}면 亨_형하리니 利涉大川_{이섭대천}이며 利君子_{이군자}의 貞_정하니라

사람들과 뜻을 같이하는 것을 들에서 하면 형통할 것이다. 큰내를 건너는 것이 이로우며, 군자의 올바름이 이롭다.

동인괘는 다섯 개의 양과 하나의 음으로 구성되어 있는데, 곤괘 2효에서 비롯된 그 하나의 음효가 동인괘의 주인공이다. 동인괘의 2효와 5효는 각각 하괘와 상괘의 중中으로서 음효인 2효가 음자리에, 양효인 5효가 양자리에 위치한다. 그것은 가장 이상적인 형태를 대변하고 있다. 이를 근거로 삼아 대부분의 주역학자들은 '동인同人'을 인간학적 측면에서 해석했던 것이다.

동인괘의 가르침을 인간학적 측면보다는 자연학적 측면에서 조명할 이유가 여기에 있다. 맑고 푸른 하늘과 붉고 밝은 불은 영원한 동반자[同人_{동인}]일까? 불길은 가벼워 땅에서 올라가 마침내 하늘과 하나가 된다. 불은 가장 높은 곳에서 생명 에너지의 근원인 하늘과 도킹한다. 하늘과 불이 같은 길을 간다는 것은 모든 사물이 지향해야할 목표이다. 따라서 사람 '인人' 자에 국한되어 동인괘를 윤리적 차원에서만 이해해서는 안 되고 자연학의 측면으로 인식을 확대할 필요가 있는 것이다.

대칭의 관계로 존재하는 천화동인괘天火同人卦를 뒤집어엎으면 화천대유괘火天大有卦가 된다. 대칭의 극한점은 서로 통한다는 '반대일치의 지혜'[31]를 주역은 가르치고 있다. 양극성의 통일[同人동인]이 이루어져야만 위대한 소유[大有대유]가 가능하다는 것을 일깨우고 있다. 양자의 구성요성인 불[32]과 하늘이 창조적인 조화를 이룰 때, 가장 이상적인 환경이 조성될 수 있음을 시사하고 있는 것이다.

> "동양의 우주론은 생성론과 구조론의 이중성을 갖는다. 우주구조론은 과학, 특히 천문학의 발전에 결정적으로 의존한다. 우주생성론은 과학적인 관찰소재가 존재하는 경우에도 사변에 머문다. 따라서 구조론 없는 생성론은 단순한 신화이며, 생성론 없는 구조론은 과학일 뿐이다. 우주론은 생성론과 구조론의 통일에 의해

---

31 김상일, 『한의학과 러셀역설 해의』(서울: 지식산업사, 2005), 31쪽. 그는 동서양철학이 근본적으로 달라진 이유를 논리에서 찾고 있다. 서양은 A형의 논리에서 출발하였고, 동양은 E형에서 출발하였다고 한다. 서양의 거짓말역설에서 비롯된 E형의 논리가 현대의 제반 모순을 제거할 수 있는 유일한 방안이라고 하였다. "아리스토텔레스의 논리가 '반대 불일치의 논리'라면, 에피메니데스의 논리는 '반대일치coincidence of opposite의 논리'이다. 두 논리는 서로 상반된다. 아리스토텔레스의 논리를 따르는 것이 서양철학의 주류를 형성하여 칸트와 헤겔에까지 이르고 있다. 하지만 현대과학의 상대성이론, 불확정성이론을 비롯해 카오스이론 등이 모두 거짓말쟁이 역설에 그 논리적 근거를 두고 있다. 혼돈을 연구하는 학자들이 발견한 사실은 진동, 반복, 점진, 되먹힘, 한계순환이다. 그리고 이러한 것들의 배경은 거짓말쟁이 역설이다."

32 가스통 바슐라르/이가림, 『촛불의 美學미학』(서울: 문예출판사, 1991), 17-59쪽 참조. 불꽃의 시인이자 철학자인 바슐라르는 불의 성격을 다음과 같이 말한다. "일반적으로 불은 다른 것과 융합하려는 특성이 있다. 불꽃은 천정天頂(zenith)을 향해 위로 상승하는 수직의 존재이다. 모든 직립된 사물들은 하늘꼭대기를 가리킨다. 불꽃은 생명이 깃들어 있는 수직성을 본질로 한다. 불꽃은 생성으로서의 존재, 존재로서의 생성이다."

서만, 그리고 과학과 형이상학의 경계영역에서만 성립한다."[33]

동인괘의 핵심어는 '동인同人', '들판[野]', '이섭대천利涉大川', '군자君子와 건도乾道'에 녹아 있다. 자연학적 의미로서 하늘은 맑고 가벼워 위로 상승하고, 불 역시 뜨거워서 타올라가니 하늘과 불은 같은 방향으로 나아가는 성질을 갖는다. 주역의 큰 틀은 하늘과 땅과 인간이라는 3원적 구조로 이루어져 있다. 거기에서 하늘과 불은 생성 에너지의 엔진 역할을 담당하기 때문에 '유유상종'이란 말이 생겨났다. 상괘인 건괘[☰乾; 天]는 양이며, 하괘인 이괘[☲불; 火]는 음이지만, 이 둘은 음양조화를 일으키는 원동력으로 기능한다. 그것은 진리의 바다에 흠뻑 취한 성숙한 인격자들이 모여 의기가 투합하는 모습을 지적한 말이기도 하다..

> ☞ 진리에 흠뻑 취한 성숙한 인격자들이 공개된 장소에 모여 의기투합해야 '대동'이 이루어질 수 있다.

3. 단전 : 올바른 마음으로 문명사를 기획해야

★ 彖曰 同人은 柔得位하며 得中而應乎乾할새
 曰同人이라 (同人曰) 同人于野亨利涉大川은
 乾行也오 文明以健하고 中正而應이 君子貞也니

---

[33] 야마다 케이지/김석근, 『주자의 자연학』(서울: 통나무, 1991), 33쪽.

唯君子아 爲能通天下之志하나니라
_{유군자   위능통천하지지}

단전에 이르기를 동인은 부드러움이 그 위치를 얻고 중을 획득하여 건에 부응하므로 '동인'이라 한다. (동인에 이르기를) '사람들과 뜻을 같이하는 것을 들에서 하면 형통하므로 큰내를 건너는 것이 이로움'은 건실하게 움직이는(건괘의 움직임) 것이요, 문명으로써 건실하고 중정하여 부응함이 군자의 올바름이므로 오직 군자라야 능히 천하의 뜻을 통할 수 있다.

동인은 왜 들판에서 이루어져야 하는가? 정치적 이득을 도모하기 위해서 밀실에서 야합하는 정치꾼들의 잔머리보다는 공동체의 의견을 결집하는 공개적인 장소이기 때문이다. 들판[廣野]은 만인 공동체가 하늘의 섭리와 신의 소리를 듣고 부응하는 신성한 공간[神市]이다. 그러니까 만사형통이라는 것이다. 만사형통인 까닭에 신의 영역인 큰 냇가를 건너는 데 이롭다. 그것은 또한 군자의 올바른 마음가짐이 아니고는 불가능하다.

'사람들과 뜻을 같이하는 것을 들에서 하면 형통하리니 큰내를 건너는 것이 이로운' 궁극적 이유는 건도가 실행[乾行]되기 때문이라고 설명하였다. 하늘의 떳떳한 움직임인 원형이정이 바로 하늘 아래의 모든 사물을 아낌없는 사랑으로 감싸는 건괘의 덕성인 것이다.

하늘의 운행은 만물의 본성과 사명을 올바르게 하는 데에 목적이 있다. 그래서 건괘 「단전」에서는 "건도[天道]가 변화하여 모든 사물의 본성과 사명을 올바르게 하니 각종 사물현상과 가치들을 보존하면서도 이들을 하나로 통합하고 커다란 화합을 이루어 이에 이롭고

바르게 한다[乾道變化, 各正性命, 保合大和, 乃利貞]"고 했던 것이다. 따라서 주역의 결론은 '건도변화乾道變化'와 '보합대화保合大和'와 '이정利貞'에 압축되어 있다.

건도는 곧 천도이다. 천도는 지도와 인도를 포괄한다. 따라서 건도가 변화한다는 것은 천지가 변화한다는 뜻이다. 천지가 변화한다는 것은 곧 천지의 근본틀이 바뀐다는 뜻이다. 그래서 곤괘坤卦「문언전」은 '건도변화'의 명제를 이어받아 "(구체적으로) 천지가 변화하면 초목(모든 사물)이 번성한다[天地變化, 草木蕃]"이라고 화답했던 것이다.

건도변화乾道變化의 시간적인 결과적 표현은 '각정성명各正性命'과 '보합대화保合大和'이다. 이는 문법적으로 미래적 언표이며 규정이다. 천지의 근본틀이 전환되어 인간을 포함한 모든 사물들의 본성과 존재의미와 가치와 사명(만물에 부여된 분수)이 올바르게 된다는 것이다. '보합대화保合大和'의 경지는 우주사의 새역사와 새문명이 펼쳐져야 가능하다. 그러므로 '이정利貞'은 우주사의 최종목표라고 할 수 있다.

'문명文明'은 밤하늘을 아름다운 배열로 수놓는 천체의 무늬가 밝다는 뜻이다. 하늘의 질서는 빛나는 별들의 움직임처럼 투명하다. 하늘과 불이 서로 부합하는 건도변화의 정신을 이어받는 것이 바로 군자의 사명이다. 군자는 안으로는 불처럼 밝은[文明] 덕을 쌓고, 밖으로는 굳건한 자세로 실천해야 한다[文明以健, 中正而應]. 분명한 가치판단을 일삼는 군자만이 사람들의 공통된 의견을 수렴하여 인류의 꿈을 실현할 수 있다. 주역은 보통 사람이 군자가 되라고 가르치고 있는 것이다. 그 방법은 구체적으로 무엇인가? 객관적인 하늘의 질서를 자신의 본성으로 깨달아 정의를 땅에 구현하는 것에 있다.

> ☞ 하늘의 질서를 올바른 마음[貞=正]으로 실천해야만 진정한 대동사회를 건설할 수 있는 자격이 있다. 다양성의 통일 또는 통일성 속에서 다양함이 인정되는 사회야말로 건강의 척도이다.

4. 상전 : 통일성과 다양성의 조화를 향하여

* 象曰 天與火同人이니

　君子以하여 類族으로 辨物하나니라

상전에 이르기를 하늘과 불이 동인이다. 군자는 이를 본받아 유와 족으로 사물을 분별한다.

우리는 종종 끼리끼리 문화는 부패를 낳고, 동종교배와 근친상간은 생명법칙에 위배되는 유전병을 낳는 것을 목격한다. 친족등용은 무능력과 도덕 불감증이라는 후유증을 낳는다. 대학에서 동문채용은 학문의 질을 떨어뜨린다. 이처럼 역사는 배타성을 숭배하는 습성이 남긴 수많은 폐단을 기록하고 있다.

군자는 하늘의 이법에 근거하여 '같음[同]'과 '다름[異]'을 분별하여 사회에 이바지하는 존재이다. 과거와 현재를 통틀어 세상사는 같음과 다름의 물레방아였다. 다름은 다양성의 문제이지 차별의 대상으로 인식해서는 안 된다. 인류는 곧잘 다름과 차별을 혼동하여 불행을 축적해왔다. 유유상종이라는 '같음'의 삶에 너무도 익숙해져 있다. 그것은 태어날 때부터 등에 진 삶의 무게일 수도 있다. 하지만 인간은 타인과 더불어 살아야 하는 운명적 존재이다. 그것은 선택사항이 아니라 당위에 속한다.

우리네 인생사는 같음과 다름의 교향곡이다. 오케스트라의 꽃은 조화에 있다. 지휘자는 다양한 악기가 내는 소리를 통제하여 최상의 어울림을 빚어내기 때문에 관객들은 환호성을 지른다. 다양성의 통일 또는 통일성 속에서 다양함이 인정되는 사회야말로 건강의 척도이다. 따라서 획일주의로 무장된 사회는 경직성으로 말미암아 동맥경화증에 걸리기 쉽다.

잠시 동화하지만 끝내 조화를 이루지 못하는 '동이불화同而不和'와, 이질적인 견해를 포용하는 가운데 다양성을 인정하는 '화이부동和而不同'의 문제가 제기되는 것이다. 전자는 일시적인 공존이 가능하나, 장기적인 불협화음이 내재되어 있다. 언젠가 폭발할지 모르는 불화는 파국을 낳는 씨앗이다. 후자는 공존을 이루는데 진통이 뒤따르지만, 협의에 의한 화합인 까닭에 그 불씨가 쉽게 꺼지지 않는다는 장점이 있다.

> ☞ 동인괘는 진리의 원형인 하늘의 '강건함[乾]'과 만물 생성의 엔진인 '불[火]'이 같은 길을 걷는다는 이치에서 만물의 통일성과 다양성의 원리를 밝히고 있다.

5. 초효 : 파벌을 버리고 포용의 정신으로 타협하라

* 初九는 同人于門이니 无咎리라

  象曰 出門同人을 又誰咎也리오

  초구는 (같은) 문에서 무리를 지으니 허물이 없을 것이다. 상전에 이르기를 문을 나서 동인하는 것을 다시 누가 허물하겠는가.

문 밖에 나서서 무리를 짓는다는 것은 애당초 벌거숭이가 되어 자신의 이력서를 투명하게 공개함을 지적한 말이다. '동문'이란 같은 학교 동창생으로서 강력한 파괴력을 집단이다. 요즈음 말로 표현하면 학연學緣의 대명사다. 학연과 혈연과 지연은 사회를 갉아먹는 사회적 암이다. 학연을 초월해서 자신의 능력을 유감없이 발휘하기 때문에 당연히 허물이 없는 것이다. 능력 있는 사람은 스스로 검증한 다음, 사회에 그 평가를 맡기면 된다.

파벌의식을 버리고 포용의 정신으로 남과 타협해야 한다. 타협은 야합이 아니다. 야합은 은밀한 곳에서 이루어지는 것이 통례이다. 그것은 항상 부조리를 잉태하여 불행의 불씨로 남는다. 과감하게 파벌의식을 내던져야 한다. 그것이 동문을 살리는 유일한 길이다. 하지만 사람들은 동문의식에 사로잡혀 안전망을 구축하려는데 익숙해져 있다. 나쁜 관습이다. 악성 종기는 빨리 제거할수록 좋다.

파벌과 동문의 테두리에서 벗어나면 아무도 시비 붙는 사람이 없을 것이다. 파벌은 동문이 최고라는 편견을 낳는 원흉이다. 편견은 배타성의 사생아다. 동문의식으로 모인 집단은 이익으로 뭉쳐 동질성을 유지하기 위해 더욱 강력한 결집력으로 무장하게 마련이다.

아예 굳게 닫힌 마음의 문을 활짝 열어 유리처럼 투명하면 군자와 대인이 될 수 있다. 주역은 대유괘의 '큼[大]'과 동인괘의 '사람[人]'이 합쳐 '대인'이 된다고 가르친다.

> ☞ 파벌과 동문의식으로 가득 찬 마음의 문을 열고 타인을 포용하는 지성인이 되어야 건강한 공동체가 형성될 수 있다.

6. 2효 : 혈연과 파벌의식을 타파하라

* 六二는 同人于宗이니 吝토다

  象曰 同人于宗이 吝道也라

육이는 무리 지음을 종친에서 함이니 인색하다. 상전에 이르기를 '무리 지음을 종친에서 함'은 인색한 도이다.

2효는 음자리에 음이 위치하고 있는 '중도[中]'이다. 2효는 동인괘 전체에서 유독 음이다. 전체와 화합에야 함에도 불구하고 5효와만 상응한다. 오직 5효하고 부응하는 것을 경계한 발언이다. '종宗'은 종족, 종가, 종당, 핏줄 등을 가리킨다. 2효는 혈연에만 의존하려는 종파와 붕당의 폐단을 지적하고 있다.

종친과 붕당에 얽매이는 의식은 흔히 집단 이기주의로 직결되는 결과로 이어진다. 그것은 '나'를 위한 사회, '내'가 원하는 것을 얻지 못하는 타 집단은 전혀 쓸모 없다는 인식을 낳게 마련이다. 사회는 나의 인격과 재능을 펼치는 공간이다. 핏줄에 의지하는 소아병적인 의식이 곧 '인색한 마음'이다.

인색한 도리는 비좁은 길이다. 마음의 문을 열어 운신의 폭을 넓혀야 한다. 사회가 먼저 깨끗해지기를 바라지 말고, 자신이 먼저 사회의 정의를 위해서 모든 기득권을 포기한다는 의식개혁이 필요하다. 핏줄에 연연하여 똘똘 무리 지으면 일이 꼬이게 마련이다. 가족주의 혹은 혈연주의에 매달리는 낡고 묵은 정신을 털어내야 사회가 건강해지는 비결이다.

> ☞ 혈연에 얽매인 올가미를 벗어던지고 포용의 정신으로 타인을 받아들여라. 그것이 곧 동문을 살리는 길이다. 혈연에 의존하는 붕당의 폐단은 사회에 독을 남긴다. 마음의 문을 활짝 열어 운신의 폭을 넓혀라.

7. 3효 : 내 안의 적이 훨씬 무섭다

_{구 삼} _{복 융 우 망} _{승 기 고 릉} _{삼 세 불 흥}
* 九三은 伏戎于莽하고 升其高陵하여 三歲不興이로다

_{상 왈} _{복 융 우 망} _{적 강 야}
象曰 伏戎于莽은 敵剛也오

三歲不興이어니 安行也리오
<small>삼 세 불 흥   안 행 야</small>

구삼은 병사를 풀숲에 매복시키고 높은 언덕에 올라서도 3년 동안 일어나지 못한다. 상전에 이르기를 '병사를 풀숲에 매복시키는 것은 적이 강력하기 때문이요, 3년 동안 일어나지 못하는 것을 (의롭지 못하여) 어찌 행할 수 있겠는가.

3효는 하괘의 양자리에 양효가 있다. 상괘의 양효인 상구와도 상응하기 어렵다. 3효는 에너지가 넘치고 '중용[中]'도 아니다. 위로는 상응할 여건도 안 되고, 더욱이 '정正'이 아닌 까닭에 2효와의 동화를 시도할 수도 없다.

바깥의 적보다 내 안에 잠들어 있는 적이 훨씬 무섭다. 남의 잘못은 절대 용납하지 않으면서 자신에게 관대한 것이 바로 인간이기 때문이다. 동문과 종친에 둘러싸여 온실에서 길들어졌을 뿐만 아니라 끼리끼리 울타리 안에서 동종교배하기 때문에 경쟁력이 약화된 지도 모른다.

그러니까 안으로 좋은 여건을 갖추었음에도 불구하고 '높은 언덕에 올라가서도 소득이 없다'고 한 것이다. 밖으로는 상괘의 '중용[中]'인 5효 역시 강력한 에너지를 소유하고 있어 상대하기가 버겁다. 안팎으로 곤경에 빠진 상태이다.

> ☞ 동종교배는 경쟁력을 약화시킨다.

8. 4효 : 피흉避凶의 방법은 정의를 추구하는 것에

* 九四는 乘其墉호대 弗克攻이니 吉하니라

象曰 乘其墉은 義弗克也오 其吉은 則困而反則也라

구사는 성벽에 올랐으나 능히 공격하지 않으므로 길하다. 상전에 이르기를 '성벽에 올랐다'는 것은 의義 때문에 이기지 못함이며, '길하다'는 것은 힘들어 올바른 도리에 돌아옴이다.

양효인 4효는 음의 자리[陰位]에 있다. 4효는 '중정中正'이 아니지만 양이 음자리에 있기 때문에 강유를 겸비하고 있다. 2효와 짝을 이루려고 시도하지만, 5효와의 올바른 의리관계를 고려하여 쉽사리 공격하지 않으므로 결국은 길하다.

라이벌인 5효와 힘겨루기를 위해 샅바를 굳게 맸으나, 강력한 파워를 자랑하는 5효는 이미 2효와 상응을 이루고 있는 까닭에 승리를 장담할 수도 없다. 주어진 여건이 여의치 않아 마음이 썩 내키지 않는다[困]. 싸움을 포기하고 원래의 자신으로 돌아가기 때문에 얻는 것이 없지만 잃는 것도 없어 길하다.

> ☞ 올바르면 비록 얻는 것은 없을지라도 길하다.

9. 5효 : 고난을 거친 성공이 진정한 행복이다

* 九五는 同人이 先號咷而後笑니
  大克師이라야 相遇로다
  象曰 同人之先은 以中直也오
  大師相遇는 言相克也라

구오는 동인(타인과의 화합함)이 먼저는 울부짖고 나중에 웃으니 큰 군대로 승리해야 서로 만난다. 상전에 이르기를 '동인이 먼저 함'은 중과 곧음으로써 하는 바요, '큰 군대로 서로 만난다'는 것은 서로 이김을 말함이다.

5효는 상괘의 중용[中]인 동시에 하괘 2효와 상응한다. 2효도 '중정中正'이고 5효 역시 '중정中正'이다. 이는 주역 전체의 효사에서 보기 드물게 '중정中正'을 이룬다. 현실적으로는 5효 앞에 3효와 4효라는 훼방꾼이 있다. 하지만 2효와 5효는 찰떡궁합이다. 아무리 원앙일지라도 주위의 축복 없이는 결합하기 힘들다. 신혼부부도 결혼 전에는 여러 가지 난관 때문에 눈물울 흘리는 경우가 많다. 혼인식을 마치고서야 비로소 웃는다.

2효와 5효의 만남의 과정에는 엄청난 진통이 뒤따른다. 3효에서 말하는 '풀숲에 매복한 병사들'이 가로막기 때문이다. 그래서 5효에서는 '큰 군대를 일으켜 승리해야 서로 만난다'고 했던 것이다. 만남의 성사는 그 주체인 5효가 최고의 가치[中]에 입각해서 올바른 행위[正

=直]를 실천하기 때문이다. 그러니까 상대방도 그 인격에 감화되어 웃음 짓지 않을 수 없는 것이다.

이런 연유에서 '동인이 먼저 울부짖고 나중에 웃는다'는 명제에 대해 공자는 다시 한 번 강조했다. "군자의 도가 혹 나아가기도 하고 혹 머물기도 하고 혹 침묵하고 혹 말하기도 하지만, 두 사람의 마음이 일치하면 그 날카로움이 쇠를 끊을 수 있다. 일치된 마음의 말은 그 향기가 마치 (동네 어귀까지 냄새나는) 난초와 같다"[34]고 했던 것이다.

> ☞ 2효와 5효는 찰떡궁합이다. 이들 만남의 주인공인 5효가 최고의 가치[中]를 바탕으로 정의를 실천하기 때문이다.

10. 상효 : 하늘의 뜻을 받드는 삶을 살아라

* 上九는 同人于郊니 无悔니라

　象曰 同人于郊는 志未得也라

상구는 무리 지음을 들판에서 함이니 뉘우침이 없다. 상전에 이르기를 '무리 지음을 들판에서 함'은 뜻을 얻지 못함이다.

상효는 상괘의 맨 마지막에 있다. 같은 양인 3효와도 부응할 수 없다.

---

34 「계사전」상편, 8장, "同人先號咷而後笑. 子曰 君子之道或出或處或黙或語, 二人同心, 其利斷金. 同心之言, 其臭如蘭."

모든 것을 털어내고 조용히 뒤로 물러난다. 세속과 멀리 떨어져 은퇴하여 머물기 때문에 후회하는 일도 없다. 한적한 야외에서 산수를 벗삼아 유유자적한 삶을 누린다. 갈등이나 번민이 끼어들 여지가 없다.

세상사에 걸림이 없는 명예퇴직자는 후회는 없을지라도 현실과 동떨어질 수도 없다. 하나의 인간으로서 인생에 무언가 여운이 남는다. 모든 것을 하늘의 뜻으로 여기고 묵묵히 살아갈 뿐이다.

동문이나 종친의 안전망에서 벗어나 아무도 찾지 않는 교외에서 홀로 묵는다. 사회의 규범에 얽매일 필요도 없고, 또한 어긋나는 일도 없다. 자신의 목표는 달성하지 못했지만[志未得], 결코 후회하지 않는다.

동인괘에 나타난 삶의 모습은 다양하다. 초효는 동문의 그늘에서 벗어나 인격자와 사귀니까 허물 지을 일이 전혀 없다. 유일한 음인 2효는 다섯 양과 상응해야 할 의무가 있듯이, 특정한 5효만 바라보지 말고 두루 사귀어야 마땅하다. 3효는 2효에 욕심을 품는다. 아무리 노력해도 힘에 부쳐 실패하는 꼴이다. 4효는 2효를 놓고 5효와 힘껏 샅바 싸움을 벌이다가 스스로 포기한다. 5효는 처음에는 고초를 겪다가 뒤에는 천생연분을 만나 웃는다. 상효는 인적이 끊긴 교외로 이사하여 홀로를 즐긴다. 이처럼 '사람 사귐'의 방법에는 여러 종류가 있는 것이다.

> ☞ 동문의 안정망에서 벗어나 아무도 찾지 않는 교외에서 홀로 묵는다. 비록 자신의 목표는 달성하지 못할지라도 결코 후회하는 일은 생기지 않을 것이다.

11. 주역에서 정역으로

정역사상의 연구자 이상룡李象龍은 동인괘의 성격을 다음과 같이 설명한다.

同字는 中外象老陽而中畫之上加少陽一畫이라
陽性上升하니 乾離皆同之義也라
仝通同이니 在文從人從功일새
有天功人其代之底意思오 人字見上이라
爲卦乾上離下이니 雨火自天而天反見闢之象也며
且入地之明하여 必有升天이라 故此卦次於明夷也라

같을 동同은 중앙 바깥이 노양老陽으로서 그 중앙 획에다 소양少陽 하나를 더 덧붙인 글자를 상징한다. 양이 상승하는 형상이므로 건乾과 리離가 같다는 뜻이다. 동소과 동同은 통한다. 동은 문자적으로 사람 인人과 일 또는 공로 공功의 합성어로 하늘의 일을 인간이 대신한다는 뜻이 사람 인人 자에 드러나 있다. 괘의 형상은 건乾이 위에, 리離가 아래에 있는데 하늘에서 쏟아지는 비 같은 불[雨火]이 하늘을 여는 모습을 상징한다. 또한 그것이 땅 속에 들어가 밝아지므로 반드시 하늘로 올라가는 형상이기 때문에 동인괘가 명이괘明夷卦 다음에 위치하는 것이다.

象曰 同人于野면 亨하리니

利涉大川이며 利君子의 貞하나니라는 天下會同하여

一濟可治也라

* 「단전」 - "사람들과 뜻을 같이하는 것을 들에서 하면 형통할 것이다. 큰내를 건너는 것이 이로우며, 군자의 올바름이 이롭다"는 것은 천하의 뜻이 모여 같아지므로 한결같이 다스려지는 것을 뜻한다.

象曰 君子以하여 類族으로 辨物하나니라는

區別万區也라

* 「상전」 - "군자는 이를 본받아 유와 족으로 사물을 분별한다"는 것은 지역을 분별하여 수많은 경계로 나누는 것이다.

初九는 同人于門이니 无咎라는

人出四門하니 天下始交也라

* 초구 - "초구는 (같은) 문에서 무리를 지으니 허물이 없을 것이다"라는 말은 사람이 문 밖을 나서 천하에서 처음으로 사귀는 것을 의미한다.

六二는 同人于宗이니 吝토다는

趨勢挾貴하니 其志鄙也로다

＊2효 - "육이는 무리 지음을 종친에서 함이니 인색하다"는 것은 힘을 쫓아 귀함을 따르므로 그 뜻이 어리석음을 가리킨다.

九三은 伏戎于莽하고 升其高陵하여
三歲不興이로다는 天下興戎而已니
乃揚武三歲可定也라

＊3효 - "구삼은 병사를 풀숲에 매복시키고 높은 언덕에 올라서도 3년 동안 일어나지 못한다"는 말은 천하에 싸움이 일어난다는 것으로 전쟁이 생긴 지 3년이 지나야 바로잡을 수 있다는 말이다.

九四는 乘其墉호대 弗克攻이니 吉하나라는
敵雖乘勢라도 不敢攻我也라

＊4효 - "구사는 성벽에 올랐으나 능히 공격하지 않으므로 길하다"는 것은 적이 비록 상승세를 탈지라도 나를 이기지 못함을 말한 것이다.

九五는 同人이 先號咷而後笑니
大克師이라야 相遇로다는 相遇火熾에
困一戎하여 而大捷也라

＊5효 - "구오는 동인(타인과의 화합함)이 먼저는 울부짖고 나중에 웃으니, 큰 군대로 승리해야 서로 만난다"는 말은 엄청난 불기

운을 만나 사람들이 한결같이 괴로움에 빠졌으나 크게 승리함을 뜻한다.

上九는 同人于郊니 无悔니라는
^{상구} ^{동인우교} ^{무회}

蒐閱于我疆而威克厥愛也라
^{수열우아강이위극궐애야}

* 상효 – "상구는 무리 지음을 들판에서 함이니 뉘우침이 없다"는 것은 나의 강역에서 뜻을 결집시키므로 위엄이 사랑을 이기는 것을 말한다.

☞ 正易 上經

32雷風恒	31澤山咸	46地風升	45澤地萃	5水天需	6天水訟
4山水蒙	3水雷屯	50火風鼎	49澤火革	42風雷益	41山澤損
16雷地豫	15地山謙	34雷天大壯	33天山遯	55雷火豊	56火山旅
40雷水解	39水山蹇	58重澤兌	57重風巽	18山風蠱	17澤雷隨
47澤水困	48水風井	52重山艮	51重雷震	22山火賁	21火雷噬嗑
27山雷頤	28澤風大過	64火水未濟	63水火旣濟		

火天大有卦

<small>화 천 대 유 괘</small>

온갖 대립쌍들을 포용하여 모든 것을 소유할 수 있는 가능성은 무엇인가? 하늘과 땅 사이의 균형과 평형을 유지시키는 영원한 운동에 너지는 불[火]이다.

Chapter 4

화천대유괘火天大有卦
: 위대한 소유

1. 위대한 소유란 무엇인가? : 대유괘

정이천은 천화동인괘 다음에 화천대유괘가 오는 이유를 다음과 같이 말한다.

* 大有는 序卦에 與人同者는 物必歸焉이라
  故受之以大有라 하니라
  夫與人同者는 物之所歸也니
  大有所以次同人也라
  爲卦火在天上하니 火之處高면 其明及遠하여
  萬物之衆이 无不照見하니 爲大有之象이오

又一柔居尊하고 衆陽竝應하니
_{우일유거존}   _{중양병응}

居尊執柔는 物之所歸也라
_{거존집유} _{물지소귀야}

上下應之爲大有之義하니
_{상하응지위대유지의}

大有는 盛大豊有라
_{대유} _{성대풍유}

대유괘는 「서괘전」에 '남과 함께 한다는 것은 사물이 반드시 돌아오기 때문에 대유괘로 이어받았다'라고 했다. 대저 남과 함께 한다는 것은 사물이 돌아오는 바이니, 대유괘가 동인괘의 다음이 된 까닭이다. 괘의 형성은 불이 하늘 위에 있으니 불이 높은 곳에 있으면 그 밝음이 먼 곳까지 미쳐서 만물의 무리에 비춰 보이지 않음이 없으니, 대유의 모양이 된다. 또한 하나의 음유가 존경받는 위치에 있고 여러 양이 함께 부응하니, 존경받는 위치에서 유순함을 붙잡음은 사물이 돌아오는 바이다. 상하가 부응함이 '대유'의 뜻이 되므로 '대유'는 성대하고 풍성하게 소유한 것이다.

대유괘의 상괘는 불[태양; 離卦], 하괘는 하늘[天]이다. 운동의 강렬함과 건실함을 표상하는 건괘(☰)와, 밝고 빛나는 모습[文明]인 리괘(☲)가 결합되어 있다. 하늘 높이 뜬 태양이 유형무형의 온 세상을 널리 비춰주고 있는 형상이다. 형식적으로는 하나의 음과 다섯 개의 양으로 구성되어 있다. 강건과 문명을 겸비하여 하나의 음이 가장 존귀한 위치에서 나머지 양들과 화응하기 때문에 '크게 소유할 수 있는 것이다.'

'동인괘'와 '대유괘'는 같기도 하고 다르기도 하다. 동인괘를 뒤집어 엎으면 대유괘가 되고, 대유괘를 뒤집으면 동인괘가 된다. 대유괘는 하늘 위에서 불이 환하게 모든 사물을 비추는 형상이다. 촛불은 조그만 방을 포근하게 감싸지만, 태양은 스스로의 화력을 자랑하면서 맘껏 에너지를 뿜어낸다. 그 에너지의 정체가 바로 불덩어리다. 지구의 생명체는 하루라도 햇빛을 받지 못하면 죽음을 면치 못한다. 태양은 모든 것을 품에 안고 있기 때문에 '위대한 소유'라 할 수 있다.

신화의 입장에서 보면, 물은 위에서 아래로 내려오기 때문에 하늘의 아들이며, 불은 가벼워 위로 올라가기 때문에 땅의 딸이다. 땅의 딸이 위로 올라가 하늘의 아들과 결혼식을 올리는 의미가 담긴 것이 곧 '대유괘'이다. "우주는 존재Being와 되기Becoming의 상위양식과 하위양식 사이에서 인식되는 조화의 방식으로 하나의 단일한 생명이 널리 퍼져 있는 것으로 간주된다. '위에 있는 것은 아래에 기초한다'는 발상이 바로 그것이다. 위에 있는 것은 아래로 내려오고, 아래에 있는 것은 위로 올라간다."[35]

서양의 헤라클레이토스에 의하면, '불'은 모든 것의 근본적인 활성체이며, 사랑과 다툼의 대립쌍들을 한 곳으로 모음으로써 우주를 유지하는 원리라고 보았다. 그것은 동인괘의 음자리에 있는 2효와 대유괘의 양자리에 있는 5효가 증명한다. 이들은 공간적 위상만 달리할 뿐, '불'이라는 존재는 불변하면서 상괘와 하괘를 소통시키면서 진리를 밝혀주는 영원한 등불인 것이다.

동인괘와 대유괘는 세상의 온갖 대립쌍들의 결합을 보여주는 대표적 증거인 셈이다. 음과 양, 하늘과 땅 사이의 틈을 파고들어 균형과

---

35 조지프 캠벨/홍윤기, 『신화의 이미지』(서울: 살림, 2006), 113쪽 참조.

평형을 유지시키는 영원한 운동의 성격을 나타낸다. 상수론적으로 보아서 대립쌍을 소통시키는 존재는 '5황극'이다. 5는 생수와 성수를 결합시키면서 위아래의 시공간을 가로지르는 운동의 본체이다.[36] 상수론을 바탕으로 삼는 주역은 낙서에 나타난 바와 같이 분열의 극한을 표상하는 9와, 분열의 단계에서 수렴과 통일의 단계로 넘기는 5황극의 결합체의 결과로서 대유괘를 14번째에 자리잡도록 하였던 것이다.

하늘 밑에 있는 '불'은 사람이다. 거기에는 두 가지 특색이 있다. 하나는 이성적 동물로서 사람은 모두 같다는 즉 '인동人同'이라는 뜻이고, 또 하나는 사회적 동물로 같이 모여 산다는 '동인同人'이라는 뜻이다. 천화동인天火同人은 사람이란 무엇인가를 말하는 것인데, 화천대유火天大有는 하느님(상제님)은 어떤 분인가를 말하고 있다고 할 수 있다.[37]

2. 대유괘 : 소유의 전제조건은 형통이다

★ 大_대有_유는 元_원亨_형하니라

대유는 크게 형통한다.

'원元'은 으뜸, 근원, 뿌리라는 뜻이며, '형亨'은 꿰뚫어 형통한다는 뜻이다. 전자는 근원, 후자는 보편의 의미가 강하다. 이는 형이상학적 근원자인 동시에 보편자라는 뜻 이외에도 생명의 프로그램은 세상의 모든 사물들의 존재의미와 가치를 형통시킬 수 있다는 의미는 아닐까?

---

36 1+5=6, 2+5=7, 3+5=8, 4+5=9라는 등식을 성립시키는 존재는 '5'이다.
37 김흥호, 『주역강해』1(서울: 사색, 2003), 271쪽 참조.

하지만 주자는 「단전」의 말에 근거하여 점서와 윤리의 차원에서 도道와 선善을 얘기하였다.[38] '크게 형통하여 소유가 위대하다[大有]'는 말을 물질적 풍요에 한정시켜 이해해서는 안 된다. 자연과 문명과 역사가 새로운 국면을 맞이할 가능성 때문에 '위대한 소유'라 했던 것이다.

> ☞ 하늘이 드리우는 생명의 프로그램은 이 세상 모든 사물들의 존재의미와 가치를 형통시키는 것에 있다.

3. 단전 : 하늘의 원리는 진리의 원형이자 뿌리

_{단 왈 대유   유 득 존 위}
* 彖曰 大有는 柔得尊位하고
_{대 중 이 상 하 응 지   왈 대 유}
大中而上下應之할새 曰大有니
_{기 덕   강 건 이 문 명   응 호 천 이 시 행}
其德이 剛健而文明하고 應乎天而時行이라
_{시 이 원 형}
是以元亨하니라

단전에 이르기를 대유는 부드러운 것이 존귀한 위치를 얻고 크게 적중하여 상하가 (육오에) 부응하기 때문에 '대유'라 이른다. 그 덕이 강건하여 하늘의 무늬가 밝혀지고, 하늘에 부응하여 시간의 정신으로 행한다. 이 때문에 크게 형통한다.

오직 하나의 부드러운 음효가 존귀한 5효의 자리에 있다. 육오六五

---

38 『주역본의』, "占者有其德, 則大善而亨也."

의 '위대한 센터[大中: 위대한 중심]'를 두고 나머지 다섯 개의 효가 화응하려고 노력하여, 마침내 '소유의 위대함'이 완수된다는 것이다.

원래 5효는 양이고 2효가 음일 때, 가장 이상적인 결합[中正]이다. 하지만 음이 자리 바꿈을 통해서 이동한 것 자체가 '위대함[大]'이며, 또한 상하의 모든 양효들이 5효와 대응하려는 형상이므로 '위대하다.' 하괘[乾卦]의 성격은 강건하고, 상괘[離卦]의 성격 또한 진리를 위에서 아래로 쏟아내는 형상인 까닭에 '위대한 것이다.'

이를 세부적으로 고찰하면 상괘의 5효가 곤괘에서 비롯되었다면, 하괘의 2효는 건괘에서 비롯된 것이기 때문에 이들은 결국 '지천태괘地天泰卦의 축소판'이다. 그래서 '하늘의 원리는 시간으로 전개된다[應乎天而時行]'라고 했던 것이다. 하늘의 원리는 진리의 원형이자 뿌리이다. 나무는 씨앗에서 싹터 여름이 되면 무성한 줄기와 가지와 잎을 한껏 뽐낸다. 이는 시간의 흐름이 빚어낸 산물이다. 시간은 수많은 사연을 간직한 채 무정하게 흐르지만, 생명을 낳고 살림을 목적으로 삼기 때문에 '크게 형통한다[元亨]'고 강조했던 것이다.

> ☞ 하늘의 뜻은 시간의 정신으로 드러난다. 시간은 생명을 낳고 길러내는 것을 목적으로 삼기 때문에 '크게 형통할 수 있다[元亨].'

4. 상전 : 선善은 아름다움[休]으로 더욱 빛난다

* 象曰 火在天上이 大有니
  _{상왈 화재천상 대유}

  君子以하여 遏惡揚善하여 順天休命하나니라
  _{군자이 알악양선 순천휴명}

상전에 이르기를 불이 하늘 위에 있는 것이 대유니, 군자는 이를 본받아 악한 것을 막고 선한 것을 드러내어 하늘의 아름다운 명을 따른다.

불과 하늘이 높은 곳에서 동거하여 만물에게 밝은 빛을 고루 내려주는 것은 자연의 불변적 현상이다. 하늘의 원리는 지공무사至公無私한 까닭에 인간이 본받아야 마땅하다. 악의 불씨가 되살아나지 않도록 마음단속을 철저히 하고, 외부에서 오는 물욕 역시 과감하게 차단해야 한다. 그리고 내면에 깊숙이 자리잡은 선의 씨앗은 겉으로 표출시켜 사회적으로 드높여야 할 것이다.

불은 타오르기 때문에 아름답다. 아름다운 것 주위에는 구경꾼이 몰린다. 촛불은 자기 몸을 불태우면서 환하게 비춰준다. 그 혜택은 이루 말할 수 없다. 아름다움[美]의 극치는 하늘의 원리에 순종한 것 이상이 없다. 「상전」은 진리와 선과 아름다움[眞善美]을 하나로 묶어 설명하고 있는 것이다. 군자는 진리를 깨닫고, 선을 실현하여 아름다운 세상을 구현할 역사적 당위성을 짊어진 존재이다.

알악양선遏惡揚善

'악을 막고 선을 드높인다[遏惡揚善]'는 주역의 가르침은 맹자의 '사람의 사사로운 욕심을 막고 하늘의 이치를 보존한다 [遏人欲存天理_{알인욕존천리}]'로 연결되었으며, 더 나아가 성리학의 중요한 주제가 되었다. 세상에서 가장 무서운 것이 바로 사사로운 욕심이다. 무한정한 욕심은 일을 그르치는 근본이다. 사사로운 욕심을 물리치고, 확실하게 지켜야 할 덕목인 선은 누가 빼앗으려 해도 뺏기지 않도록 다짐해야 한다.

유교에서 말하는 '악의 실체는 무엇일까?' 선과 악은 동일한 곳에서 나오는가? 악은 선천적일까 아니면 후천적일까의 문제는 종교와 철학자들의 골칫덩이였다. 유교사상에서 선은 인간의 본성에 내재된 보편적이고 선천적인 것으로 간주되었다. 반면에 악은 태어나면서 외부세계와 접촉하는 가운데 형성된다고 보았다.

그렇다면 악의 시원은 어디서 찾을 수 있을까. 악을 단순히 경험적 소산이라고 단정하기에는 무리가 뒤따른다. 주역의 가르침에 따르면, 하늘의 네 가지 덕성인 '원형이정元亨利貞'을 부정하고 비난하는 것에서 연원한다. 악은 곧바로 죄로 연결된다. '죄罪'라는 글자의 구성부터가 '넉 사四 + 아닐 비非'로 이루어진 것을 보더라도 하늘의 질서에 대한 부정이 곧 죄로 나아가는 첫걸음이라는 것을 증명하기 때문이다.

화이트헤드Alfred North Whitehead(1861~1947)에 따르면, "아름다움에는 '완전성'이라는 관념이 은연중에 도입되어 있기 때문에 진리를 부분적으로 안다는 것은 우주를 왜곡하는 것이 된다. '진리'란 '현상'의 '실재'에의 순응이다."[39] 하늘의 질서는 아름다움의 총합이며, 실천의

---

39 화이트헤드/오영환, 『관념의 모험』(서울: 한길사, 1997), 374-394쪽 참조.

궁극적 목적이다. 진선미의 구현은 인간의 몫이라고 주역은 가르치고 있는 것이다.

> ☞ 헤라클레이토스는 모든 갈등을 잠재울 수 있는 우주의 원동력이자 활력소는 불이라고 했다. 주역은 진리와 선과 아름다움을 하나로 묶어 설명한다. 하늘과 땅의 원리는 지공무사至公無私한 까닭에 인간이 본받아야 마땅하다.

5. 초효 : 때(시간)에 부합하는 교제를 선택하라

_{초구} _{무교해} _{비구} _{간즉무구}
* **初九**는 **无交害**니 **匪咎**나 **艱則无咎**리라

_{상왈 대유초구 무교해야}
象曰 大有初九는 **无交害也**라

초구는 해로운 데에 사귐이 없으니 허물은 아니지만, 어렵게 여기고 조심하면 허물이 없을 것이다. 상전에 이르기를 대유의 초구는 '해로운 데에 사귐이 없는 것이다.'

타인과의 사귐에는 일정한 법도가 있다. 물질 또는 정신 일변도의 사귐은 정도가 아니다. 더욱이 아무 때나 교제를 시도하는 것 역시 예의가 아니다. 상대방이 준비되지 않았을 때에는 당황하기 쉽다. 그래서 『논어』에서 "바야흐로 먼 곳의 친구가 찾아오면 즐겁지 아니한가 _{유붕자원방래 불역락호} [**有朋自遠方來, 不亦樂乎!**]"라고 하지 않았던가? 물질과 정신과 인격과 시간에 부합된 교제만이 가장 무난하다.

초효는 두꺼운 표피를 뚫고나온 싹처럼 아직은 순수한 양이다. 순수성 하나만이라도 타인에게 피해를 입히지 않는다. 당장은 허물을 짓지 않아도 항상 근신하여 조심하면 되는 것이다. 이때에는 사귐의 왕도가 따로 없다. 다만 자신을 뒤돌아보고 점검하는 것이 옳다. 그래서 불교에서는 초심자들에게 '욕심내고, 성내고, 어리석음[貪嗔痴^{탐진치}]'을 짓는 마음을 경계했던 것이다.

> ☞ '때(시간의 정신)'가 허락하지 않는 상황에서는 자신을 뒤돌아보고 점검하는 것이 옳다.

6. 2효 : 자신의 능력을 배양하면서 겸손하라

* 九二^{구이}는 大車以載^{대거이재}니 有攸往^{유유왕}하여 无咎^{무구}리라

 象曰^{상왈} 大車以載^{대거이재}는 積中不敗也^{적중불패야}라

구이는 커다란 수레에 실음이니 갈 바를 두어 허물이 없을 것이다. 상전에 이르기를 '커다란 수레에 실음'은 중앙에 쌓아도 무너지지 않는 것이다.

2효는 하괘 중앙의 음자리에 있는 양이다. 유순한 덕과 강건한 덕을 겸비하고 있다. 그러니까 수레에 많은 짐을 실을 수 있다. 수레는 짐을 싣는 도구이다. 수레는 진리와 선과 아름다움을 싣는 막중한 책임이 있는 황금마차인 것이다.

후덕재물厚德載物

 일반적으로 상괘가 하늘이라면, 하괘는 땅이다. 곤괘는 '두터운 덕으로 모든 사물을 하나도 남김없이 싣는다[厚德載物]'고 땅의 성격을 규정했다. 땅은 세상의 모든 짐과 하늘을 실어도 붕괴되지 않는다. 땅은 세상의 짐이 무겁다고 결코 짜증낸 적이 없는 최상의 덕으로 상징된다.

 2효의 어깨에는 무거운 짐과 하늘에 순응하는 소임이 있기 때문에 '대유'이다. 상나라 때의 고종高宗[武丁]은 인재가 필요했다. 날마다 기원하며 3년 동안을 수소문해도 찾지 못했다. 하루는 꿈에서 한 사람을 만났다. 그는 꿈에 본 사람의 몽타쥬를 그려 전국에 방을 내걸기까지 했다. 어느 날 한적한 시골길을 걷다가 한 농부가 축대를 쌓고 있는 광경을 보았다. 밥을 머리에 인 한 아낙네가 농부 앞에다 돗자리를 깔고 밥상을 차리고서 제사를 받들 듯 공손히 절을 하는 것이었다. 무정은 그 광경을 물끄러미 바라보고서 수행원에게 그 아낙네가 누구인지를 알아보라고 했다. 그녀는 농부의 아내였다. 무정은 '아내에게 저만큼 존경받은 사람이라면 보통 사람은 아닐 것이다'고 판단했다. 그 농부를 데려오라고 하여 봤더니 꿈에서 그리 찾던 얼굴이었다. 마침 그 고장 명칭이 부암傅巖였기 때문에 농부의 이름을 부열傅說이라 고쳐 불렀다. 왕의 스승으로서 기쁨을 주는 사람이라는 뜻이다. 무정이 그에게 전권을 맡겨 다스리자 상나라는 머지않아 태평성대를 누리게 되었다. 사람 하나를 찾는데 3년이 걸렸고, 국가의 동량이 나오자마자 숙원사업이 척척 풀렸던 것이다.

 2효는 재능을 갖춘 양강陽剛인데, 음위陰位에서 5효의 뜻에 순종한다. 또한 중용의 덕을 지켜 함부로 날뛰지 않는다. 5효의 신뢰를 받기 때문에 성실하고 믿음직스럽다. 시지프 신화의 주인공 것처럼, 무거운 짐을 싣고 먼 곳을 나르는데 싫증을 내지 않는다. 성심껏 자신의 능력을 배양하고 겸손한 까닭에 허물이 없을 뿐만 아니라 남에게 화를 당하지도 않는다.

> ☞ 2효는 유순한 덕과 강건한 덕을 겸비한 이른바 곤괘坤卦의 '두터운 덕으로 만물을 싣는' 최고의 수레를 상징한다.

7. 3효 : 군자는 상황논리에 빠지지 않는다

$$\ast\ \text{九三}_\text{은}\ \text{公用亨(享)于天子}_\text{니}$$

$$\text{小人}_\text{은}\ \text{弗克}_\text{이니라}$$

$$\text{象曰 公用亨于天子}_\text{는}\ \text{小人}_\text{은}\ \text{害也}_\text{리라}$$

구삼은 공이 천자에게 모든 것을 바치니(향연을 베푸니), 소인은 능하지 못한다(감당치 못한다). 상전에 이르기를 '공이 천자에게 모든 것을 바친다'는 것은 소인에게는 해롭다.

주자는 '향亨'을 조정에 바친다는 '향', 형통하다는 '형', 향헌하다의 '향', 익히고 삶는다는 '팽'으로 읽었다.[40] 여기서는 조회에 성스러

---

40 『주역본의』, "亨, 春秋傳, 作享, 謂朝獻也. 古者, 亨通之亨, 亨獻之亨, 烹飪之

운 물건을 바친다[享(향)]는 뜻이다. 모든 공로와 치적과 칭찬을 웃사람에게 돌리고, 자신은 뒷전으로 물러나 조용히 처신한다는 뜻이다.

3효는 비록 하괘의 끝자락에 있지만, 양이 양자리에 있기 때문에 마음에 거리낌이 없다. 옛날의 봉건제도에는 중앙에 천자가 있고, 천자의 뜻을 펴는 제후가 있다. 제후는 백성들에게서 받은 세금이나 조공을 천자에게 바쳤는데, 이것을 '향헌享獻'이라 했다. 천자와 제후는 충성과 의리로 맺어졌다. 상황론에 빠지지 않고, 군주와 신하의 관계처럼 의리를 지키는 자는 오로지 군자인 것이다.

소인은 의리를 헌신짝처럼 내버리고 재산 모으기에 전념한다. 이익을 위해 의리는 거추장스럽다. 목숨과 이익을 위해서 못하는 짓이 없다. 몸을 바쳐서 도덕적 가치를 완수한다는 '살신성인殺身成仁'이 아니라, 최고의 도덕성은 내팽개치고 자신의 성공만을 선택하는 '살인성신殺仁成身'은 오늘의 자화상이 아닐 수 없다. 예전에는 법의 기강이 무너진 사회상을 일컬어 '유전무죄有錢無罪, 무전유죄無錢有罪'라는 말이 성행했다.

하지만 요즈음은 '유전유효有錢有孝, 무전무효無錢無孝'라는 가시돋힌 언어가 유행하고 있다. 전통사회의 근간이었던 사랑과 효도가 지갑과 곳간에서 나온다는 것이다. 가정과 사회의 건강지표였던 도덕이 자본화·상품화되고 있다. 소인은 목숨보다 소중한 도덕적 가치를 지키지 않고[舍生而取義(사생이취의)], 도리어 정의를 팽개쳐 이익을 추구한다[舍義而取生(사의이취생)]. 가치전도가 아닐 수 없다. '영원회귀'와 '초인'의 출현

烹, 皆作享字."

을 부르짖었던 선각자 니체가 새삼 생각난다.

> ☞ 모든 공로와 치적은 웃사람에게 돌리고, 자신은 뒷전으로 물러나 조용히 처신하는 지혜가 아름답다.

8. 4효 : 내면의 잠든 영혼을 일깨워라

* 九四는 匪其彭이면 无咎리라
_{구사   비기방   무구}

象曰 匪其彭无咎는 明辨晢也라
_{상왈 비기방무구   명변제야}

구사는 지나치게 성대하지 않으면 허물이 없을 것이다. 상전에 이르기를 '지나치게 성대하지 않으면 허물이 없다'는 말은 밝게 분변하는 지혜이다.

4효는 음효인 5효와 아주 가깝다. 양이 음자리에 있음은 겸손의 미덕을 갖추었다는 뜻이다. 스스로를 낮추어 자신의 일에 충실하는 자세를 엿볼 수 있는 대목이다.

5효의 위세에 의탁하여 거들먹거리거나 재물 모으기에 힘쓴다면 패가망신의 길로 접어들 것이 뻔하다. 공사公私를 혼동함으로써 개인은 물론 사회를 오염시켜 처벌받기 일보직전의 징조이다. 이럴 때일수록 옆과 뒤를 살피는 일에 노력해야 할 것이며, 재물과 세력확대에 힘써서는 안 된다. 오로지 자기관리에 철저해야 한다. 겸손하면 웃사람으로부터 신임을 얻어 신망이 두터워질 것이다.

이것이 바로 사람 사귀는 도리이며, 삶의 지혜인 것이다. 그것은 남이 강요한다고 해서 터득되는 덕목이 아니다. 내면의 잠들어 있는 밝은 영혼을 일깨운다면 성공은 장담하지 못할지언정 허물 짓는 일은 없을 것이다.

> ☞ 자신의 일에 충실하면서 겸손의 미덕으로 스스로를 낮추면 허물이 생기지 않을 것이다.

9. 5효 : 믿음과 위엄이 사귐의 원칙이다

$*$ 六五는 厥孚交如니 威如면 吉하리라
_{육오   궐부교여   위여   길}

象曰 厥孚交如는 信以發志也오
_{상왈 궐부교여   신이발지야}

威如之吉은 易而无備也일새라
_{위여지길   이이무비야}

육오는 믿음으로 사귀니 위엄이 있으면 길할 것이다. 상전에 이르기를 '믿음으로 사귄다'는 것은 믿음으로써 뜻을 계발함이요, '위엄이 있으면 길하다'는 것은 쉽게 여기면 준비함이 없기 때문이다.

5효는 대유괘의 주효主爻다. 5효는 비록 음이지만, 상괘의 '중中'을 얻고 있다. 닭이 알을 품고, 새끼를 사랑하는 어미의 숭고한 정신이 담긴 글자가 바로 미쁠 '부孚' 자이다. 세상은 혼자 살아갈 수 없다. 무리지어 사는 게 우리네 일상생활이다. 5효는 뭇 남성들로 둘러싸인 믿음직스런[孚] 모습이다. 강건하기 짝이 없는 무리들이 부드러움을 쫓고 있다.

여성의 부드러움으로써 나머지 강건한 양효와 부응해야 할 의무와 책임이 있다. 여성의 부드러움과 어머니의 단호한 결단은 세상을 이끌어가는 원동력이다. 그 전제조건은 믿음이다. 믿음은 상대방을 편안하게 하는 장점이 있다. 반대로 얕보일 단점이 도사리고 있다. 그 다음으로 필요한 것이 바로 위엄과 권위이다. 위엄 있게 보여야 우러러본다. 그러면 권위가 뒤따른다. 타인과 교제할 때에는 믿음과 위엄을 동시에 갖추어야 하는 것이다.

신뢰는 만사형통의 열쇠다. 하지만 세상은 그리 만만치 않다. 특히 지도층은 신뢰와 더불어 권위가 있어야 하듯, 이 둘은 겉과 속의 관계와 비슷하다. 믿음으로 포용하고, 위엄으로 평정하여 사회안녕을 도모할 수 있다. 주역은 중용의 길을 강조한다. 타인에게 포용과 배려로 널리 사랑을 베풀고, 위엄과 권위로써 타인의 심리적 안정을 심어줘야 한다.

> ☞ 믿음은 만사형통의 열쇠이다. 믿음으로 포용하고, 위엄으로 평정하면 사회안녕을 도모할 수 있다. 주역은 믿음과 위엄의 중용을 가르친다.

10. 상효 : 스스로를 도와야 하늘이 도와준다

* 上九는 自天祐之라 吉无不利로다
  象曰 大有上吉은 自天祐也라

상구는 하늘로부터 돕는다. 길하여 이롭지 않음이 없다. 상전에 이르기를 '대유의 상구가 길함'은 하늘로부터 돕기 때문이다.

상효는 강건한 양이 최상층의 음위陰位에 있다. 보통 주역의 상효는 '가득 차면 기울고 만다'는 원칙에서 부정적인 언표들이 등장하는데 반해서, 여기서는 스스로를 잘 통제하여 바로 아래의 5효의 뜻에 순응함을 말하기 때문에 '하늘로부터 도움이 있다'고 했다.

「계사전」에서는 대유괘의 '하늘로부터 도와서 이롭지 않음이 없다[自天祐之, 吉无不利.]'라는 상구효를 인용하여 "'돕는다[祐]'라는 것은 돕는[助] 것이니, 하늘이 돕는 바는 순이요 사람이 돕는 바는 믿음이니, 믿음을 실천하고 순順을 생각하고 생각한다"[41]고 하였던 것이다.

자발적으로 순종하는 것과 억지로 힘에 강요받아서 순종하는 것은 엄연히 다르다. 전자는 진리와 믿음에 대한 순응인 반면에, 후자는 굴욕적인 복종이다. 따라서 이들의 삶의 결과는 천양지차이다. 천복을 누리면서 기쁨으로 가득 찬 삶과, 불평이 가슴 한 켠에 꿈틀거리고 있

---

41 「계사전」상편 12장, "子曰 祐者助也, 天之所助者順也, 人之所助者信也, 履信思乎順."

는 생활은 삶의 질에 관한 한 비교할 수 없을 것이다.

> ☞ 대부분의 상효에는 부정적인 언표들이 많이 있으나, 대유괘는 가장 좋은 내용으로 이루어져 있다. '겸괘'로 나아가기 직전의 단계이므로 '하늘이 돕는다[天助]'라는 말이 나타나는 것이다.

11. 주역에서 정역으로

정역사상의 연구자 이상룡李象龍은 대유괘의 성격을 다음과 같이 설명한다.

有는 在文從右從月이라

右는 万物成熟之方이오 月은 物之圓滿者也라

九有富有之義니 盖取諸此라

大字見上이니 爲卦火在天上이오

中位之日은 无所不照하고 而同類相聚然后에

可以存其富大라 故次於同人也니라

'유有'는 문자적으로 오른쪽 우右와 달 월月의 조합어다. '우'는 만물이 성숙하는 방향이고, '월'은 만물이 원만해지는 것을 상징한다. 아홉 구九는 부유하다는 뜻으로 이 세 가지 의미를 취한 것은 클 대大에 나타나 있다. 괘의 형성은 불이 하늘 위에 있으며, 중앙의 태양은 비추지 못하는 곳이 없고 같은 종류는 서로 모이게 할 수 있는 뒤에 부유함과 위대함을 보존할 수 있는 것이다. 그래서 대유괘는 동인괘 다음에 위치한다.

_{단왈 대유 원형 상원문명 물무불형야}
象曰 大有는 元亨하니라는 上元文明이 物无不亨也라

*「단전」- '대유는 크게 형통한다'는 말은 상원의 문명시대에는 모든 것이 형통한다는 뜻이다.

_{상왈 군자이 알악양선}
象曰 君子以하여 遏惡揚善하여

_{순천휴명 무어이문수야}
順天休命하나니라는 武禦而文守也라

*「상전」- "군자는 이를 본받아 악을 막고 선을 드높여 하늘의 아름다운 명을 따른다"는 것은 무를 제어하여 문을 지키는 것을 뜻한다.

_{초구 무교해 비구 간즉무구}
初九는 无交害니 匪咎나 艱則无咎라라는

_{거하독선여물무관야}
居下獨善與物无關也라

*초효 - "초구는 해로운 데에 사귐이 없으니 허물은 아니지만, 어렵게 여기고 조심하면 허물이 없을 것이다"라는 말은 홀로 선을 지키며 아래에 거처하는 것은 사물과 아무런 관련이 없음을 뜻한다.

_{구이 대거이재 유유왕 무구}
九二는 大車以載니 有攸往하여 无咎라라는

載之兵車하여 往하면 正有罪也라

＊2효 – "구이는 큰 수레에 실음이니, 갈 바를 두어 허물이 없다"는 말은 전쟁용 수레에 싣고 가면 곧 유죄라는 것이다.

九三은 公用享于天子니 小人은 弗克이니라는

億域朝元을 唯君子라야 能之也라

＊3효 – "구삼은 공이 천자에게 향연을 베푸니, 소인은 감당하지 못한다"는 것은 수많은 지역을 다스려 으뜸가는 조정을 만들 수 있는 것은 오직 군자만이 가능하다는 뜻이다.

九四는 匪其彭이면 无咎리라는

位高才盛이나 而謙退不伐也라

＊4효 – "구사는 지나치게 성대하지 않으면 허물이 없을 것이다"는 것은 지위가 높고 재주는 뛰어나지만 겸손하여 물러남에 자랑하지 않는 것을 뜻한다.

六五는 厥孚交如니 威如면 吉하리라는

君明臣剛하여 不威自慄也일새라

＊5효 – "육오는 믿음으로 사귀고 위엄이 있으면 길할 것이다"라는 것은 임금이 현명하고 신하도 강직하여 위엄을 드러내지 않으면서 스스로 두려워하기 때문이다.

$\overset{\text{상구}}{\text{上九}}$는 $\overset{\text{자 천 우 지}}{\text{自天祐之}}$라 $\overset{\text{길 무 불 리}}{\text{吉无不利}}$로다는

$\overset{\text{일 중 우 천}}{\text{日中于天}}$하고 $\overset{\text{인 수 복 무 량 야}}{\text{人受福无量也}}$라

* 상효 - "상구는 하늘로부터 돕는다. 길하여 이롭지 않음이 없다"는 것은 하늘에서는 태양이 남중하고 모든 사람이 무량한 복을 누리는 것을 말한다.

지 산 겸 괘
地山謙卦

겸손은 예禮의 극치다. 겉으로 지키는 예가 형식이라면, 마음으로 실천하는 예는 감동의 물결을 일으킨다. 겸괘는 하늘땅과 인간은 물론 귀신까지도 많은 것을 덜어내어 모자란 곳에 보태는 것이 곧 우주에 아로박힌 원리라고 가르친다.

Chapter 5

지산겸괘地山謙卦
: 꽃보다 아름다운 겸손의 미덕

1. 꽃보다 아름다운 겸손 : 겸괘

정이천은 화천대유괘 다음에 지산겸괘가 오는 이유를 다음과 같이 말한다.

★ 謙_겸은 序卦_{서괘}에 有大者_{유대자}는 不可以盈_{불가이영}이라
故受之以謙_{고수지이겸}이라 하니라
其有旣大_{기유기대}면 不可至於盈滿_{불가지어영만}이오 必在謙損_{필재겸손}이라
故大有之後_{고대유지후}에 受之以謙也_{수지이겸야}라
爲卦坤上艮下_{위괘곤상간하}하니 地中有山也_{지중유산야}라

地體卑下하니

山은 高大之物而居地之下는 謙之象也오

以崇高之德而處卑之下는 謙之義也라

대유괘는 「서괘전」에 '큰 것을 소유한 자는 가득 채워서는 안 된다. 그러므로 겸괘로 받았다'고 하였다. 그 소유함이 이미 성대하면 가득 메우는데 이르러서는 안 되고, 반드시 겸손하게 덜어내는데 있어야 한다. 그러므로 대유괘 다음에 겸괘로 받은 것이다. 괘의 형성은 곤이 위에 있고, 간이 아래에 있으니 땅 가운데 산이 있는 것이다. 땅의 실체는 낮으니 산은 높고 큰 사물인데 땅의 아래에 존재함은 겸괘의 모습이요, 숭고한 덕으로 낮은 곳의 아래에 있음은 겸의 뜻이다.

겸괘의 상괘는 땅[坤]이고, 하괘는 우뚝 솟은 산[艮]이다. 땅 아래에 산이 있는 형국이다. 평평한 땅은 모든 것을 다 실어준다. 이미 낮은 자리에 있음에도 불구하고 높은 산이 땅 밑에 있으니, 지극히 겸손한 모습이 아닐 수 없다.

겸손은 최상의 가치이자 미덕이다. 자신의 재능과 공을 내세우지 않고, 상대방을 높여 스스로를 낮추는 태도이다. 그렇다고 비굴하게 낮추는 겸손은 자신을 학대하는 것과 똑같다. 자기 비하와 교만은 겸손의 양극단이다. 전자가 자존심 없는 굴욕이라면, 후자는 안하무인의 표출이다. 겸손은 스스로의 양심을 지키고, 타인을 어루만져 배려하고 존중하는 인간애의 발로이다. 겸손은 중용의 빛나는 꽃이다. 그러니까 겸손은 날이 가면 갈수록 점점 줄어드는 것이 아니라, 오히려 한층 돋보이는 덕목인 것이다.

겸손은 모든 덕의 근간이다. 겸손하지 못한데서 시기와 질투, 증오와 싸움이 일어난다. 어거스틴에게 기독교에서 매우 소중히 여기는 덕목이 무엇이냐고 물었을 때, 그는 '겸손'이라고 대답했다. 둘째와 셋째도 '겸손'이라고 했다. 겸손은 음식맛을 조절하는 '소금'과 같다. 그러니까 겸손한 사람은 아름답다.[42] 겸손은 사회에서 칭찬받는 도덕적 덕목인가, 내면의 심층에서 우러나오는 본성의 외면화 작용일까.

주역은 항상 진리에 몸담으라고 가르친다. 주역이 말하는 진리의 원형은 천지이다. 천지는 생명 있는 모든 것을 사랑한다. 천지는 무언의 깨달음을 전해주는 '경전經典'이다. 천지는 한 순간도 쉼이 없이 변화한다. 단단한 쇠도 부식하고, 달도 차면 기울어진다. 폭등하는 주식도 언젠가 내리막친다. 세상의 이치가 이러할진대 어느 누가 겸손하지 않을 수 있겠는가? 겸손한 마음은 천지에 대한 외경심에서 비롯되는 것이다.

영국 속담에 "겸손이 지나치면 분명 교만이 된다"는 말이 있다. 벼가 익으면 고개를 숙이듯이, 자신을 낮출 때 진정한 겸손이라 할 수 있다. 그것은 예절교육을 통해서 획득되는 학점이 아니다. 겸손한 사람은 남을 드높여 푸근하게 만든다. 반면에 거만한 사람은 스스로는 상처받지 않지만 타인을 업수이 여겨 마음을 아프게 한다.

---

42 윤문원, 『지혜와 평정』(서울: 싱크파워, 2006). "겸손은 자신을 낮추는 것이 아니라 자신을 세우는 것이다. 진정으로 용기 있는 사람만이 겸손할 수 있다. 겸손하게 행동하되 비굴하지 말라. 중요한 사람인 척하지 말고 중요한 사람이 되어라."

겸손은 성공으로 이끄는 길

정이천은 겸의 이치를 다음과 같이 풀이했다.

* 謙有亨之道也라

 有其德而不居를 謂之謙이니

 人以謙遜自處면 何往而不亨乎리오

 君子有終은 君子志存乎謙巽하니 達理故로

 樂天而不競하고 內充故로 退讓而不矜하여

 安履乎謙하여 終身不易하여

 自卑而人益尊之하고 自晦而德益光顯하니

 此所謂君子有終也라

겸손이란 형통하는 길이다. 덕이 있으면서도 머물지 않는 것을 겸손이라 한다. 사람이 겸손으로 자처하면 어디 간들 형통하지 않으리오. '군자에게 끝마침이 있다'는 것은 군자는 겸손에 뜻을 두어 사리에 통달하였기 때문에 천명을 즐기고 남과 다투지 아니하며, 안이 충실하기 때문에 사양하고 물러날 뿐 자랑하지 않는다. 겸손을 편안히 실천하여 종신토록 바꾸지 않기 때문에 스스로 낮추어도 남들은 그를 더욱 우러러보며, 스스로 감추어도 그의 덕은 더욱 빛난다. 이것이 이른바 '군자에게 (좋은) 끝마침이 있다'는 뜻이다.

64괘 중에서 수화기제괘水火旣濟卦가 형식적으로는 가장 이상적인 형태이다. 양은 양위에 있고, 음은 음위에 있으며, 더욱이 2효와 5효의 대응이 중정中正이므로(䷁) 순음순양인 건곤괘乾坤卦를 제외하고는 가장 좋다. 겸괘謙卦는 3효와 상효를 제외한 나머지들은 음과 음의 대응일 뿐이다. 하지만 전체 효들의 내용은 가장 좋은 말로 이루어져 있다. 그 이유는 무엇일까? 그리고 겸괘가 주역에서 15번째를 차지하는 원인은 어디에 있는가?

겸謙은 진리의 말씀인 '언言'에 벼 '화禾' 자가 둘이고, 이를 다시 손으로 붙들고 있는 모습이다. 벼는 생명을 담보하는 신성한 먹거리이다. '겸謙'의 메타포는 진리를 먹고사는 존재가 바로 군자임을 담고 있다. 그러니까 군자는 굶주리더라도 진리와 함께하는 삶을 살아가기 때문에 배부르다.

주역의 군자상은 지천태괘와 건괘 3효가 잘 대변한다. 그 중에서 건괘 3효는 군자의 길을 제시한다. 겸괘는 3효가 그 주인공이다. 그것은 건괘 3효가 이동한 것이다.

겸손의 미덕은 보통 인생의 처세술이나 종교인들의 가치관으로만 여기는 것이 상례이다. 하지만 「단전」은 자연질서(천도)를 땅의 질서와 귀신의 존재법칙과 인간 삶의 규범과 일치시키고 있다는 점에서 겸괘는 진리의 총체적 구조를 얘기하고 있는 것이다.

깨달음의 방법을 제시하는 겸괘

겸괘는 진리에 대한 깨달음의 방법을 제시하고 있다. 맹자는 "하늘은 말이 없으나, 그 운행과 일로써 보여줄 따름이다"[43]라고 했다. 하늘이 진리를 베푸는 방식은 질서정연한 운행과 그것이 전개하는 사건이다. 진리의 현현顯現이 바로 자연과 역사와 문명과 인생사다. 그렇다면 인간은 진리를 어떻게 받아들일 것인가. 깊이 잠든 인의예지의 본성을 겉으로 드러내어 실현하면 된다는 것이 곧 맹자의 사유였다. 결국 진리의 개시성과 인간본성의 개시성의 만남을 통해 '하나됨'의 방향성을 제시한 모델이 겸괘인 것이다.

겸괘에는 진리관과 인식의 문제와 수양론의 통합을 제시한다. 하늘은 진리의 빛을 위에서 아래로 쏘아준다(↓). 인간은 숭고한 도덕적 본성을 깨닫고 아래에서 위의 방향으로 진리의 고향으로 성큼 다가서야 한다(↑). 겸괘는 인간이 하늘과 땅, 즉 천지의 진리와 하나되는 '삼위일체적 존재'임을 터득하는 유일한 방법임을 가르치고 있다.

겸괘에 대한 정역의 입장

천지는 선천과 후천의 싸이클로 순환한다는 정역의 입장에서 살펴보자. 겸괘는 수리철학적으로 무극과 황극은 하나라는 '십오일언十五一言'과, 무극과 태극은 하나라는 '십일일언十一一言'의 내용을 겸비하고 있다. 10은 무극이요, 5는 황극이요, 1은 태극이다. 무극의 작동은 10→9→8→7→6→5→4→3→2→1의 방향으로 진행한다. 그래서 건괘에서는 "가장 으뜸가는 생명의 근원인 하늘은 9를 작용의 수로 사용하는 데서 하늘의 법칙을 알 수 있다[乾元用九, 乃見天則.]"라고 했다. 다시 말해서 건괘乾卦 형성은 본체인 10이 전제되었다는

---

[43] 『맹자』「만장」상편, "天不言, 以行與事, 示之而已矣."

것이다.

그러면 곤괘坤卦는 왜 작용의 수를 6으로 사용했을까? 곤의 작용은 본체인 5를 전제로 삼기 때문이다. 따라서 건괘는 '체십용구體十用九', 곤괘는 '체오용육體五用六'으로 정리할 수 있다. 건괘의 본체수와 곤괘의 본체수를 합하면 10 + 5 = 15이다. 또한 건과 곤의 작용수를 합해도 9 + 6 = 15가 성립되므로 본체와 작용은 동일원리의 다른 측면임을 알 수 있는 것이다. 특히 정역의 존재론적 표현체인 10무극과 5황극을 결합해도[10+5=10] 마찬가지 결과이다. 이를 통하여 우리는 주역에서 왜 겸괘가 15번째를 차지하는가를 간접적으로 추정할 수 있는 것이다.

그래서 정역괘도는 복희괘도 및 문왕괘도와는 괘의 배열이 다르다. 특히 복희괘의 건곤이 남북으로 배열이 된 것에 반해서, 정역괘는 건곤이 북남으로 바뀌어 있다. 그것은 '천지비天地否'에서 '지천태地天泰'의 양상을 보인다. 아울러 복희괘에서 건곤의 수가 각각 1과 8, 문왕괘에서는 2와 6인데 비해서 정역괘도는 '지천태'의 모습을 유지하면서 각각 10과 5이다. 이는 곧 하늘과 땅의 이치가 하나라는 이론 [十五一言십오일언]과 상통하기 때문에 겸괘의 내용이 가장 좋은 말로 구성되었던 것이다.

2. 겸괘 : 군자의 역사적 사명

★ 謙_겸은 亨_형하니 君子有終_{군자유종}이니라

겸은 형통하니 군자는 끝마침이 있다.

겸괘의 일차적 의미는 건괘와 곤괘의 내용을 겸비한 것에 있다. 왜냐하면 천도와 지도를 아울러 설명할 뿐만 아니라, 심지어 귀신과 인간의 문제를 '동시에' 설명하고 있기 때문이다. 그것은 건곤괘가 담지한 결과적 총합체인 것이다.

그러니까 겸손은 시공을 초월하여 영원히 지속한다. 겸손은 단순히 인격의 성숙함만을 지칭하지 않는다. 겸손의 뜻은 우주원리에 대한 통찰이 덧붙여져야 제대로 이해할 수 있다. 이 세상은 천도와 지도가 하나로 통일되면서 구체화되는 마당[場:field]이기 때문이다. 만약 겸괘를 윤리도덕의 차원으로 한정시킨다면 크나큰 오류를 범하게 되는 것이다.

주자는 '군자는 좋은 끝마침이 있다[君子有終_{군자유종}]'라는 명제에 대해 "먼저는 굽으나 나중에는 펴는 것을 이룬다"[44]고 풀이했다. 움츠리고 펴는 것은 음양의 운동과 다르지 않다. 위대한 자연법칙은 한시도 그침이 없다. 오르고 내리며, 왔다가 다시 돌아간다. 자연법칙을 따르는 것이 군자의 역사적 사명이다. 사명을 굳건히 받들고 실천하기 때문에 군자는 하늘의 영광을 누릴 수 있는 자격이 충분하다.

---

44 『주역본의』, "有終, 謂先屈而後伸也."

산은 지상에서 가장 높은 위치에서 땅의 위엄을 자랑한다. 하지만 겸괘가 말하는 산은 땅 아래에서 대지의 포근함을 한결 감싸는 버팀목 역할을 수행한다. 다섯 음 속에서 다소곳이 들어앉은 양은 자신의 신분을 뽐내지 않으면서 음을 드높이는 동시에 스스로의 가치를 낮추는 아름다운 모습이다. 그래서 "겸은 덕을 움켜쥔 자루이다[謙, 德之柄也.]"[45]라고 했던 것이다.

> ☞ 천지는 문자없이 깨우침을 주는 경전이다. 겸손한 마음은 천지에 대한 외경심에서 비롯되기 때문에 겸손은 최상의 가치이자 미덕이다.

3. 단전 : 천지와 함께하는 진리의 삶

* 象曰 謙亨은 天道下濟而光明하고

地道卑而上行이라

天道는 虧盈而益謙하고

地道는 變盈而流謙하고

鬼神은 害盈而福謙하고

人道는 惡盈而好謙하나니

---

45 「계사전」하편, 7장

$$\underset{겸}{謙}은 \underset{존}{尊}\underset{이}{而}\underset{광}{光}하고 \underset{비}{卑}\underset{이}{而}\underset{불}{不}\underset{가}{可}\underset{유}{踰}니$$

$$\underset{군자지종야}{君子之終也}라$$

단전에 이르기를 '겸형謙亨'은 하늘의 도가 아래로 내려와 밝게 빛나고, 땅의 도는 낮은 곳에서 위로 올라가 실행한다. 하늘의 도는 가득 찬 것을 이지러지게 하여 겸손한 것을 더하고, 땅의 도는 가득 찬 것을 변하게 하여 겸손한 데로 흐르고, 귀신은 가득 찬 것을 해롭게 하며 겸손함에는 복을 주고, 사람의 도는 가득 찬 것을 미워하며 겸손한 것을 좋아하니, '겸'은 높아도(존귀해도) 빛나며, 낮아도 넘을 수가 없으니 군자의 끝마침이다.

공자는 「단전」에서 하늘과 땅과 귀신과 인간의 문제를 묶어서 얘기한다. 우선 하늘과 땅의 교감 방식을 상하의 운동으로 설명한다. 이것이 바로 진리의 두 얼굴이다. 하늘은 '↓'의 방식으로 중생을 구제하여 지상을 '광명' 세상으로 만들며, 땅은 하늘의 은혜에 보답하기 위해 '↑'의 방식으로 아래에서 위로 올라가 결합한다. 그것은 '지천태괘地天泰卦'에 나타난 바와 같이, 양기운은 내려오고 음기운은 올라가 장엄한 결혼식을 올리는 형상과 똑같다.

음양은 만나기 위해서 존재한다. 음양의 배터리는 소모된 적이 없다. 음양의 움직임은 시공간에 편재하여 에너지로 넘친다. 밤과 낮은 천지의 두드러진 현상이다. 밤과 낮의 본질은 '하나'이다. 밤은 낮이 되고, 낮은 밤이 된다. 밤낮을 어떻게 나눌 수 있는가? 밤낮의 경계선은 어디에도 없다. 밤은 소리 없이 낮이 되고 낮은 서서히 밤이 된다. 이것은 하나의 수레바퀴와 같다. 하루는 밤과 낮으로 이루어지므로 밤과 낮은 하나이면서 둘이다. 하루[태극]의 입장에서 보면 하나요, 밤낮[음양]의 입장에서 보면 둘이다.

음양의 운동에는 목적이 있다

음양의 운동에는 목적이 있다. 밤과 낮, 부드러움과 강함, 삶과 죽음, 어둠과 밝음, 습함과 건조함 등은 음양짝을 이루어 일정한 질서를 유지하면서 목적을 향해 나아간다. 그것은 다름 아니라 '하늘의 뜻은 땅에서 이루어진다[下濟]'는 구원에 있다. 내려오는 길(↓)과 올라가는 길(↑)은 하나의 길에서 피스톤 운동을 한다. 시작과 끝이 만나야만 '원圓'이 그려질 수 있는 것처럼, 하늘의 하강작용과 땅의 상승작용이 결합해야 만물의 완성되고 중생이 구제될 수 있는 것이다. 이것이야말로 천지의 '알파와 오메가'다.

천도와 지도와 귀신과 인도의 변화원리는 바로 '가득 찬 것을 덜어내는' 구체적 방법이다. 하늘에서 가장 뚜렷한 변화현상을 나타내는 것은 달의 차고 이지러짐이다. 천도는 가득 찬 것을 덜어내 스스로를 낮춘 것에 보태준다. 하늘은 에너지가 넘친 것은 덜어내 모자란 것에 보태준다는 것이다. 결국 음양의 불균형을 균형으로 바꾸려는 것이 바로 하늘의 뜻이라고 할 수 있다.

땅에서 일어나는 변화는 물의 흐름[流]이 가장 뚜렷하다. 강물은 강을 버려야 바다로 흘러갈 수 있다. "죽은 것만이 영원하다. 파도가 오고 간다. 이것이 바다가 살아 있는 비결이다. 파도가 출렁이지 않으면 바다 안에 있는 모든 것이 죽을 것이다. 모든 것은 변화를 통해 살아간다. 변화란 양극단 사이에서의 변화를 말한다."[46] 하늘과 땅 사이에서 음양 에너지가 오르락내리락하는 움직임이 바로 천지의 숨결인 것이다.

귀신은 조화의 흔적

귀신 역시 하늘과 땅과 마찬가지로 빽빽한 것을 싫어하고 겸손한 것에 복을 내린다. 여기서 주목할 사실은 귀신도 가치의 문제가 개입된다는 점이다. 귀신은 화복을 주관하기 때문이다. 귀신을 우주론적 개념으로 볼 것이냐,[47] 자연신으로 볼 것인가의 문제가 뒤따른다. 전자가 철학에서 다루는 명제라면, 후자는 종교의 주제이다. 이는 다시 화복禍福과 길흉 역시 음양 운동이 원인이자 결과라는 것이고, 대상적으로 존재하는 귀신이 화복을 결정하는 주체라는 것으로 압축할 수 있다. 생성론자들은 이 세상에는 고정된 사물이 없기 때문에 생성의 과정process만 믿는다. 그들에게는 과정이 곧 신이다. 과연 그렇다면 신은 일자一者인지, 다자多者인지의 문제로 환원된다. 만약 신이 '일자'라면 유일신이 인간의 화복을 주관한다는 결론이며, '다자'라면 복과 화를 주관하는 귀신 역시 다수라는 결론에 도달한다.

사람은 하늘과 땅과 귀신의 이치에 따라 살아가는 것이 최선이다. 올바른 인생에는 별도로 판도라의 상자가 필요 없다. 군자의 삶은 자연의 이법에 어긋나지 않기 때문에 굴곡이 없다. 굴곡의 원흉은 교만

---

46 오쇼 라즈니쉬/손민규, 『서양의 붓다 – 헤라클레이토스 강론』(서울: 태일출판, 1999), 26쪽.
47 성리학자인 정이천은 '귀신은 천지가 운동하는 조화의 자취[鬼神, 謂造化之跡.]'고 풀이했다.

과 사치와 태만한 마음이다. 오만한 마음에는 더 이상 채울 것이 없으나, 겸손의 그릇은 늘 비어 있기 때문에 채울 준비가 되어 있다. 오만의 그릇은 쏟아보면 나올 것이 없으나, 겸손의 빈 그릇에서는 지혜가 넘쳐 흐른다.

겸손의 미덕은 지위에 좌우되지 않는다. 높으면 높을수록, 낮으면 낮은 대로 쓸모 있고 유종의 미를 거둘 수 있다. 군자는 운명적으로 정해진 굴레가 아니다. 누구나 겸손한 마음으로 실천하면 된다. 최근에 럭비 영웅 '하인스 워드'보다 빛난 어머니의 겸손이 화제가 된 적이 있다.

> "슈퍼볼의 MVP 하인스 워드가 피츠버그에서 화려한 승리의 퍼레이드에 나서려던 시간에 그의 어머니 김영희씨는 한 고등학교의 구내식당에서 동료들과 늦은 저녁식사를 하고 있었다. 위생복 유니폼에 수수한 머리, 일하기에 편리한 신발 등 … 아들이 얼마나 자랑스럽고, 대견스럽고, 평생 살아온 보람도 크련만 김씨의 표정과 말투는 무덤덤했다. 워드가 '어머니에게 배운 가장 큰 교훈은 겸손이었다'고 한 이유가 무엇인지 알 수 있었다. … 영웅 아들을 길러낸 어머니의 겸손은 '너도 나도 자기 자랑에 열을 올리는 이 시대에' 어쩌면 영웅보다 더 찬란하게 빛나 보였다."[48]

교만은 수많은 지식을 무용지물로 만들고, 겸손은 적은 지식으로도 이웃과 사회를 풍요롭게 한다.

---

48 연합뉴스, 2006. 2. 8일 기사.

> ☞ 천지는 가득 찬 것은 덜어내고 모자란 것을 채우는 방식으로 돌아간다. 음양의 불균형을 균형으로 바꾸려는 것이 하늘의 뜻이다.

4. 상전 : 만물의 운동방식

* 象曰^{상왈} 地中有山^{지중유산}이 謙^겸이니

  君子以^{군자이}하여 裒多益寡^{부다익과}하여 稱物平施^{칭물평시}하나니라

상전에 이르기를 땅 속에 산이 있음이 겸이니, 군자는 이를 본받아 많은 것을 덜어내어 적은 데에 보태고 사물을 저울질하여 공평하게 베푼다.

「상전」의 얘기는 『중용』의 말을 실감나게 한다. 지나친 것은 줄이고, 모자라는 것은 늘린다. 지나치지 않고 모자라지도 않는 것이 바로 '중용'이다. 장사치에게 저울은 돈벌이 도구이다. 저울은 가볍고 무거운 것을 재는 척도이다. 저울의 평형을 이용하여 사고파는 물건값을 정한다. 저울은 좌우로는 수평을, 상하로는 수직을 이루었을 때 비로소 물건과 저울추의 균형이 잡힌다. 그렇지 않을 경우는 물건을 보태거나 줄이고, 저울추를 옮겨 다시 재야만 한다. 그래야 상인은 적정한 이윤을 남겨 팔고, 손님은 부당한 손해를 입지 않고 살 수 있다. 상거래에서 막힌 것을 뚫는 것이 바로 저울이다. 저울의 이치가 바로 겸손의 미덕인 셈이다.

겸괘의 가르침은 많은 것은 덜어내고, 적은 것은 보탬으로써 균형을 통한 안정의 유지에 있다. 이른바 맹자의 왕도정치는 많고 적음의 불평거리를 해소하는 것에 초점이 맞추어져 있다. 소득의 불평등이 아니라 분배의 균형을 강조하는 것이 유가의 요체이다.

칭물평시

'부다익과裒多益寡와 칭물평시稱物平施'를 상수론과 우주론의 입장에서 검토해보자. 주역은 상수에 근거하여 의리와 복서로 확대되었다는 것이 일반적 통례이다. 「설괘전」 1장에는 '삼천양지이의수參天兩地而倚數'라는 명제가 나온다. 이것은 곧 '삼천양지설'이 주역의 중요한 설명방식이라는 점이다. 정역사상에 따르면, 선천은 '삼천양지參(三)天兩地'이며, 후천은 '삼지양천三地兩天'이다. 전자는 선천 음양의 운동방식이며, 후자는 후천 음양의 운동방식이다.

★ 抑陰尊陽은 先天心法之學이니라
   (억음존양)   (선천심법지학)

   調陽律陰은 後天性理之道니라[49]
   (조양율음)   (후천성리지도)

음을 억누르고 양을 드높임은 선천심법의 학문이요, 양을 고르게 하고 음을 맞춤은 후천성리의 법도이다.

김일부는 가치론과 우주론의 양면성을 겨냥하면서 언급했지만, '조양율음調陽律陰'은 '칭물평시稱物平施'와 하등 다를 바가 없다. '칭물평시'의 우주론적 근거는 삼천양지의 음양을 삼지양천으로 고르게 하는 것에 있음을 알 수 있다. 그것은 역사와 문명을 비롯한 인간 삶

---

49 『正易』 「十五一言」 "一歲周天律呂度數"

의 구석구석에 퍼지도록 하는 것에 궁극목적이 있다.

> ☞ 지나친 것은 줄이고, 모자란 것은 보태는 것이 바로 우주와 문명과 역사와 인간에 두루 적용되는 보편적인 원리이다.

5. 초효 : 군자의 행동강령

* 初六은 謙謙君子니 用涉大川이라도 吉하니라
  (초육) (겸겸군자) (용섭대천) (길)

  象曰 謙謙君子는 卑以自牧也라
  (상왈) (겸겸군자) (비이자목야)

초육은 겸손하고 겸손한 군자이니, 대천을 건너더라도 길하다. 상전에 이르기를 '겸손하고 겸손한 군자'는 낮춤으로써 스스로를 기른다.

초효는 가장 밑에 있는 겸허한 군자를 나타낸다. 군자는 배우기를 싫증내지 않는다. 배움은 자신의 능력을 기르는 첫걸음이다. 재능을 키우지만 우쭐대지 않고 스스로를 낮춘다. 지식과 능력과 덕을 쌓으니 험난한 곳인들 못가리오.

겸손은 쉽게 배우거나 가르칠 수 있는 성질이 아니다. 스스로의 마음 단속을 통해서만 가능하다. 그것은 말하기는 쉽지만, 실천하기는 매우 어렵다. 가장 낮은 곳에 있으면서도 타인의 이목에 개의치 않고, 자신의 길을 걷는 것이 군자의 도리인 것이다.

겸손한 침묵은 어느 것보다 값지다. 그것은 수많은 지식과 멋진 행동보다 훨씬 아름답다. 또한 칼이나 붓보다 강하다. 칼과 붓은 상대방의 허점을 찌르기에 유용하지만, 겸손은 부드러움으로 상대방을 감화시키므로 그 위력은 한없다. 겸손은 낮아도 낮지 않으며, 날이 가면 갈수록 덕은 높아진다.

> ☞ 겸손한 침묵은 무엇보다 값지다. 겸손의 힘은 부드러움으로 상대방을 감화시키고도 남는다.

6. 2효 : 진리와 하나되는 길

* 六二는 鳴謙이니 貞코 吉하니라

象曰 鳴謙貞吉은 中心得也라

육이는 울리는(소문난) 겸손이니 올바르고 길하다. 상전에 이르기를 '울리는 겸손은 올바르고 길하다'는 것은 중심을 얻음이다.

2효는 음이 음위陰位에 있고, 하괘의 중中이다. 2효 자체가 중정中正이다. 중도를 지키는 까닭에 그의 겸손은 알 사람은 누구나 다 안다. 광속으로 날아가는 빛을 제외하고는 입소문[鳴]보다 빠른 것은 없다. 군자의 향기는 세상을 흠뻑 적신다. 올바르고 또한 겸손하기 때문에 길할 수밖에 없는 것이다.

'중심中心'은 마음의 센터, 의식의 심층, 마음의 심장부, 마음을 꿰뚫는 핵심이라는 다양한 의미가 있다. 마음잡기, 마음닦기를 비롯한 마음학은 '중심잡기'로 집중되는 것이다. 하지만 마음의 진정한 쓰임새는 진리와 '하나되는 일'이다. 겸손한데다 진리까지도 터득하니 기쁨이 넘친다.

겸손은 마음 깊숙한 곳에 묵직한 무게로 자리 잡는다. 겉으로 표출되는 즉시 말투나 얼굴에 무덤덤하게 묻어난다. 그 마음씨는 뽐내지 않고, 자랑하지도 않는다. 그래서 더욱 화려하다.

> ☞ 겸손은 마음 깊숙한 곳에 묵직한 무게로 자리잡는다. 겸손한데다가 진리眞理와 하나됨을 지향하는 까닭에 길하다.

7. 3효 : 수고롭고 겸손함 - 유종의 미

* 九三_은 勞謙_{이니} 君子有終_{이니} 吉_{하니라}

象曰 勞謙君子_는 萬民_의 服也_라

구삼은 수고로우면서도 겸손함이니, 군자가 (종신토록) 마침이 있으니 길하다. 상전에 이르기를 '수고로우면서도 겸손한 군자'는 만 백성이 복종함이다.

3효는 겸괘의 핵심이다. 3효는 다섯 음에 둘러싸여 상하의 신뢰를 한 몸에 받고 있는 모습이다. 상괘의 높은 자리가 아닌, 하괘의 마지막에 머물러 경험이 풍부한 자세가 편안하다. 자신보다는 항상 남을 앞세우는 까닭에 '사람됨'의 표본이 될 수 있다. 그것은 소금이 짠맛을 잃지 않는 것과 흡사하다.

군자는 끝마침이 있어 길하다

공자는 '군자는 끝마침이 있어 길하다[君子有終, 吉.]'라는 명제에 대해 다음과 같이 찬탄하고 있다.

> "온갖 수고를 다하면서도 자랑하지 아니하며, 공이 있으면서도 덕으로 내세우지 않음은 덕이 두터움의 지극함이니, 그 공을 아랫사람에게 돌림을 말함이다. 덕은 성대함을 말하고 예는 공손함을 말하는 것이니, 겸손이란 공손함을 이루어 그 자리를 지키는 것이다."[50]

이는 겸손함의 극치를 설명한 대목이다. 나를 낮춤으로써 다른 이를 높이는 것이다. 남을 대접하는 것이 예의 기본이다. 겸손은 예의 지극함이다. '겸손'이란 하늘의 말씀을 마음속에 깊이 새기고, 체득하는 것을 의미한다. 그러니까 군자는 항상 겸허한 마음으로 매사를 신중하게 처리함으로써 마침내 크나큰 유종의 미를 거둘 수 있는 것이다.

사람은 모름지기 '유종의 미를 거두어야 한다'는 말이 있다. 끝마침을 매끄럽게 해야 한다는 것이다. 잘 매듭짓기 위해서는 중간과정에 흠집이 있어서는 안 된다. 수고롭고 겸손해야 한다. 솔선수범하기 때문에 타인의 존경과 흠모의 대상이 되는 것이다.

겸손한 자에게는 적이 없다. 자신이 수고했으면서도 절대로 목에 힘

---

50 「계사전」상편, 8장. "勞謙, 君子有終, 吉. 子曰 勞而不伐, 有功而不德, 厚之至也. 語以其功下人者也. 德言盛, 禮言恭, 謙也者, 致恭, 以存其位者也."

주지 않는다. 공적을 이루었으면서도 오히려 숨기고 다른 사람에게 돌린다. 그만큼 사람됨의 인격이 몇 단계 높아지도록 시너지 효과를 발휘한다. 따라서 군자는 얼굴 없는 인격자다.

왜 겸괘의 순서가 15번이며, 겸손한 군자에게 좋은 일[君子有終]이 생기는가? 15는 10무극과 5황극의 결합으로 이루어진 까닭에 주역 64괘 중에서 가장 긍정적이고 좋은 내용이 나타난 곳이 바로 15번 째의 지산겸괘地山謙卦라고 할 수 있다.

> ☞ 3효는 나를 낮춤으로써 상대방을 높이는 예의 극치를 나타내는 겸괘의 꽃이다. 그것은 소금이 짠맛을 잃지 않는 것과 같다.

8. 4효 : 겸손의 가치 - 원칙과 변칙의 통일

* 六四는 无不利撝謙이니라

象曰 无不利撝謙은 不違則也라

육사는 겸손을 베품에(겸을 엄지손가락으로 하니) 이롭지 않음이 없다. 상전에 이르기를 '겸손을 베품에 이롭지 않음이 없다'는 것은 진리에 어긋나지 않음이다.

4효는 상괘의 '중中'은 아니지만, 음이 음위陰位에 있다. 더욱이 상괘의 맨 아래에서 부드러움으로 나머지 효들과 대응하고 있는 모습이다. 그것은 손가락의 으뜸이면서도 나머지 손가락에 고개 숙여 겸손의 미덕을 크게 발휘하는 엄지손가락[攐]의 효용성을 가리킨다.

자신보다 낮은 사람과 희노애락을 함께 하고, 동료들과는 더욱 화합으로 뭉치고, 윗사람에게는 신뢰와 인정을 받는다. 억지 춘양노릇을 하지 않으면서도, 주위를 푸근하게 감싸는 내면의 향기로 분위기를 사로잡는다. 조직체에서 있으면서도 전혀 돋보이지 않고, 없으면 안 되는 존재가 바로 겸손한 군자인 것이다.

이러한 군자의 덕목은 무엇일까? 한 없이 겸손한 태도는 때로는 역겨울 수 있다. 군자에게는 일정한 원리원칙이 있다. 그것은 진리를 깨달아 지키고, 진리에 어긋나지 않는 행위이다. 군자는 진리의 파수꾼이다. 진리는 거듭해서 넓혀야 한다. 안으로 가득 메우고, 밖으로는 확대시킨다. 맹자의 이른바 진리를 넓히되 세속에 물들지 않는 '확이충지擴而充之'의 방법을 수행하기 때문에 더욱 존경받는다. 원칙을 지키기는 매우 어렵다. 원칙은 내팽겨치고 남이 따라 오도록 하는 경영자는 변칙주의자에 불과하다. 원칙이 훼손되지 않는 범위에서 최소한의 변칙을 사용해야 한다. 그렇지 않으면 원칙도 깨지고, 효과도 기대할 수 없다.

> ☞ 군자는 진리의 수호자[不違則]로서 겸손의 미덕을 발휘한다.

9. 5효 : 복종토록 만드는 방법

* 六五는 不富以其鄰이니
 利用侵伐이니 无不利하리라

 象曰 利用侵伐은 征不服也라

육오는 부로 하지 않고 이웃과 함께 나눔이니, 침벌함이 이로우니 이롭지 않음이 없다. 상전에 이르기를 '침벌함이 이롭다'는 것은 복종하지 않는 것을 복종토록 만드는 것이다.

5효는 음이 양위陽位에 있어 바르지 못하지만, 상괘의 '중中'을 얻고 있다. 5효는 최고 지도자이다. 지도자는 부를 독점해서는 안 된다. 가진 것을 골고루 베풀어야 한다. 가는 것이 있어야 오는 것이 있다는 말은 옳다. 백성이 잘 살아야 지도자의 권위도 튼튼해지는 법이다. 이런 의미에서 경제와 도덕원칙이 무너진 이웃 집단을 평정하는 행위는 정당화될 수 있다[利用侵伐].

부와 명예와 장생불사는 모두가 원하는 바이다. 셋 중에 하나를 얻기도 매우 힘들다. 더욱이 오래 붙잡을 수 없는 것이 인생살이다. 하지만 군자는 어느 하나에도 힘쓰지 않는다. 그래서 겸손의 보이지 않는 힘은 무궁무진하여 더욱 빛나는 것이다.

> ☞ 인간은 부와 명예와 장생불사를 원한다. 겸손의 보이지 않는 힘은 빛나지만, 만능일 수는 없다.

周易과 만나다 -음양, 생명의 몸짓-

10. 상효 : 겸손의 필요충분 조건

* 上六은 鳴謙이니 利用行師하여 征邑國이니라
  象曰 鳴謙은 志未得也니
  可用行師하여 征邑國也라

  상육은 겸손함을 울리니, 군대를 출동하여 읍국을 정벌함이 이롭다. 상전에 이르기를 '겸손함을 울림'은 뜻을 얻지 못함이니, 군대를 출동하여 읍국을 정벌해야 한다.

상효가 음이 음위에 있음은 겸손의 지극함을 뜻한다. 하지만 극도의 겸손에도 불구하고 아무도 알아주지 않는 것에 마음 한 구석에는 원망이 남아 얼굴에 서운함이 역력하다. 그래서 소문내려고[鳴] 한다. 그것은 2효의 소문과는 다르다. 2효의 '울림[鳴]'은 저절로 알려지는 것이고, 상효의 '울림'은 보상심리가 전제되어 있기 때문에 그 결과는 질적으로 다른 것이다.

그렇다고 이 마을 저 마을 다니면서 마구 짓밟아서는 안 된다. 다만 사사로운 읍국만 징벌하라는 뜻이다. 그것도 자신 소유의 마을과 집단을 다스리는데 그쳐야 한다. 그러면 「상전」의 '뜻을 얻지 못했다'는 말은 무엇이고, 군대의 출정을 언급했을까? 군대는 오로지 마음의 명령에 따라 움직이는 군대를 뜻한다.

보상을 바라는 봉사, 표창받기 위한 희생, 남이 알아주기를 원하는 은혜 갚기 등은 하나마나한 행동이다. 순수성이 결핍된 행위는 겸손의 범주 안에 들어올 수 없다. 미리 계산된 실천은 욕심의 또다른 표현이다. 타인을 위한 행위는 무조건이어야 한다. 이것이 바로 겸손의 필수조건이자 충분조건인 것이다.

> ☞ 순수성이 결핍된 행위는 겸손의 범위에 들어올 수 없다. 미리 계산된 실천은 욕심에 불과하다.

11. 주역에서 정역으로

정역사상의 연구자 이상룡李象龍은 겸괘의 성격을 다음과 같이 설명한다.

謙은 在文從言從兼이오 兼以此幷彼之謂也라
人之盈滿而尊高者는 以其遜言으로
兼彼卑下而自損之義일새
故說文曰 致恭不自滿이라 하니 其爲卦地中有山으로
象崑山之爲中岳而子水汪洋이오 丑土未闢이라
故로 謙退西北은 先天卦位是也라
至運回上元이어늘 四極出地하고 地平天成하여
則大瀛之內咸知하여 坤爲中岳而祖宗之이니

雖欲謙退不可得也라 所以丑會之君子는
令德顯顯不待謙讓而人皆尊之일새
亦猶崑崗之標準於天下也며 且謙讓君子는
能作禮樂而說豫라 故此卦次於豫也라

'겸'은 문자적으로 말씀 언言과 겸할 겸兼의 합성어로 이것으로 저것을 겸비하는 것을 일컫는 말이다. 지위가 존귀하고 명망이 높은 사람은 몸을 낮추어 말하고 다른 사람의 입장에서 스스로 낮추어 덜어내라는 뜻이 있다. 설문說文에 "지극한 공경으로 스스로를 채우지 말라"고 했으니, 괘의 형성은 땅 속에 산이 있는 모습이다. 곤륜산이 천하의 중악中岳이며, 북방에서 비롯된 자수子水가 넓은 바다와 같은 형상을 상징한다. 축토丑土가 아직 열리지 않았기 때문에 서북으로 물러난 것은 선천의 괘위卦位이다. 상원上元의 운수가 돌아와 사극四極이 땅에서 나와 땅이 평안해지고 하늘의 뜻이 이루어져[地平天成] 세상 모두가 알게 된다. 곤坤을 뜻하는 중악中岳을 조종祖宗으로 삼아 비록 겸손의 미덕으로 물러나려고 하지만 성공할 수 없다. 그래서 축회丑會 시대의 군자만이 마치 곤륜산이 천하의 표준인 것처럼 겸양의 미덕이 아니더라도 덕이 환하게 드러나 모든 사람이 존경할 것이다. 또한 겸손하고 공손한 군자만이 능히 예악을 제정하여 예豫의 뜻을 즐길 수 있으므로 겸괘가 예괘 다음이 된 것이다.

象曰 謙은 亨하니 君子有終이니라는
道大終則有始也오 天道下濟而光明하고

地道卑而上行_{이라는} 乾北坤南二氣交泰也_라

* 「단전」 - '겸은 형통하니, 군자는 끝마침이 있다'는 말은 도가 크게 끝나면 새로운 시작이 있다는 것이요, "하늘의 도가 아래로 내려와 밝게 빛나고, 땅의 도는 낮은 곳에서 위로 올라간다"는 말은 건북곤남乾北坤南의 형태로 음양 두 기운이 서로 통하는 것을 뜻한다.

象曰 君子以_{하여} 裒多益寡_{하여} 稱物平施_{하나니라는}

十五幷用_{하니} 土爰均物也_라

* 「상전」 - "군자는 이를 본받아 많은 것을 덜어내어 적은 데에 보태서 사물을 저울질하여 베풂을 공평하게 한다"는 말은 십十과 오五를 함께 쓰는 까닭에 땅[土] 위의 만물이 균등해지는 것을 뜻한다.

初六_은 謙謙君子_니 用涉大川_{이라도} 吉_{하니라는}

壬水必東_{하여} 君子攸濟也_{니라}

* 초효 - "초육은 겸손하고 겸손한 군자이니, 대천을 건너더라도 길하다"는 말은 북방의 임수壬水는 반드시 동쪽으로 흘러 군자가 건널 수 있다는 뜻이다.

六二_는 鳴謙_{이니} 貞_코 吉_{하니라는} 聲譽升聞也_라

* 2효 - "육이는 울리는(소문난) 겸이니, 올바르고 길하다"는 것

은 명예가 높이 올라 사방에 들린다는 말이다.

九三$_{은}$ 勞謙$_{이니}$ 君子有終$_{이니}$ 吉$_{하니라는}$
_{구삼} _{노겸} _{군자유종} _길

德崇業廣$_{하여}$ 繼聖開學也$_{니라}$
_{덕숭업광} _{계성개학야}

＊3효 - "구삼은 수고로우면서도 겸손하니, 군자는 끝마침이 있어 길하다"는 것은 덕을 숭상하고 인류를 위한 사업이 넓어져 성인을 계승하여 미래의 학문을 연다는 뜻이다.

六四$_{는}$ 无不利撝謙$_{이니라는}$
_{육사} _{무불리휘겸}

發揮其謙$_{에}$ 上下效之也$_{라}$
_{발휘기겸} _{상하교지야}

＊4효 - "육사는 겸손을 베풂에(겸을 엄지손가락으로 하니) 이롭지 않음이 없다"는 말은 겸손을 발휘하므로 상하가 본받는다는 뜻이다.

六五$_{는}$ 利用侵伐$_{이라는}$ 兼弱功味也$_{라}$
_{육오} _{이용침벌} _{겸약공미야}

＊5효 - "육오는 침벌함이 이롭다'는 것은 강유를 겸비하는 맛을 가리킨다.

上六$_{은}$ 鳴謙$_{이니}$ 利用行師$_{하여}$ 征邑國$_{이니라는}$
_{상육} _{명겸} _{이용행사} _{정읍국}

万區已平$_{하여}$ 經略其國也$_{라}$
_{만구이평} _{경략기국야}

＊ 상효 - "상육은 겸손을 널리 울리니, 군대를 출동하여 읍국을

정벌함이 이롭다"는 말은 온 세상이 평안하여 그 나라를 다스릴 수 있다는 뜻이다.

☞ 正易 下經

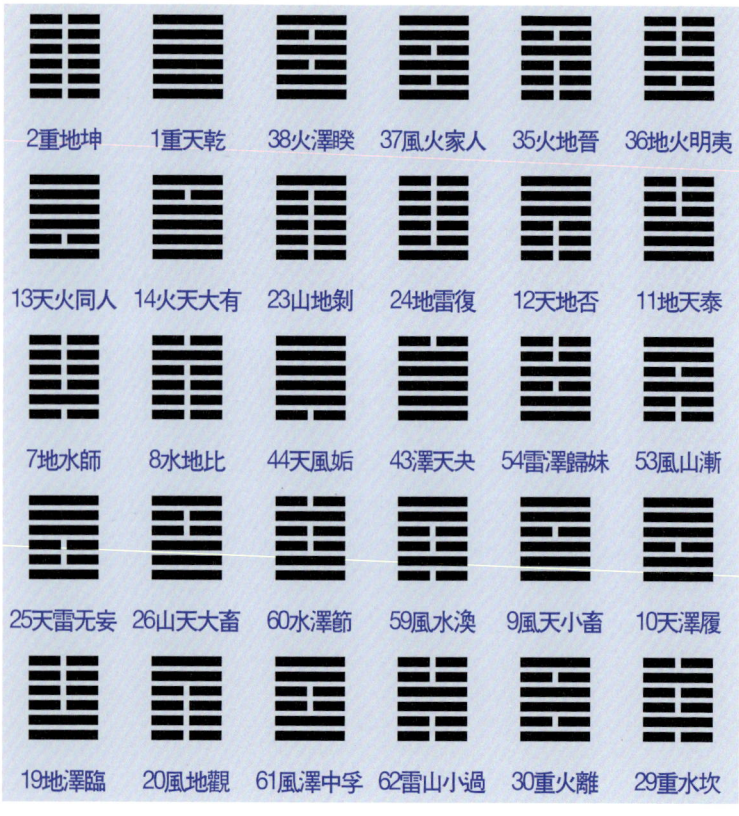

雷地豫卦

뇌지예괘

두꺼운 땅을 뚫고 나온 우렁한 우레소리는 새로운 소식을 전하는 신호탄을 상징한다. 예괘는 아름다운 음악으로 새로움의 창조질서를 찬양한다.

Chapter 6

뇌지예괘雷地豫卦
: 새로운 즐거움의 극치

1. 새로운 질서의 창조는 예정되어 있다 : 예괘

정이천은 지산겸괘 다음에 뇌지예괘가 오는 이유를 다음과 같이 말한다.

* 豫는 序卦에 有大而能謙이면 必豫라
  故受之以豫라 하니 承二卦之義而爲次也라
  有旣大而能謙이면 則有豫樂也니
  豫者는 安和悅樂之義라
  爲卦震上坤下하여 順動之象이니 動而和順이라

^{시이예야} ^{구사위동지주}
是以豫也라 **九四爲動之主**하여

^{상하군음} ^{소공응야} ^{곤우승지이순}
上下群陰이 **所共應也**오 **坤又承之以順**하니

^{시이동이상하순응} ^{고위화예지의}
是以動而上下順應이라 **故爲和豫之義**라

^{이이상언지} ^{뇌출어지상}
以二象言之하면 **雷出於地上**이니

^{양시잠폐어지중} ^{급기동이출지}
陽始潛閉於地中이라가 **及其動而出地**하여는

^{분발기성} ^{통창화예} ^{고위예야}
奮發其聲하여 **通暢和豫**라 **故爲豫也**라

예괘는 「서괘전」에 '큰 것을 소유하고도 능히 겸손하면 반드시 즐겁다. 그래서 예괘로 이어받았다'"고 하였는데, 대유괘와 겸괘의 두 괘 뜻을 이어서 차례를 삼은 것이다. 소유한 것이 이미 큰데도 겸손하면 즐거움이 있으니, '예'는 편안과 화합과 기쁨과 즐거움의 뜻이다. 괘의 형성은 진震이 위에 있고, 곤坤이 아래에 있어 순하게 움직이는 양상이니 움직이면서 화순하기 때문에 즐거운 것이다. 4효는 움직임의 주체가 되어 상하의 여러 음이 함께 부응하고, 곤이 또한 순함으로 받드니, 이것은 움직임에 상하가 순응하는 것이다. 따라서 화합과 즐거움의 뜻이 되었다. 두 가지의 象으로 말하면 우레가 지상으로 나오니 양이 처음에는 땅 속에 잠겨 갇혔다가 움직여서는 땅 밖으로 나옴에 이르러 그 소리가 떨쳐 나와 서로 통하여 화답하고 화합하여 즐겁다. 이런 까닭에 '예'라 한 것이다.

예괘의 상괘는 우레(☳), 하괘는 땅(☷)이다. 예괘는 하늘에서 내리치는 우레가 우렁차게 울리면서 땅에서 한껏 목청을 돋구는 모습이다. 또한 땅 속 깊이 갇혀 있던 우레가 밖으로 나와 떨치는 모습이 너

무도 장엄하여 어깨를 들썩이면서 기쁜 마음으로 축복하는 뜻이 담겨 있다. 대부분의 학자들은 예豫를 '즐겁고 기쁘다'라는 의미로 풀이하고 있다. 주자가 그 대표적 인물이다. "예는 화락함이니 인심이 화락하여 그 위에 부응하는 것이다. 4효 한 양효를 상하가 상응하여 그 뜻이 행해지고, 또한 곤坤으로 진震을 만나니 순順함으로 움직임을 삼는다"[51]고 하였다.

예괘의 위는 우레[震: ☳], 아래는 순응[順]을 뜻하는 땅[☷]이다. 우레의 움직임에 순응함은 하늘의 뜻에 맞추어 화답하는 것을 말하며, 그것에 따라 행동하니 절로 기쁘다. 4효는 예괘의 주인공이다. 하나의 양에 다섯 음이 모여들어 화순하여 즐겁다.

하지만 앞에서 나온 지산겸괘의 겸손의 결과로 인해 '즐거움이 생긴다'는 일차적 의미 이외에도, 정역사상에서 말하는 '십건오곤十乾五坤'의 이치에 따른 새로운 창조의 징조를 미리 알려준다는 뜻이 있음을 간과해서는 안 된다. 특히 우리는 '순順'의 운동방식에 주목해야 한다. 음양과 시간의 운동방식은 '역逆과 순順'으로 이루어지기 때문이다. 따라서 '미리 예정하다'로 확대시켜 이해할 필요가 있다. 그것은 「단전」의 내용이 증명하고 있다.

---

51 ①『주역본의』, "豫和樂也, 人心和樂以應其上也. 九四一陽, 上下應之, 其志得行, 又以坤遇震, 爲順以動." ② 김홍호, 앞의 책, 300쪽. "豫에는 세 가지 뜻이 있다. 첫째, 화락한 세계가 되기 위해서는 준비해야 한다는 것으로 備, 豫備의 뜻이 있다. 무엇이든 미리미리 준비를 해 둬야 된다는 뜻이 있다. 둘째, 悅愛의 뜻이 있다. 기쁘다는 뜻이다. 마지막으로 逸豫의 뜻이 있다. 향락에 빠져 타락했다는 뜻이다."

2. 예괘 : 새 술은 새 부대에

★ 豫^예는 利建侯行師^{이건후행사}하리라

예는 제후를 세우고 군사를 일으킴이 이롭다.

상괘는 우레로서 생명의 약동을, 하괘는 순응의 대표자인 땅이다. 우레가 대지를 진동시켜 음양의 불꽃이 타올라 화합하는 모습이다. 그래서 괘사를 지은 문왕은 정치적 안목에서 예괘의 뜻을 풀이했다. 시대적 사명감에 불탄 주인공[52]이 제후를 세워 정치적 안정을 도모할 수 있는 시기를 제시하였다.

'제후를 세우다[建侯^{건후}]'는 수뢰둔괘水雷屯卦(䷂) 괘사에도 등장한다. 둔괘는 생명 탄생 혹은 창업의 어려움을, 예괘는 창업에서 수성과 태평시대로 접어든다는 점이 다르다. 적절한 시기가 무르익었기 때문에 군사행동을 실행할 수 있다.

> ☞ 둔괘屯卦가 생명의 탄생 혹은 창업의 어려움을 얘기한다면, 예괘는 창업에서 수성의 단계 또는 태평성대에 접어들었음을 말한다.

---

52 김상섭, 『내 눈으로 읽은 주역』(서울: 지호, 2006), 133-134쪽. "예괘의 중심인물은 주공이며, 주제는 여색을 즐기는 방탕한 제후를 응징하는 것이다." 그는 "괘사는 주공이 여색을 즐기는 방탕한 제후를 치기 위해 '제후를 세우고 군사를 일으키는 것이다'"라고 했다.

3. 단전 : '순응'은 천지와 시간이 운행하는 방식

* 象曰 豫는 剛應而志行하고 順以動이 豫라
豫順以動故로 天地도 如之온 而況建侯行師乎여
天地以順動이라 故로 日月이 不過而四時不忒하고
聖人이 以順動이라 則刑罰이 清而民이 服하나니
豫之時義大矣哉라

단전에 이르기를 예는 강이 부응하여 뜻이 행해지고, 순함으로써 움직이는 것이 예이다. 예는 순함으로써 움직이니, 천지도 이와 같은데 하물며 제후를 세우고 군대를 출동함에서랴! 천지가 순함으로써 움직임이다. 그러므로 일월이 지나치지 않아 사시가 어긋나지 않고, 성인이 순함으로써 움직임이다. 곧 형벌이 맑아져서 백성들이 복종하니, 예의 시간적 의의(때와 뜻)가 크도다!

땅 위를 우레가 우렁차게 내리치는 형상이 곧 뇌지예괘의 본 모습이다. 우레의 고향은 하늘이다. 하늘은 말이 없다. 다만 그 뜻을 자연현상으로 내비칠 따름이다. 하늘은 그 의지를 우레로 표현한다. 그것은 하늘의 열린 음악회이다. 우레는 생명의 탄생, 특히 새로운 질서의 창조를 뜻한다.

4효를 제외한 나머지 다섯 음이 하나의 양에 부응하고 있다. 한 사람의 지휘자의 통솔 아래 여러 악기를 연주하는 단원들이 화합하여 아름다운 소리를 내는 것이 오케스트라이다. 지휘자는 위풍당당한 기세를 잃지 않는다. 지휘자의 머리 속에 구상된 음악의 정신에 따라 높낮이와 리듬이 형성되기 때문에 아름다운 화음을 낼 수 있다 [志行^{지행}].

음악에는 시끄러운 소리와 가슴 적시는 감미로운 소리가 있다. 전자가 정신을 아찔하게 만든다면, 후자는 감동의 메아리를 다가온다. 작곡자가 무엇에 근거하여, 어떤 마인드로 악보를 작성하는가에 따라 달라지게 되는 것이다. 음악의 으뜸은 무엇일까. 그것은 하늘의 소리, 즉 진리를 전달하는 소리야말로 천상의 음악인 것이다.

『정역』에 따르면 하늘의 질서, 즉 시간의 흐름은 두 가지의 방향성을 갖는다. 하나는 과거에서 미래로 흐르는 '역逆의 방향'이고, 다른 하나는 하늘의 이치는 미래에서 과거를 향하여 비추어진다는 '순順의 방향'이 있다. 역의 운동은 낙서의 상극세상이며, 순의 운동은 하도의 상생세상을 뜻한다. 하늘과 땅이 순의 방향으로 움직이는 까닭에 [天地以'順'動^{천지이순동}]에 해와 달의 운행이 정상화되고, 사시의 계절에 어긋나지 않는 현상이 일어난다.

김일부는 "하늘과 땅의 수는 해와 달의 걸음걸이를 수놓은 것이다. 해와 달이 올바르게 운행되지 않는 역은 진정한 역이 아니다. 역이 올바른 역이 되어야만 참된 역이 될 것이다. 원역이 어찌 항상 윤역만을 쓰겠는가"[53]라고 읊었다. 선천은 일월운행의 도수와 시간측정의 척도가 불일

---

53 『正易』「十五一言」"正易詩", "天地之數數日月, 日月不正易匪易. 易爲正易易爲易, 原易何常用閏易."

치하기 때문에 양력과 음력이 따로따로 놀고 있다. 인간은 어디에 장단을 맞추라는 말인가? 이러한 불일치를 해결하기 위하여 동양인들은 인위적으로 음력과 양력을 결합해서 태음태양력을 사용했던 것이다.

이런 의미에서 동양의 문명사는 캘린더 작성과 개정의 역사였다고 해도 과언이 아니다. 이정호와 한동석은 음양력의 원초적 불일치를 상극질서에서 비롯된 지축경사에서 찾는다. 지축경사는 태양계(넓은 의미에서 우주)의 운행이 접질린 상태에서 운행하는 병든 현상이다. 상극질서에서 상생질서로의 전환은 우주가 스스로 재조정하는 과정을 통해 자기부정에서 자기긍정의 얼굴로 바꾸는 사태이다. 우주가 가면을 벗어던지고 민낯을 선보이는 사건이다. 김일부는 선천의 윤역세계는 뒷전으로 물러나고 후천의 정역세계가 도래할 것을 "정역시正易詩"에서 강력하게 읊었던 것이다.

성인은 천지의 질서와 시간의 정신을 바탕으로 세상을 교화하고, 형벌을 비롯한 예악의 규범을 마련한다. 그래서 세상도 맑아지고 백성들의 마음 역시 밝아져 마음에서 우러나오는 심정으로 성인에게 복종한다. 그래서「단전」은 "예괘가 말하는 시간의 정신이 위대하다"고 찬탄했다.

13번째 동인괘는 인간의식의 정화를 통한 통일된 마음닦기를 제시했고, 14번째 대유괘는 하늘과 땅의 위대한 소유라는 거대 담론이 뒤따랐으며, 15번째 겸괘에서는 '십건오곤十乾五坤', 즉 체용의 전환으로 인해 주역에서 가장 좋은 내용들로 구성되었음을 살펴보았다. 이런 과정을 거쳐 예괘는 하늘과 땅의 질서가 재조정되어 나타남을 '순順

의 운동', 즉 시간질서의 새로운 전개를 시사했던 것이다.

> "'豫(예)'에는 넉넉하고 여유가 있어 마음이 즐겁다는 뜻 이외에 '미리한다'는 의미가 있다. 그것은 다름아닌 후천의 初吉(초하루)을 미리 보여준다는 뜻이다. 60갑자의 논리로 보면, 16일은 선천에 癸未(계미)(癸丑(계축))이지만, 中宮(중궁)의 中位(중위)에 合朔(합삭)하는 달은 초하루가 계미(계축)이므로 자연 후천의 16일은 戊戌(무술)(戊辰(무진))은 해당하게 된다. 선천의 16일은 후천의 초하루인 것이다. 그러므로 「계사전」에서도 '(우주변화의) 기미는 움직임의 미묘함이니 길함이 먼저 나타나는 것[幾者動之微, 吉之先見者也(기자동지미, 길지선견자야)]'⁵⁴고 하여 제 16일 달에 해당하는 예괘에서 초하루 달을 말하고 있다. 그러므로 幾望(기망)의 큰 달 밖에 보이지 않는 가운데에 이미 初生(초생)의 작은 달을 볼 줄 아는 군자야말로 '지기군자知幾君子'이다."⁵⁵

주역에서 말하는 즐거움은 항상 시간의 문제와 직결되어 나타난다. 시간에 들어맞지 않으면 아무런 쓸모가 없다. 공부도 때가 있다. 배울 때 배워야지 늦으면 늦을수록 효과가 더디고, 너무 이른 조기교육은 되바라진다. 시간의 정신에 적중해야 비로소 모든 효과가 극대화된다. 이것이 바로 '시중時中'이다.

> ☞ 예괘의 핵심은 하늘과 땅의 질서가 재조정되어 시간 운행이 정상화되고, 성인의 교화에 의해 문명이 정화됨을 얘기한다.

---

54 「계사전」 하편 5장.
55 이정호, 『正易과 一夫』(서울: 아세아문화사, 1985), 45-46쪽.

4. 상전 : 상제와 조상의 은덕에 감사하라

* 象曰 雷出地奮이 豫니 先王이 以하여
  作樂崇德하여 殷薦之上帝하여 以配祖考하니라
  <sub>상왈 뇌출지분 예   선왕 이
  작악숭덕   은천지상제   이배조고</sub>

상전에 이르기를 우레가 땅에서 떨치고 나오는 것이 예이다. 선왕이 이를 본받아 음악을 짓고 덕을 높여서 성대하게 상제님께 올리고, 조고를 배향하는 것이다.

갓난아기는 태어나자마자 큰 울음으로 세상에 신고한다. 우레 역시 위엄과 놀라운 소리로 세상에 나오기 때문에 '분출'이란 말이 생겼다. '선왕先王'은 유가에서 말하는 정치의 모델이다. 여기서는 군자를 말하지 않고 선왕을 얘기했다. 음악을 짓고 상제님께 제사[천제天祭]를 올릴 수 있는 존재는 군왕이기 때문이다.

예괘는 정치와 제도정비의 이치가 담겨 있다. 대부분의「상전」에서는 군자를 얘기하는데, 여기서는 '선왕先王'이라고 했다. 선왕은 유교의 이상적 정치체제를 수행한 '이제삼왕二帝三王(요, 순, 우, 탕, 문무)'을 가리킨다. 선왕들은 땅 위에서 펼쳐지는 하늘의 소리를 듣고 음악을 만들어 감상하면서 소양을 쌓았다. 제례악이 바로 그것이다.『서경』은 생명의 아버지인 상제에게 제사올리는 것으로 시작한다. 상제는 만유의 근원이자 주재자이다. 선왕은 상제에게 음악을 지어 성심껏 바치면서, 아울러 조상에게도 배향한다. 동양인은 늘 상제에 대한 신앙과 함께 조상의 은덕에 감사를 드렸던 것이다.

후대 소강절에 의해 문왕괘도라고 불린 「설괘전」5장은 "(상)제는 진방에서 출현한다[帝出乎震]"고 하였다. 상제는 우레를 동반하고 이 세상에 출현하여 다스린다는 뜻이다. 즉 상괘인 진震에서 상제가 출현하여 하괘의 땅에 이르러 만물을 생성시켰기 때문에 인간은 제물을 차리고 음악을 연주하여 상제와 조상들에게 음덕을 기렸던 것이다.

'은천지상제殷薦之上帝'에서 '은殷'은 성대함, '천薦'은 바치다는 뜻이며, '지之'는 음악을 가리키는 대명사이다. 음악을 듣고 짓는 행위는 상제께 드리는 최상의 경건이다. 상제는 꽃 향기와 찬양의 찬송가를 좋아한다. 이러한 전통은 동서양 신화에 나오는 공통적인 얘기이다.

☞ 예괘에서 처음으로 상제가 등장하는 것에 주목하라. 동양인들은 늘 상제에 대한 신앙과 함께 조상의 은덕에 감사드리는 미풍양속이 있었다.

5. 초효 : 홀로 즐기는 즐거움은 외롭다

* 初六은 鳴豫니 凶하니라

象曰 初六鳴豫는 志窮하여 凶也라

초육은 즐거움을 울림이니 흉하다. 상전에 이르기를 '초육의 즐거움의 울림'은 뜻이 궁해서 흉한 것이다.

예괘는 4효를 두고 다섯 음들이 상응하려는 모습이다. 초효는 양자리에 음이 있으며[不正(부정)], 4효와 유일하게 상응한다. 하지만 초효는 4효의 후원을 믿고 혼자 독차지하려는 못된 심보를 갖고 있다. 4효의 사랑을 남들과 공유하지 않고 독점하여 즐기는 까닭에 기쁜 음악이 슬픈 음악으로 곡조가 바뀐 꼴이다. 그래서 괘사는 '운다[鳴(명)]'고 했던 것이다.

기쁨과 슬픔은 함께 하라고 했다. 함께 나누면 기쁨은 두 배가 되고, 슬픔은 반으로 줄어든다. 혼자 즐기니 아무도 곁에 가지 않는다.[56] 기쁨은 슬픔으로, 즐거움은 괴로움으로 변질되어 흉할 수밖에 없다. 맹자도 '혼자만 즐기는 즐거움[獨樂樂(독락락)]'과 '여러 사람이 함께 즐기는 즐거움[與民同樂(여민동락), 衆樂樂(중락락)]'을 구분하여 다함께의 문화를 칭송했다.

혼자서만 즐겁다고 자랑하고 다니니까 떠들썩하지 않을 수 없다. 속 바닥이 들여다보이므로 뜻이 궁색해진다. 타인이 좋아할 리 만무하다. 노래방은 공통체문화의 산물이다. 혼자 노래방에 가면 전혀 흥이 나지 않는다. 궁상떤다고 손가락질 당하기 십상이다. 여럿이 부르는 노래는 흥에 겹고 동료애가 묻어난다. 마찬가지로 진리는 공개되어야지 독점되어서는 안 된다는 뜻이다.

> ☞ **여민동락**與民同樂의 즐거움을 알라.

---

56 주자는 혼자 즐기는 것을 '自樂'이라고 하여 '衆樂'과 구별했다.

6. 2효 : 선비의 절개는 돌로 깨뜨릴 수 없다

* 六二는 介于石이라 不終日이니 貞코 吉하니라
  象曰 不終日貞吉은 以中正也라

육이는 절개가 돌과 같음이다. 하루를 마치지 않으니 올바르고 길하다. 상전에 이르기를 '하루를 마치지 않고도 올바르고 길하다'는 것은 중정中正하기 때문이다.

2효는 음이 음자리에 있고, 하괘의 중을 획득[中正]하고 있다. 나머지 음효들은 4효에게 넋을 빼앗겨 이성이 마비되었다. 하지만 2효는 절개 지키기를 돌처럼 처신하기 때문에 마침내 길하다. 남자가 다른 여자에게 혼을 빼앗겨도 조강지처는 자식들을 잘 돌보면서 남편이 돌아오기를 기다리는 것이 미덕이었던 적이 있다. 하지만 여자의 경우는 그렇지 않다. 남편은 물론 자식들까지 내버리고 집을 나선다. 가정이 깨지는 경우가 허다하다. 아닌 경우도 많지만.

2효를 제외한 모든 효들은 즐거움에 빠져 허덕거리고 있다. 그것은 즐거움이 아니라 향락이다. 유독 2효만이 중용을 지켜 몸을 바르게 하여 유혹에 물들지 않는다. 그 절개가 굳은 돌과 같다. 즐거움은 양약인 동시에 독약이다. 약에 중독되면 백약이 무효하다. 끝없는 즐거움 뒤에는 반드시 근심이 뒤따른다. 하지만 2효는 사리가 분명하므로 하루를 넘기지 않고도 길흉의 조짐을 미리 깨달아 처신한다.

절개는 여성의 전유물이 아니다. 절개는 선비들이 갖추어야 하는 지조의 징표이다. 선비는 예스 맨이 아니다. 옳지 않을 때 목숨을 담보로 '아니오'라고 유일하게 직언한다. 선비는 앞으로 곧장 가지, 휘돌아가지 않는다. 불의와는 결코 타협하지 않는다. 선비는 다소 완고하다고 평가될지언정 시대정신의 표상이다. 그의 절개는 돌로도 깨뜨릴 수 없다. 선비는 중심을 잡고 정의를 수호하는 파수꾼이다.

그래서 "기미를 알아챔이 신묘할 따름이다(神이로구나). 군자는 위와 사귀되 아첨하지 않고 아래와 사귀되 모독하지 않으니, 기미를 알아챔이여! 기미라는 것은 움직임의 은미함이니 길함이 먼저 나타나는 것이니, 군자는 기미를 보고 일어나서 하루가 마치기를 기다리지 않는다. 역에 이르기를 '돌처럼 절개가 굳은지라(절개가 돌인지라) 하루를 마치지 않으니, 올바르고[곧고] 길하다' 하였으니 돌처럼 절개가 굳은지라 어찌 하루를 마치겠는가. 판단해서 가히 알 수 있도다! 군자는 은미함을 알고 밝게 드러난 것도 알고, 부드러운 것도 알고 강한 것도 아니 온 천하 사람들이 우러러본다."[57]

공자가 가르치는 핵심은 '기미幾微와 신神'에 있다. '기미(기틀)를 아는 것은 참으로 신묘하도다!' 기틀이란 움직임의 미묘함으로 길함을 미리 아는 것이다[吉之先見者也]. 군자는 기미를 깨달아 움직이니 하루종일 기다리지 않는다. 역에서 이르기를 "우뚝 솟은 바위처럼 하루로 그치지 않는다. 아주 길하다[介于石, 不終日, 貞, 吉]"고 하였다. 바위처럼 꿋꿋한데 어찌 하루로 그치겠는가? 의심의 여지가 없는 것

---

57 「계사전」하, 5장. "子曰 知其神乎. 君子上交不諂, 下交不瀆, 其知幾乎. 幾者, 動之微, 吉之先見者也, 君子見幾而作, 不俟終日, 易曰介于石, 不終日, 貞, 吉, 介如石焉, 寧用終日, 斷可識矣. 君子知微知彰知柔知剛, 萬夫之望."

이다. 군자는 미세한 것만이 아니라 뚜렷한 것도 더욱 뚜렷이 볼 수 있고, 부드러움만이 아니라 강한 것도 알기 때문에 모든 사람의 등불(희망)이다.

군자는 모든 것을 안다. 세미한 것뿐만 아니라 신의 경지와 길흉의 조짐마저도 안다. 그러니까 온 세상 사람들이 우러러본다. "정역을 만든 김항金恒이 자기의 호를 일부一夫라 했는데, 이는 만부萬夫가 바라보는 일부一夫라는 것이다. 그의 제자 이정호는 『주역정의周易正義』라는 책을 썼는데, 그 책을 보면 기독교적인 해석이 들어 있다."[58]

> ☞ 즐거움 뒤에는 근심이 뒤따른다. 유혹에 물들지 않고, 중용을 지켜야 수신修身이 가능하다.

7. 3효 : 소인이여! 사방을 바라보라

★ 六三_은 盱豫_라 悔_며 遲_{하여도} 有悔_{리라}

象曰 盱豫有悔_는 位不當也_{일새라}

육삼은 올려보면서 즐거워한다. 뉘우치며 더디게 하여도 후회할 것이다. 상전에 이르기를 '올려보면서 즐거워한다. 후회할 것이다'라는 것은 그 위치가 마땅치 않기 때문이다.

3효는 음이 양위에 있으므로 정正도 아니고, 하괘의 끝에 있으므로

---

58 김흥호, 앞의 책, 310쪽.

중中도 아니며, 같은 음인 상효와도 화응하지 못한다. 특히 예괘의 주인공인 4효와 아주 가깝다. 4효가 최고의 권력자라면, 3효는 측근 중의 측근이다. 3효는 4효에 대해 위만 바라보고 아부하는 꼴이다. 권력의 그늘에서 양지만을 쫓고 있는 형국이다. 옆이나 아래를 둘러보기는 아예 안중에도 없다. 아첨하느라 손바닥이 다 닳고, 지문이 없어질 정도이다. 그러니까 반드시 후회할 일이 생기게 마련이다.

오르막이 있으면 내리막이 있다. 상한가를 자랑하는 주식도 마냥 올라갈 수는 없다. 언젠가는 하한가로 폭락하는 경우가 허다하다. 우물쭈물, 허둥지둥하다가는 뉘우칠 일이 금새 닥친다. 요새는 인사가 '부자 되세요'이다. 가난한 자는 부자를 부러워한다. 불행은 윗 것에만 비교하기 때문에 생긴다. 나는 왜 부자가 안 될까라는 생각이 그 사람의 발목을 잡는다. 자신보다 못한 아랫사람을 뒤돌아보면, 그는 행복할 것이다.

소인은 항상 윗사람의 눈치를 살핀다. 4효를 짝사랑하는 3효의 행동은 일방적이다. 가슴 졸이는 짝사랑일 때, 그래도 행복하다. 무언가 대가를 바라면 불행의 씨앗이 싹튼다. 애당초 상대방은 거들떠보지도 않아 당혹스러울 수 있기 때문이다. 행동으로 옮길수록 후회가 막급하다. 심지어 뉘우침이 늦으면 상처는 깊어진다.

> ☞ 소인의 특기는 윗사람의 눈치를 살피는데 있다. 소인이여! 위만 쳐다보지 말고 아래와 옆과 뒤도 돌아보라.

8. 4효 : 내면에 잠든 덕성과 능력을 의심하지 말라

* $\underset{구사}{九四}$는 $\underset{유예}{由豫}$라 $\underset{대유득}{大有得}$이니 $\underset{물의}{勿疑}$면 $\underset{붕}{朋}$이 $\underset{합잠}{盍簪}$하리라

$\underset{상왈}{象曰}$ $\underset{유예대유득}{由豫大有得}$은 $\underset{지대행야}{志大行也}$라

구사는 즐거움이 말미암는다. 크게 얻음이 있으니 의심하지 않으면 벗이 비녀를 합할 것이다. 상전에 이르기를 '즐거움이 말미암는다. 크게 얻음이 있다'는 것은 뜻이 크게 행해지는 것이다.

4효는 여성들에 둘러싸인 청일점淸一點이다. 다섯 음효가 하나의 양효를 사모하고 있는 형상이 곧 4효의 위상이다. 4효의 덕과 힘에 의해서 실질적인 즐거움이 생기는 것이다. 비록 양이 음위에 존재하지만, 인격과 능력을 겸비하고 있는 까닭에 주변을 즐겁게 할 수 있다. 그래서 모든 기쁨의 근원이 된다[由豫^{유예}]고 했다.

'유由'의 글자형태에 주목하자. 밭[田^{전}]에서 싹이 틔어 오르는 형세를 묘사한 글자이다. 싹은 씨앗에 발아된 것이다. 모든 것은 스스로의 능력을 갖고 태어난다는 뜻이다. '말미암다'의 유由는 존재 근거를 스스로에게 있음을 가리키는 글자다. 남의 도움 없이 모든 것을 던져 목표를 이루어 그 공로를 남들과 공유하기 때문에 즐거움은 증폭되는 것이다.[59]

주역은 내면에 잠들어 있는 덕성과 능력을 의심해서는 안 된다고 가르친다. 양이 음위에 있어 안정되지 못했더라도 스스로를 의

---

[59] 정이천은 "由己而致天下於樂豫, 故爲大有得, 謂其志得大行也."고 풀이했다.

심하지 말라고 했다. 줄곧 자신의 능력을 믿고 기르면 머지않아 자신의 뜻에 동참할 벗들이 찾아온다[勿疑, 朋, 盍簪].

'잠簪'은 비녀이다. 빗으로 머리카락을 다듬은 다음에 헝클어지지 않도록 머리카락 한가운데에 꽂는 도구이다. 다양한 목소리들을 하나로 결집[大有]하여 아름다운 소리로 탈바꿈시키는 것은 사람의 마인드이다. 그러니까 윗사람에게서 인정받고, 아랫사람으로부터도 신뢰받아 흩어진 마음을 한 군데로 통합시킬 수 있는 것이다.

> ☞ 스스로의 능력을 믿고 기른다면 머지않아 자신의 뜻에 동참할 벗이 찾아올 것이다.

9. 5효 : 타이밍에 알맞게 실천하라

* 六五는 貞하되 疾하나 恒不死로다

象曰 六五貞疾은 乘剛也오 恒不死는 中未亡也라

육오는 올바르되 병은 들으나 항상 죽지 않는다. 상전에 이르기를 '육오가 올바르되 병이 든다'는 것은 강을 탔기 때문이요, '항상 죽지 않는다'는 것은 중을 잃지 않았기 때문이다.

5효는 음이 양위에 있으니, 강한 양을 타고 있는 형국[乘剛]이다. 상괘의 중앙에 있어 올바르지만, 4효의 막강한 힘 때문에 파워가 약화되었다. 하지만 워낙 좋은 자리를 확보하고 있는 까닭에 쉽사리 죽지 않는다는 것이다.

오로지 하나의 양인 4효가 예괘의 주인공이므로 5효는 부드러움의 강점을 살리고 있다. 더욱이 나머지 음들의 관심이 4효에 집중되어 위험한 지경에 빠져 있다. 비록 병든 상태이나 '중'을 얻었기 때문에 죽음의 문턱을 넘나들지 않는다.

위의 글에서 '항상 죽지 않는다[恒不死^{항불사}]'와 '중을 잃지 않는다[中未亡^{중미망}]'는 ' 동등 '의 형식이 성립된다. 외부적인 중앙과 내부적인 본성의 중심잡기[執中^{집중}]가 균형을 이루었기 때문이다. 외부 환경과 자신의 중심이 일치를 이루었을 때를 '시중時中'이라 한다. 결국 주역의 가르침은 타이밍에 맞는 시간의식과 실천을 강조하는 것으로 귀결되는 것이다.

> ☞ 외부의 환경과 스스로 판단한 중용이 일치할 때의 중용이 곧 시중時中이다. 그렇다고 시중은 상황논리는 아닙니다. 그것은 역사의 수레바퀴가 굴러가는 시간의식의 깨달음에서 비롯된 중용의 실천이다.

10. 상효 : 진정한 즐거움은 진리의 소리를 듣는 것

* 上六^{상육}은 冥豫^{명예}니 成^성하나 有渝^{유유}면 无咎^{무구}리라

象曰 冥豫在上^{상왈 명예재상}이어니 何可長也^{하가장야}리오

상육은 즐거움에 빠져 어두워졌으니, 이루었으나 변함이 있으면 허물이 없을 것이다. 상전에 이르기를 '즐거움에 빠져 어두워졌으면서도' 위에 있으니 어찌 오래갈 수 있겠는가.

상효는 극한상황, 한계점, 극도의 번성, 역사의 끝자락, 문명의 쇠퇴, 노쇠의 징조를 상징한다. 상효는 향락에 눈이 멀어 자신은 물론 집안과 이웃을 돌보지 않고 쾌락의 구덩이에 빠져 허덕이고 있는 형상이다.

쾌락은 마약과 같다. 그것은 몸과 마음을 병들게 한다. 망가진 마음과 몸을 원상태로 회복하려고 애쓰지만, 때는 이미 늦었다. 그래도 돌아가려는 의지만으로도 허물은 면할 수 있다. 재빨리 변신해야 한다. 정신을 똑바로 차려야 호랑이에게 물려가도 화를 피할 수 있다.

이미 상효는 극한으로 치달았기 때문에 더 이상 나아갈 곳이 없다. 절망의 끝에는 벽이 있다. 다짐을 굳게 하건만 어디로 간다는 말인가? 넋이 나간 상태를 초효[鳴豫], 3효[盱豫], 상효[鳴豫]에서 거듭 강조한 이유는 무엇일까? 하나는 천지의 변화 즉 시간의 극적 전환에 대한 깨달음의 당위성을 설명하기 위해서이다. 둘째, 진정한 즐거움은 진리의 소리에 귀기울이는데 있다. 그러니까 64괘 중에서 유독 예괘에서만 '상제'가 등장하는 것이다.

> ☞ 쾌락의 구덩이에 빠지지 말라. 쾌락은 몸과 마음을 병들게 하는 범인이다. 일시적인 쾌락에서 벗어나 하늘의 음악을 감상하는 여유를 가져라.

11. 주역에서 정역으로

정역사상의 연구자 이상룡李象龍은 예괘의 성격을 다음과 같이 설명한다.

豫는 在文從予從象이니 象은 像也오
予之像은 安和悅樂之義也라
夫地中之雷는 復卦之政於先天이니
而陽氣閉藏하여 不能亨通也오
雷出地上은 奮發和暢者니 后天无爲之世也라
擧天下之君臣上下逸豫於禮樂之化이니
逸豫之本은 在損上益下라 故此卦次於損也라

'예'는 문자적으로 주다 또는 나 '여予'와 꼴 또는 그림 '상象'의 합성어다. 상象은 닮을, 본뜰, 형상 '상像'이고, 여予는 평안하고 조화로워 기뻐서 즐긴다는 뜻이다. 땅 속에 있는 우레는 선천에 정사政事하는 복괘가 양기가 닫혀져 숨겨졌기 때문에 형통할 수 없는 것을 형상화했다면, 우레가 땅 밖으로 나와 떨쳐 화창한 것은 후천 무위无爲의 세상을 형상화한 것이다. 천하의 군신과 상하가 예악의 교화를 즐기는 것을 본받았다. 즐김의 근본은 윗 것을 덜어내어 아래에 보태는 것에 있기 때문에 예괘가 손괘 다음에 위치하는 것이다.

彖曰 豫는 利建侯行師하나니라는

應天順人與更始也오 天地以順動이라

故로 日月이 不過而四時不忒은 氣朔已舒也라

＊「단전」- "예는 제후를 세우고 군사를 일으킴이 이롭다"는 것은 하늘의 섭리에 감응하고 인륜질서에 순응하여 다시 새롭게 시작하는 것을 말한다. "천지가 순함으로써 움직임이다. 그러므로 일월이 지나치지 않아 사시가 어긋나지 않는다"는 것은 태양과 달이 그려내는 보름과 그믐의 질서가 순조롭게 펼쳐지는 것을 뜻한다.

象曰 先王이 以하여 作樂崇德하여 殷薦之上帝하여

以配祖考하나니라는 天神이 假焉하여 人鬼가 享之也라

＊「상전」- "선왕이 이를 본받아 음악을 짓고 덕을 높여서 성대하게 상제님께 올리고, 조고를 배향하는 것이다"라는 것은 하나 된 하늘과 신을 인간과 귀신이 모시는 것을 말한 것이다.

初六은 鳴豫라는 掀動而更張之時 則皡咷也라

＊초효 - '초육은 즐거움을 울림'이란 말은 기쁨으로 움직여 교체하는 시기에 밝게 우는 것을 얘기한다

六二는 介于石이라 不終日이니 貞코 吉하나니라는

鬼尾雖堅^{귀미수견}이라도 險易決也^{험이결야}라

＊2효 - "육이는 절개가 돌과 같음이다. 하루를 마치지 않으니 올바르고 길하다"는 말은 귀신의 꼬리가 비록 질길지라도 험난함이 쉽게 해결된다는 뜻이다.

六三^{육삼}은 盱豫^{우예}라 悔^회며 遲^지하여도 有悔^{유회}리라는 恐而歸順也^{공이귀순야}라

＊3효 - "육삼은 올려보면서 즐거워한다. 뉘우치며 더디게 하여도 후회가 있을 것이다"라는 말은 두려워하되 올바른 곳으로 돌아간다는 뜻이다.

九四^{구사}는 由豫^{유예}라 大有得^{대유득}이니 勿疑^{물의}는

動以得民^{동이득민}하여 君无疑焉^{군무의언}이라

＊4효 - "구사는 즐거움이 말미암는다. 크게 얻음이 있으니 의심하지 않는다"는 것은 움직여서 백성을 얻으므로 임금이 의심하지 않는다는 뜻이다.

六五^{육오}는 貞^정하되 疾^질하나 恒不死^{항불사}로다는

胡爲乎喪國^{호위호상국}이리오 待之以禮也^{대지이례야}니라

＊5효 - "육오는 올바르되 병은 들으나 항상 죽지 않는다"는 것은 어찌 나라를 잃겠는가? 예로 기다린다는 말이다.

上六^{상육}은 冥豫^{명예}니 成^성하나 有渝^{유유}면 无咎^{무구}리라는

動必變ㅏ고 變則可移之也라
_{동 필 변}　　_{변 즉 가 이 지 야}

* 상효 – "상육은 즐거움에 빠져 어두워졌으니, 이루었으나 변함이 있으면 허물이 없을 것이다"는 말은 움직이면 변하고, 변하면 바뀔 수 있다는 뜻이다.

澤火革卦
택 화 혁 괘

혁명에는 자연과 문명과 역사의 혁명이 있다.
혁괘는 자연의 변화에 상응하는 인간의 의식
혁명을 일깨운다.

Chapter 7

택화혁괘澤火革卦
: 진정한 개혁이란 무엇인가

1. 진정한 개혁 : 혁괘

정이천은 수풍정괘 다음에 택화혁괘가 오는 이유를 다음과 같이 말한다.

* 革혁은 序卦서괘에 井道정도는 不可不革불가불혁이라

故受之以革고수지이혁이라 하니라

井之爲物정지위물이 存之則穢敗존지즉예패하고

易之則淸潔역지즉청결하니 不可不革者也불가불혁자야라

故井之後고정지후에 受之以革也수지이혁야니라

爲卦兌上離下하니 澤中有火也라

革은 變革也니 水火는 相息之物이니

水滅火하고 火涸水하여 相變革者也라

火之性은 上하고 水之性은 下하니

若相違行이면 則睽而已어늘

乃火在下고 水在上하여 相就而相剋하니

相滅息者也니 所以爲革也라

又二女同居而其歸各異하여 其志不同하니

爲不相得也라 故爲革也라

혁괘는 「서괘전」에 '우물의 도는 변혁하지 않을 수 없다. 그러므로 혁괘로 이어받았다'고 하였다. 우물이란 물건은 그대로 두면 썩고, 바꾸면 청결해지니 변혁하지 않을 수 없는 것이다. 이런 까닭에 정괘 뒤에 혁괘가 이은 것이다. 괘의 형성은 태가 위에 있고 리가 아래에 있으니, 연못 가운데 불이 있는 모습이다. 혁은 변혁이니 물과 불은 서로 소멸시키는 물건이니, 물은 불을 끄고 불은 물을 말려서 서로 변혁하는 것이다. 불의 성질은 위로 올라가고 물의 성질은 아래로 내려가니, 만일 서로 어긋나면 규睽가 될 뿐인데, 이에 불이 아래에 있고 물이 위에 있어 서로가 찾아가 서로 이기니, 서로 소멸하는 까닭에 혁이라 한 것이다. 또한 두 여자가 한 곳에 같이 살지만 그 돌아감이 각기 달라서 뜻이 같지 않으니, 이는 서로 뜻이 맞지 않은 것이다. 그러므로 혁이라 한 것이다.

'혁革'은 변혁, 변동, 변모, 개혁, 변화, 혁신, 혁명 등의 새로운 국면을 열망하는 정감이 담긴 단어다. 오늘날 혁신innovation은 사회 모든 분야에서 조직의 능률을 높이는데 없어서는 안 되는 최고의 가치로 대접받고 있다. 그리고 혁명이란 단어는 정권의 급격한 교체를 비롯한 정치와 사회의 변동을 의미하는 것으로 인식되었다. 혁명가들은 사회의 안정이라는 명목으로 목숨을 걸고 혁명을 일으켰다. 혁명에 성공하면 영웅, 실패하면 역적이라는 말이 표현하듯이 구체제를 무너뜨리고 신체제를 세운다는 혁명은 밝음(긍정)과 어둠(부정)의 양면성을 띠는 것은 당연하다.

전통적으로 하늘의 뜻에 어긋나는 혁명은 일체 용납하지 않았던 것이 동양의 혁명관이었다. 아무리 폭력을 일삼는 정권이라도 하늘이 명을 내리지 않았다면 혁명을 일으키지 않는 것이 불문율이다. 그만큼 하늘의 뜻이 혁명의 열쇠였던 것이다. 하늘의 뜻은 혁명의 도덕성과 깊은 연관성이 있다. 도덕적으로 문제가 있는 혁명은 쿠데타에 불과하기 때문이다.

혁괘의 구조는 위가 연못[兌(태) : ☱], 아래는 불[火(화) : ☲]이다. 동양의 우주론, 특히 오행론五行論에서 물과 불은 천지를 움직이는 두 개의 축axis을 형성한다. 물이 만물창조의 근원이라면, 불은 창조된 만물을 활성화시키는 동력이다. 천지가 끊임없이 순환하고 지속하는 이유는 물과 불의 조직적인 운동에 의해서 가능하다. 물과 불은 대극적인 구조로 존재한다. 물이 북방수北方水라면, 불은 남방화南方火다. 물 불은 공간적으로 남북의 위치에 있으면서 서로에게 운동을 자극시켜 만물을 생성하는 두 개의 동력원이다.

물과 불의 결합으로 나타나는 상극相剋에는 두 얼굴이 있다. 하나는 불이 위로 올라가고 물은 아래로 내려가 음양이 화합하지 않는 화택규괘(☰)의 형상이다. 다른 하나는 무거운 물은 아래로 내려오고, 가벼운 불은 위로 올라가 음양이 화합하는 택화혁괘(☰)의 양상이다. 전자가 질시와 반목으로 얼룩진 상극이라면, 후자는 겉으로는 화택규괘와 마찬가지로 상극현상을 보이지만, 내부적으로는 물과 불의 극적인 결합으로 새로운 변화가 꿈틀거리고 있다는 점을 차별적으로 인식해야 한다.

2. 혁괘 : 천지변화와 의식혁명

★ 革_혁은 己日_{기일}(已日_{이일})이라야 乃孚_{내부}하리니

元亨_{원형}코 利貞_{이정}하여 悔亡_{회망}하니라

혁은 기일이라야(날이 차야, 하루가 지나야) 이에 믿으리니, 크게 형통하고 정도를 지키면 이로워 회한이 사라진다.

변화가 일어나는 시기를 '날이 차야 또는 하루가 지나야(已日_{이일})'로 번역하느냐, 아니면 '기일己日'로 번역하는 것이 옳은가의 문제는 주역사에 수많은 논쟁을 남겼다. 전자가 변화와 혁명의 추상적 당위성을 얘기했다면, 후자는 특정한 날짜를 시사한다는 점이 다르다.

정이천을 비롯한 대부분의 성리학자들은 '하루가 지나야(已日_{이일})'로 해석하여 일정한 시간이 흘러 때가 무르익어야 한다는 것으로 인

식했다. 하지만 선후천론의 시각에서 보면 '이리'는 '기리'로 고쳐 읽어야 한다. 전통의 오행론과 60갑자 이론을 결합하여 선천이 후천으로 뒤바뀐다는 학설을 주장한 것이 바로 김일부가 제창한 선후천론이다. 간지에서 천간의 갑, 을, 병, 정, 무는 하루에서는 오전이고 선천이다. 기, 경, 신, 임, 계는 오후이고 후천이다. 그러니까 선천은 '무'로 끝나고, 후천은 '기'로 시작한다.

김일부의 선후천론은 그 전거를 철저히 주역에 둔다. 즉 산풍고괘山風蠱卦 「단전」의 '선갑삼일先甲三日, 후갑삼일後甲三日'과 중풍손괘重風巽卦 5효의 '선경삼일先庚三日, 후경삼일後庚三日'에 근거하여 '선천은 갑기야반甲己夜半에 생갑자生甲子하고 후천은 기갑야반己甲夜半에 생계해生癸亥'라는 원칙을 수립하여 60갑자의 시스템이 근원적으로 재정립됨을 논증하였다. 그것은 하늘과 땅에 대한 인식의 패러다임이 바뀌어야 한다는 기존의 천도에 대한 인식의 혁명을 주장한 것이 아니다. 『정역』은 하늘과 땅의 구조가 근본적으로 바뀌어 천지天地가 지천地天으로 전환됨을 알리는 선언문이다.

천지가 최초로 생겨난 상태를 규정하는 '갑'이 새로운 천지로 바뀐 이후에는 '기'로 새롭게 시작된다는 뜻이다. 구체적으로 말해서 선천 천지비天地否의 세상에서는 '갑'을 으뜸(첫머리)으로 삼았다면, 후천 지천태地天泰의 세상에서는 '기'를 으뜸으로 삼는다는 것이다. 새하늘 새땅이 열리는 천지변화의 첫날은 '기일己日'이기 때문에 누구나가 희망하고 믿을 수 있다는 미래적 시간(己日乃孚)에서 규정한 발언인 것이다.

동양의 사상가들은 사회개혁을 비롯한 정치적 국면전환의 근거를 혁괘에서 찾았다. 하지만 혁괘가 말하는 개혁과 혁명은 일상적인 사회변혁을 얘기하는 것이 아니라 천지 자체의 개혁과 혁신을 말하는 데 있다. 대부분의 사상가들은 이 점을 간과하고 있다. 이는 주역을 바라보는 시각차에 비롯되었다. 필자는 특히 선후천론의 핵심이 혁괘에 담겨 있다고 본다.

　괘사에서 말하는 날[日^{일}]은 날짜, 날수 등에 한정시켜서는 곤란하다. 때로는 해[年^{년}], 달[月^{월}], 날[日^{일}]을 가리키는 등 다양한 방면에서 들여다보는 것이 옳다. 천간과 지지가 결합된 6갑은 만물의 형식과 내용을 이루는 시간질서를 뜻한다. 결국 '기일己日'은 새로운 달력을 구성하는 메카니즘의 중심을 가리킨다. 단적으로 말해서 선천의 '갑기甲己'의 질서가 후천에는 '기갑己甲'의 질서로 바뀐다는 것이 그 핵심이다. 시간질서의 전환은 자연과 문명과 역사를 비롯한 모든 것의 근간이 뒤바뀌는 것으로 직결된다. 따라서 혁괘에서 말하는 '혁'은 천지의 시공간적 틀이 바뀐다는 천지변화를 비롯하여 일체의 사회개혁과 인간개혁을 함축한다.

　그러면 혁괘의 핵심이 천지변화에 있다고 주장하는 근거는 어디에 있는가? 건괘乾卦 「단전」에서 "건도乾道(=天道^{천도})가 변화하여 모든 사물의 본성과 사명을 올바르게 하니 각종 사물현상과 가치들을 보존하면서도 이들을 하나로 통합하고 커다란 화합을 이루어 이에 이롭고 올바르게 한다[乾道變化^{건도변화}, 各正性命^{각정성명}, 保合大和^{보합대화}, 乃利貞^{내이정}.]"고 했다. 선후천론에서는 건도가 운행함에 따라 만물의 생성이 이루어진다는 명제를 건도 자체가 곤도로 변화한다로 해석한다. 이것이 진정한 의미에서의 천도天道(=乾道)에서 지도地道(=坤道)로의 개혁이고 혁명인 것이다.

또한 건괘 「문언전」4절의 4효에서는 "혹 뛰어오르거나 연못에 있다'는 것은 건도가 혁신함[或躍在淵, 乾道乃革.]"이라고 하여 건도의 개혁을 언급했다. 괘에서 초효부터 3효까지는 선천이고, 4효부터 상효까지는 후천이다. 3효는 선천의 막바지이고, 4효는 후천의 시초이기 때문에 건도가 변화하여 곤도로 변화됨을 암시했던 것이다. 결국 혁괘에서 말하는 혁명에는 천지 자체의 변화 이외에도 사회변화, 문명변화와 인간의식의 혁명 등이 내포되어 있는 것이다.

> ☞ 혁괘가 말하는 개혁에는 천지 자체의 변화[己日]와 인간의식의 혁명이 내포되어 있다.

3. 단전 : 신천지를 열망하며

* 象曰 革은 水火相息하며
二女同居호대 其志不相得이 曰革이라
己日乃孚는 革而信之라
文明以說하여 大亨以正하니
革而當할새 其悔乃亡하니라

$\underset{\text{천 지 혁 이 사 시 성}}{天地革而四時成}$하며 $\underset{\text{탕 무 혁 명}}{湯武革命}$하여

$\underset{\text{순 호 천 이 응 호 인}}{順乎天而應乎人}$하니 $\underset{\text{혁 지 시 대 의 재}}{革之時大矣哉}$라

단전에 이르기를 혁은 물과 불이 서로 소멸하며, 두 여자가 함께 거처하되 그 뜻을 얻지 못함이 혁이다. '기일이라야(날이 차야) 믿을 수 있음'은 고쳐서 믿음이다. 문명으로 기뻐하고, 크게 형통하고 운행하여 올바르니, 고쳐서 마땅하기 때문에 그 뉘우침이 없어진다. 천지가 바뀌어 사시가 이루어지며, 탕무가 혁명하여 하늘의 질서에 순응하고 사람의 법도에 순응하니, 혁의 시간 정신이 위대하도다.

천지가 변화를 일으키는 동력원은 물과 불이다. 물은 불기운을 끄고, 불은 물을 끓여 수분을 없앤다. 물은 불을 꺼버리고, 불은 물을 바짝 말려 서로가 서로를 죽임으로써 형태를 바꿔버린다. 물과 불은 상식相息, 상극相克, 상멸相滅의 관계로 존재한다. 상극은 만물을 창조하는 힘이다. 혁괘에서 말하는 상식(상극)은 물이 위에 있고 불은 아래에 있다. 무거운 물은 아래로 내려오고 가벼운 불은 위로 올라가 음양이 교합하여 새로움을 창조하는 혁명을 말한다.

천지가 상극으로 움직이는 목적은 무엇인가. 김일부는 상극이 상생으로 체용이 전환됨을 '금화교역'이라는 특수용어를 사용하여 새로운 천지의 탄생을 논증했다. 하도낙서의 도상에서 상괘인 연못[兌 $\overset{\text{태}}{}$: ☱]은 서방의 금金에 해당하고, 하괘인 불[離 $\overset{\text{리}}{}$: ☲]은 남방의 화火에 속한다. 하도(상생)와 낙서(상극)의 도상에서는 금화가 서로 바뀌어 있다. 금화가 바뀌는 이치인 선후천변화는 문왕괘도와 정역괘도에 고스

란히 투영되어 있다.

금화교역의 필연성

한동석은 금화교역의 필연성을 다음과 같이 말한다.

> "문왕괘는 지축이 경사진 모습에서 취한 것이고, 정역괘도는 지축이 정립된다는 입장에서 취상한 것이다. 문왕괘도의 시대, 즉 현실의 금화교역은 불완전한 교역이므로 변화가 불측하지만, 정역괘도의 시대는 변화가 정상이므로 평화시대가 온다고 본 것이다. 낙서의 출현에 의해서 상극의 모습이 제시되었다면, 하도의 출현에 의해 상생의 모습이 제시되었다. 하도에는 2·7화가 남방에 있고, 4·9금은 서방에 있다. 하지만 낙서에 4·9금이 남방에 와 있고, 2·7화가 서방에 가 있는 것은 금이 불[火]를 싸기 위해서 그 위치가 바뀌어 있는 것이다."[60]

금과 화가 그 순서를 바꾸는 것은 단순한 위치이동의 문제가 아니라 천지 자체가 뒤바뀌는 엄청난 사건을 뜻한다. 금화교역의 목적은 천지가 옷을 갈아입는다는 것에 있다. 주역 12번 째의 천지비天地否의 세상이 11번 째 괘에서 말하는 지천태地天泰의 세상으로 전환되면 시공간의 근본 틀이 완전히 새롭게 구성됨을 시사한다. 그것은 시간에 대한 인식론적인 패러다임의 전환이 아니라 존재론적인 전환을 제안하는 상전벽해의 논리인 것이다.

선후천변화라는 생명의 율동상을 형상화하여 표현한 금화교역은 '우주의 자기조직화 원리'라 할 수 있다. 그것은 우주질서에 아로박혀 있는 자기창조, 자기변화하는 하늘과 땅의 이치인 것이다.

---

60 한동석, 『우주변화의 원리』(서울: 대원출판, 2001), 250-261쪽 참조.

혁괘에서 말하는 물불[水火]은 서로를 용납하지 않는 갈등과 모순과 대립을 뜻한다. 상괘 태兌(☱)는 소녀少女, 하괘 리離(☲)는 중녀中女다. 두 자매는 어려서 부모의 사랑을 받으면서 함께 살지만, 각각 시집간 이후로는 운명이 바뀌기 때문에 여자의 일생으로서는 '혁명'이 아닐 수 없다.

자연의 측면에서 '기일' 중심의 천지 시스템이 변화되어야 만물이 제자리를 잡기 때문에 모두가 믿는다[己日乃孚, 革而信之].[61] 캘린더 구성근거의 본질적인 전환은 천간지지(6갑)의 시스템이 변형되는 것으로 나타난다. 인류사에 일어났던 수많은 혁명이 나름대로의 객관적 상황과 이유가 정당해야 신뢰받을 수 있듯이, 천지변화는 시간의 본성에 알맞은 시간대에 이루어져야 만물이 믿고서 따를 수 있는 것이다.

천지가 개혁하기 때문에 혁괘 괘사에는 천도의 덕성인 '원형이정元亨利貞'이 등장하며, 천지가 변화하여 거듭 태어난 세상은 '크게 형통하고 운행하여 올바르게 된다[大亨以正]고 했다. 전자가 천도의 원형이라면, 후자는 천도가 거듭 태어난 결과적 표현체다.

개혁과 혁명의 실패, 혹은 혁신의 중단은 백성들에게 고통과 시련을 안긴다. 하지만 개혁할 것은 개혁해야 바람직한 미래를 기대할 수 있다. 암덩어리를 도려내지 않으면 온몸에 퍼진다. 퍼진 다음에 수술

---

61 믿을 '부孚'는 계란에서 병아리가 부화되어 나오는 것을 뜻하는 글자다. 계란은 어미닭이 낳으며, 다시 어미닭이 계란을 품어야 병아리로 깨어난다. 병아리는 두 단계를 거쳐서 생명체로 태어나기 때문에 '거듭 혹은 믿음'이란 말이 부여되는 것이다.

해봐야 소용없다. 정당한 개혁과 혁명은 원망과 후회를 한꺼번에 날려버린다. 그래서 혁괘는 선천의 묵은 기운이 남겼던 온갖 갈등과 모순과 대립이 해원된다[其悔乃亡기회내망]고 하였다.

개혁과 혁명의 방법은 무엇인가? 혁괘의 하괘는 하늘의 밝은 품성(문명), 상괘는 기쁨을 상징한다. 안으로는 밝으면서 훌륭한 덕과 옳고 그름에 대한 분명한 판단력을 갖춘다. 밖으로는 온화한 성품으로 타인의 마음과 화순하여 기쁨을 함께하는 여유를 갖는다. 이를 바탕으로 삼는 개혁은 정도에 어긋나지 않는다. 따라서 개혁과 혁명은 천명에 순응하는 행위와 다르지 않다.

혁명은 천지가 운행하는 도리에 부합해야 한다. 천지는 춘하추동 사계절이 돌아가는 이치를 거슬리면서 운행한 적이 없다. 천지는 인간 행위의 준거이기 때문에 혁명 역시 천지의 이법에 어긋나서는 안 된다. 주역은 천지가 둥글어가는 이치를 하늘의 마음[天心천심]이라 했고, 하늘의 마음과 하나되려는 인간의 순수하고 갸륵한 정성을 인심人心이라 불렀다. 과거의 성인들은 천지의 의지를 하나의 역사적 소명의식으로 받아들였다. 특히 위정자들은 정치적 혁명의 정당성을 천심과 인심에서 찾으려고 고뇌했던 것이다.

천지의 '원형이정'이라는 끊임없는 혁신운동은 정치적 혁명의 방법론으로 직결된다. 은나라의 탕왕湯王이 하나라의 걸왕桀王을 무너뜨리고, 주나라의 무왕武王이 은나라의 주왕紂王을 무너뜨린 사건 역시 천심에 부합한 행위이기 때문에 혁명의 정당성에 거슬리는 행위가 아니었다. 그것은 하나라와 은나라에게 잠시 맡겼던 천명을 교체하는 혁명이다. 혁명의 조건은 천심과 민심의 향배에 부합하는 데 있다. 「단전」에 따르면, 탕무혁명은 천명에 순응한 사건이었고, 백성이 원해서 이루어진 혁명이기 때문에 참혹한 권력투쟁의 산물이 아니다. 탕무혁명은 천명에 따른 행위이므로 하등 도덕적으로 문제될 것이 없다는 것이다.

> ☞ 혁명은 천지가 운행하는 이치에 부합해야 정당성을 확보할 수 있다.

4. 상전 : 새로운 시간질서

※ 象曰 澤中有火革이니
   (상왈 택중유화혁)

   君子以하여 治歷明時하나니라
   (군자이   치력명시)

상전에 이르기를 연못 속에 불이 있는 것이 혁이니, 군자는 이를 본받아 책력을 다스리고 때(시간질서)를 밝혀야 한다.

서양의 역사는 '부활절을 계산한 캘린더 작성의 역사'라는 말이 있듯이, 인류문명은 캘린더제작의 경험을 통해서 발전되어 왔다고 할 수 있다. 합당한 캘린더를 만들기 위해서는 고도의 수학(대수학과 기하학), 천문학이 동원될 수밖에 없다. 해와 달은 무정한 천체로만 인식되지 않았다. 그것은 수많은 시인과 묵객들의 소재였으며, 보통 사람에게는 삶의 풍족함을 가져다주는 은혜로운 존재였다.

'역歷'은 역사를 배후에서 움직이도록 하는 시간[曆력]과 동일한 의미다. 과거에는 '력曆'을 책력, 달력을 구성하는 법칙으로 인식했다. 역歷은 곧 역曆이다.

> "군자는 책력을 바르게 제정하여 춘하추동 4시의 변혁을 명백히 한다. 4시의 변혁에 따르는 것은 천도에 따라 인사人事를 다스리는 근본이다. 낮과 밤은 하루의 변혁이고, 그믐과 초하루는 한 달의 변혁이며, 춘분·하지·추분·동지는 계절의 변혁이다. 옛날의 왕들은 천명을 받아 천하를 통일하면 반드시 책력을 고쳤다."[62]

자연의 변화와 역사의 진행은 모두 시간의 범위 안에서 일어나는 필연법칙이기 때문에 역학易學은 곧 역학曆學인 것이다. 이를 종합하면 역易 = 역歷 = 역曆이라는 등식이 성립한다. 한대漢代에는 괘의 이론과 자연현상을 일치시켜 주역을 해석하는 학문이 발달하였다. 이것이 곧 괘기설卦氣說[=卦氣易學괘기역학]로서 주역[易역]과 캘린더[曆력]가 결합된 세계관이다. 괘기역학은 상수로 우주원리와 그 변화를 절기節氣의 변화, 즉 음양소식陰陽消息으로 설명하는 체계인 것이다. 달리 표현하면 1년 12달을 순환하는 24절기와 배합하여 우주의 합법칙성을 설명한다.

천지일월과 성신의 운행으로 인해 생명체가 태어나서 자라나고 늙는다. 천체의 운행을 관찰하는 행위는 인간 스스로가 시간적 존재임을 깨닫도록 한다. 만일 천지일월과 성신이 없다면 생노병사도 없을 것이다. 인간은 만물을 마구 먹어치우는 시간의 이빨에 속수무책이다. 유형무형의 모든 사물은 시간의 먹잇감인 셈이다. 시간의 법칙인 생노병사를 비껴갈 수 있는 존재는 아무 것도 없다. 시간은 사물형성

---

[62] 박일봉, 『주역』(서울: 육문사, 1989), 420쪽.

의 근거이자 내용이며 형식이면서 힘이다. 시간과 공간은 자연과 사회와 인류역사의 근원적 터전이므로 천체의 운행은 인간 삶의 시간적 리듬인 것이다. 결국 천문天文의 인간화가 인문세계人文世界라고 할 수 있다.

정역사상은 자연과 문명과 역사에 대해 새로운 패러다임을 제시한다. '상극에서 상생으로'라는 우주사와, '윤역閏曆에서 정역正曆으로'의 시간사를 일관되게 설명한다. 이는 세계에서 그 유례를 찾을 수 없는 독창적인 사유이다. 동서양 철학에서 시간론을 하나의 주제로 삼는 경우가 많았으나,[63] 시간의 꼬리가 떨어져나간다는 시간의 질적 전환(1년 365¼의 윤역閏曆에서 1년 360일의 정역正曆)으로 인한 새로운 우주의 탄생을 논의하지는 못했다.

정역사상의 핵심은 시간론에 있다. 정역사상은 도덕 형이상학 중심의 중국역학과의 차별화에 성공함으로써 한국철학의 독창성을 드높였다. 그것은 선천과 후천의 캘린더 시스템(선천의 '갑기甲己'질서에서 후천의 '기갑己甲'질서로의 전환)이 바뀐다는 파천황적 선언에 다름 아니다. 이를 정역은 도수度數[64]로써 추론하였다. 들뢰즈의 표현처럼, '시간의 주름'을 헤집고 '이념의 속살'을 벗겨냈던 것이다.

『정역』은 우주관과 시간관이 어우러진 합작품이다. 이를 하나의

---

63 아우구스티누스의 종교적 고백의 시간론, 칸트를 비롯한 철학자들의 관념적 시간론, 스티븐 호킹 같은 물리학자들의 이론, 심리학적, 생물학적, 실존론적 견해 등.
64 하늘과 땅의 걸음걸이 대한 고도의 수리 또는 하늘의 원리가 땅에서 이루어진다는 개념.

도표로 융합한 하도낙서는 하늘이 계시한 진리의 표현체이며, 또한 진리에 대한 인식의 극한까지 들여다본 종교성의 신비를 나타낸다. 하도낙서의 시간적 표현체가 십간십이지로 이루어진 60갑자이다. 하도낙서와 60갑자는 조직론의 극치이다. 도수의 조직으로 디자인된 것이 바로 이 세상이라는 뜻이다. 서양의 기독교는 "태초에 말씀이 계셨다"고 했다면, 동양에서는 이미 갑자, 을축으로 시작해서 계해로 끝나는 합리적 조직론이 존재했다. 이렇게 정치한 조직론을 바탕으로 시간의 구조와 선후천변화를 소통시킨 것이 바로 정역사상이다.

> ☞ 군자의 책무는 사물형성의 근거이자 형식인 동시에 내용인 시간성의 원리를 밝히는 데 있다.

5. 초효 : 기축己표으로 시작하는 후천

★ 初九_{초구}는 鞏用黃牛之革_{공용황우지혁}이니라

象曰_{상왈} 鞏用黃牛_{공용황우}는 不可以有爲也_{불가이유위야}일새라

초구는 굳게 누런 소의 가죽을 쓴다. 상전에 이르기를 '굳게 누런 소를 씀'은 인위적 행위를 두지 않기 때문이다.

'공鞏'은 묶을, 굳다는 뜻이고, '혁革'은 동물의 털을 제거한 가죽, '피皮'는 털을 제거하지 않은 가죽을 뜻한다. 초효는 양이 양자리에 있으나[正_정], 중도를 이루지 못하고[不中_{부중}], 4효와 상응하지 않는다.

개혁과 혁명의 시기이지만 아직은 때가 무르익지 않았기 때문에 질긴 가죽처럼 뜻을 확고하게 다지면서 성급히 나서지 말라는 가르침이다.

혁명과 개혁은 결코 쉬운 일이 아니다. 혁명은 특히 객관적 여건과 민심의 부응과 목숨을 건 준비가 필수요건이기 때문이다. 그래서 효사는 질긴 가죽처럼 확고한 마음자세와 함께 신중한 행위를 제시했다. '황우黃牛'는 누른 소를 가리키는데, 누른색은 하도낙서의 중앙, 오행에서는 '토土'를, 소는 곤괘坤卦의 덕성인 유순한 중도를 상징한다. 가죽처럼 강건한 끈기와 동시에 소의 유순한 성질을 겸비하면서 혁명을 대비해야 한다는 뜻이다.

이를 선후천론의 입장에서 천간지지의 조직을 풀어보자. '황黃'은 중中이므로 천간으로는 '무기戊己'에 해당되며, 소는 지지로는 축丑이다. 천간을 선후천으로 나누면 선천은 무戊에서 끝맺고 후천은 기己에서 시작하므로 혁괘 괘사는 기일己日과 황우黃牛라 했던 것이다. 천간의 기己와 지지의 축丑을 결합하면 '기축己丑'이 된다.[65] 선천 6갑이 갑자甲子에서 시작했다면, 후천은 기축己丑에서 새롭게 시작한다는 것이 초효에 암시되어 있는 것이다. 선천의 6갑과 후천의 6갑을 정리하면 다음과 같다.

---

65 ① 『정역』「십오일언」"화옹친시감화사化翁親視監化事", "嗚呼! 丑宮得旺, 子宮退位." ② 『도전』 2:144:4, "하루는 상제님께서 말씀하시기를 '후천은 축판丑板이니라' 하시니라."

〈선천 육갑시스템〉

甲子	乙丑	丙寅	丁卯	戊辰	己巳	庚午	辛未	壬申	癸酉
甲戌	乙亥	丙子	丁丑	戊寅	己卯	庚辰	辛巳	壬午	癸未
甲申	乙酉	丙戌	丁亥	戊子	己丑	庚寅	辛卯	壬辰	癸巳
甲午	乙未	丙申	丁酉	戊戌	己亥	庚子	辛丑	壬寅	癸卯
甲辰	乙巳	丙午	丁未	戊申	己酉	庚戌	辛亥	壬子	癸丑
甲寅	乙卯	丙辰	丁巳	戊午	己未	庚申	辛酉	壬戌	癸亥

〈후천 육갑시스템〉

己丑	庚寅	辛卯	壬辰	癸巳	甲午	乙未	丙申	丁酉	戊戌
己亥	庚子	辛丑	壬寅	癸卯	甲辰	乙巳	丙午	丁未	戊申
己酉	庚戌	辛亥	壬子	癸丑	甲寅	乙卯	丙辰	丁巳	戊午
己未	庚申	辛酉	壬戌	癸亥	甲子	乙丑	丙寅	丁卯	戊辰
己巳	庚午	辛未	壬申	癸酉	甲戌	乙亥	丙子	丁丑	戊寅
己卯	庚辰	辛巳	壬午	癸未	甲申	乙酉	丙戌	丁亥	戊子

혁명의 실패로 인해 쌓인 원한의 역사는 인류에게 뼈아픈 교훈을 남겼다. 혁명의 가담자들은 비밀을 공고히 지켜 흔적과 냄새를 풍기지 않아야 한다. 혁명의 성공은 치밀한 전략과 빈틈없는 준비에 달려 있는 것이다. 하지만 공자에 따르면, 혁명은 인간의 노력과 힘[有爲]에 의존한다고 말하지 않고, 스스로 그러한 자연의 변화에 맡긴다고 은근히 말하고 있다[不可以有爲也].

☞ 혁명의 성공은 치밀한 전략과 빈틈없는 준비에 달려 있다.

6. 2효 : 개혁의 시기가 무르익다

* 六二는 己日이어야 乃革之니 征이면 吉하여
  无咎하리라 象曰 己日革之는 行有嘉也라

  육이는 기일이어야 고칠 수 있으니, 가면 길해서 허물이 없을 것이다. 상전에 이르기를 '기일이어야 고칠 수 있음'은 행하는 일에 아름다움이 있는 것이다.

2효는 음이 음자리에 있고[正], 하괘의 중도[中]이며, 5효와 상응한다. 2효는 초효가 찬양하는 '황우黃牛'로서의 중용이다. 2효는 밝음과 문명의 덕을 갖춘 개혁의 주체이며, 게다가 5효와는 최상의 짝을 이루어 혁명의 객관적 조건을 모두 갖췄다.

낡고 묵은 것을 갈아 치우는 날이 밝았다. 시기 또한 무르익었기 때문에 혁명의 깃발을 높이 세워도 좋다[己日, 乃革之]. 머뭇거리거나 주저하면 기회를 놓쳐 후회할 것이다. 혁명이 필요한 때에 혁명하므로 허물이 없다. 더욱이 외부 지원자로서 양효인 5효가 튼튼하게 버텨주고 있기 때문에 강력한 힘으로 밀어부쳐야 한다.

2효는 하괘의 중도로서 밝고 아름다운 문명의 주인공이다. 불을 뜻하는 리괘離卦(☲)는 문왕괘도에서 남방의 불을 상징하고, '원형이정元亨利貞'의 4덕에서 만물의 화려한 성장을 뜻하는 여름철의 '형亨'에 해당하므로 건괘 「문언전」에서는 '형이란 아름다움의 모임[亨者嘉之會也]'이라 했던 것이다. 또한 형亨은 질서에 부합하는 예禮

에 해당하기 때문에 혁명 역시 절차에 알맞게 수행해야 마땅하다. 더욱 중요한 사실은 혁명 이후에도 극도의 아름다움에 걸맞는 질서가 세워질 것을 예고하고 있다.

> ☞ 개혁의 시기가 무르익으면 혁명의 깃발을 높이 세워야 한다.

7. 3효 : 개혁의 3단변화

* 九三^{구삼}은 征^정이면 凶^흉하니 貞厲^{정려}할지니

 革言^{혁언}이 三就^{삼취}면 有孚^{유부}리라

 象曰^{상왈} 革言三就^{혁언삼취}어니 又何之矣^{우하지의}리오

구삼은 가면 흉하니 올바르게 해도 위태로울 것이니, 고친다는 말이 세 번 나아가면 믿음이 있을 것이다. 상전에 이르기를 '고친다는 말이 세 번 나아감'이니 다시 어디로 가리요.

3효는 양이 양자리에 있으나[正], 하괘의 중도를 넘어섰다[不中]. 양 에너지가 지나치게 세다. 혁명의 당위성만을 믿고 너무 서두르기 때문에 다른 사람이 아무리 올바른 마음을 지녔다고 인정할지라도 사태는 위태롭기 짝이 없다.

구체제를 뒤엎고 신체제를 세우는 혁명은 아무렇게나 이루어지지 않는다. 자신의 위상을 점검하여 혁명에 대한 올바른 방법을 재삼 숙

고해야 하고, 신중하게 행동해야 한다. 무턱대고 혁명을 일으켜서는 안 된다. 여러 차례의 자문을 얻은 다음에 실행해야 믿음과 확신을 얻을 수 있는 것이다.

'고친다는 말이 세 번 나아감[革言三就^{혁언삼취}]'이라는 명제를 선후천론의 시각에서 해석하면, 천지변화는 세 번에 걸쳐서 진화한다는 뜻으로 풀이할 수 있다. 왜냐하면 '또한 어디로 갈 것인가'라는 물음에는 '반드시 세 차례의 변화를 거쳐서 가야 한다[又何之矣^{우하지의}]'는 반어법이 뒤따르기 때문이다. 이에 대한 주역학자들의 풀이는 다섯 가지로 요약할 수 있다.

- 치밀한 계획을 세운 다음에, 세 번 정도의 여론의 지지를 받아야 한다.
- 초효, 2효, 3효의 세 단계.
- 초효로부터 3효는 각각 천도天道, 지도地道, 인도人道를 가리킨다.
- 복희괘도 → 문왕괘도 → 정역괘도로의 3단 변화.
- 정역에서 말하는 원역原曆 → 윤역閏曆 → 정역正曆으로의 3단 변화 등이 있다.

선후천론은 천지가 생生(伏犧卦圖^{복희괘도}, 原曆^{원력})에서 장長(文王卦圖^{문왕괘도}, 閏曆^{윤력})의 단계를 지난 다음, 다시 성成(正易卦圖^{정역괘도}, 正曆^{정력})의 단계를 거쳐 진화한다는 입장을 취한다. 생장성의 세 단계를 지나야 비로소 천지변화의 완성을 암시한 것이다. 따라서 네번 째와 다섯번 째의 견해가 혁괘에서 말하는 본질적 의미와 가장 부합하는 해석이라 할 수 있다.

> ☞ 혁명에 대한 올바른 방법을 재삼 숙고하고, 신중하게 행동해야 한다.

8. 4효 : 개혁의 성공 - 굳건한 믿음

* 九四는 悔亡하니 有孚면 改命하여 吉하리라
  _{구 사}　_{회 망}　_{유 부}　_{개 명}　_길

  象曰 改命之吉은 信志也일새라
  _{상 왈　개 명 지 길}　_{신 지 야}

구사는 뉘우침이 없어지니, 믿음이 있으면 하늘의 명이 바뀌어서 길할 것이다. 상전에 이르기를 '하늘의 명이 바뀌어 길함'은 뜻을 믿기 때문이다.

고칠 '개改'와 바꿀 '혁革'은 같은 의미의 글자다. 4효는 양이 음자리에 있고[不正], 중용도 아니므로 허물이 많은 위상이다. 하지만 하괘를 지나 상괘로 넘어와 개혁을 서둘러야 하는 시기다. 상괘의 물과 하괘의 불이 격돌하여 능동적으로 개혁이 진행되어야 하는 양상을 드러내고 있다. 지금은 천명이 바뀌는 시간이라고 4효는 진단하고 있는 것이다.

3효가 혁명의 당위성을 언급했다면[革言三就], 4효는 하늘의 명이 바뀐다[改命]고 했다. 동양에서 말하는 혁명과 개혁이라는 말은 혁괘 3효와 4효에서 비롯되었다. 3효의 '혁革'과 4효의 '명命'이 결합하여 혁명이 만들어졌고, 4효의 '개改'와 3효의 '혁革'이 결합하여 개혁이라는 단어가 만들어졌다.

4효는 5효 군주의 신임을 받는 신하다. 또한 4효 자체는 9九의 양과 4四의 음을 겸비했고, 강유의 균형이 잡혔다. 4효 신하는 군주 앞에서 혁명을 주도하는 풍운아다. 세상 사람들이 그를 믿어야만 혁명을 단행할 수 있고, 성공할 수 있다[吉]. 혁명은 개인의 힘과 의지로만 성공할 수 없다. 혁명의 조건은 하늘과 민심을 진정으로 받드는 종교적 믿음[信志]에서 비롯된다고 할 수 있다.

> ☞ 혁명의 성공 여부는 하늘의 뜻을 받드는 믿음에서 출발한다.

9. 5효 : 대인의 믿음직한 혁명

*九五는 大人이 虎變이니 未占에 有孚니라

象曰 大人虎變은 其文이 炳也라

구오는 대인이 호랑이처럼 변함이니, 점을 치지 않고도 믿음이 있다.
상전에 이르기를 '대인이 호랑이처럼 변함'은 그 무늬가 빛남이다.

5효는 혁괘의 주효主爻로서 대인의 늠름한 위용을 멋지게 묘사했다. 5효는 양이 양자리에 있고[正], 상괘의 중용일 뿐만 아니라 2효와도 상응하는 최고의 조건을 갖춘 혁명의 지도자를 상징한다. 대인은 자기혁신에 과감하고, 나아가 사회를 개혁하여 인류에게 공헌하는 존재이다. 대인은 개인의 영광 혹은 임시미봉책의 혁명을 일으키는 소인과는 다르게 현실을 대청소하여 새로운 환경을 조성하는 위대한 인물이다.

5효에 왜 호랑이[虎]가 등장하는가. 문왕괘도와 정역괘도는 공통적으로 서쪽에 태兌(☱)가 있으며, 서방은 흰색을 뜻한다. 동양의 전통문양은 북쪽에 현무玄武, 남쪽에 주작朱雀, 동방에 청룡靑龍, 서방에 백호白虎를 배치하여 우주관을 형상화했다. 예전부터 호랑이는 백수百獸의 왕 또는 산군山君으로 불렸다. 여름에 듬성듬성 났던 호랑이 털이 가을이 되면 윤기 있게 바뀌는 양상을 '호변虎變'이라 했다. 혁명은 호랑이의 털갈이처럼 겉과 속이 완전히 다르게 변해야 한다는 뜻이다. 혁명은 물샐틈없이 뜯어고쳐야지 땜질식으로 수선하듯이 하면 안 된다. 지금은 속도전쟁의 시대다. 혁명은 뜸들이지 말고 속전속결로 이루어져야 한다.

대인이 기획한 혁명은 하늘과 사람의 바람에 순응해야 성공할 수 있다. 의심스러운 일을 무조건 신탁神託에 의존하거나 점쟁이에게 상담하는 일은 전혀 필요 없다. 대인의 혁명이념과 의지가 호랑이 몸에 새겨진 무늬와 같이 선명하게 드러나야 모든 사람이 한결같이 따를 수 있다는 뜻이다.

호랑이 몸의 '무늬가 밝게 빛난다[其文炳也]'는 표현은 실제로는 5효 대인의 위풍당당한 중정中正의 덕이 아름다움을 칭찬한 것이다. 털갈이를 마친 호랑이 몸채가 산 색깔을 더욱 돋보이게 한다는 말이 있듯이, 대인의 혁명에 의해 문물제도가 새롭게 변모하고 그 공덕이 찬

란하여 환영받을 수 있는 것이다.

> ☞ 하늘과 사람의 바램에 근거하여 대인이 추진하는 속전속결의 혁명은 정당하다.

10. 상효 : 두 마음을 품는 소인

* 上六^{상육}은 君子^{군자}는 豹變^{표변}이오

 小人^{소인}은 革面^{혁면}이니 征^정이면 凶^흉코 居貞^{거정}이면 吉^길하리라

 象曰 君子豹變^{상왈 군자표변}은 其文^{기문}이 蔚也^{위야}오

 小人革面^{소인혁면}은 順以從君也^{순이종군야}라

상육은 군자는 표범처럼 변하고, 소인은 낯빛만 고치니 가면 흉하고, 올바른 곳에 거처하면 길할 것이다. 상전에 이르기를 '군자가 표범처럼 변함'은 그 무늬가 성함이요, '소인이 낯빛만 고침'은 순응하여 군주를 따름이다.

상효는 혁명이 종료된 상황을 언급한다. 5효는 대인과 '호변虎變'을 얘기했다면, 상효는 군자와 '표변豹變'을 말한다. 5효는 전면적인 개혁의 단행을, 상효는 개혁이 성공한 뒤에 그 업적을 튼튼하게 계승하고 유지하는 방법을 설명한다. 개혁 뒤에 또 다른 개혁을 시도하는 것만큼 어리석은 일은 없다. 불순물을 자꾸 솎아내다 보면 남는 것이 하나도 없게 마련이다. 개혁의 뒷마무리가 개혁보다 더 중요한 것이다.

호랑이와 마찬가지로 표범 역시 가을에 털갈이 하는 동물이다. 호랑이 무늬는 선이 굵고 선명하여 아름답지만, 표범 무늬는 성글고 오밀조밀하여 구성지다. 이처럼 호변과 표변은 개혁과 혁신의 특징을 명료하게 구분짓는다. 호랑이와 용은 위엄있는 대인의 표상이요, 표범은 날쌘 군자의 표상이다. 표범이 털갈이 하여 빛나는 문채를 자랑하듯이, 군자는 개혁이 완수된 후에 자기혁신에 앞장서고 새로운 사회건설에 이바지해야 한다. "군자는 대인이 이룩한 개혁의 대업을 이어받아 더욱 세련되고 치밀하게 다듬으며, 각종 법률과 제도라는 형식을 빌려 개혁의 성과를 더욱 굳건하게 하고 세부적인 면까지 다듬어 나가야 하는"[66] 책임이 있다.

그러나 소인은 두 마음을 품는다. 겉으로는 개혁에 동참하는 표정을 지으면서 대세를 따르는 척 한다[小人革面]. 하지만 속 마음을 전혀 뜯어고칠 의사를 보이지 않으면서 시늉만 낸다. 그렇다고 소인을 강제로 복종시키려고 소동을 일으키면 흉한 일이 생긴다. 소인을 다독거려 올바르게 처신하도록 유도하는 것이 훨씬 낫다는 말이다.

호랑이와 표범의 털갈이는 눈이 부시도록 아름답다. 털갈이를 방금 끝낸 표범의 무늬는 성대하다. 마음의 심층에 켜켜이 쌓인 의식의 찌꺼기를 털어낸 군자의 의식개혁은 그 아름다운 덕성의 향기가 멀리 퍼진다. 소인은 낯빛만 바꾸어 군주에게 복종하는 흉내만 낸다. 소인의 변화는 표변表變이고, 군자의 변화는 표변豹變인 것이다. 마음에서 우러나오는 양심의 변화야말로 진정한 의식혁명의 표본이다.

---

66 쑨 잉퀘이/박삼수, 『주역』,(서울 : 현암사, 2007), 739쪽 참조

☞ 군자의 의식혁명이 뿜어내는 덕성의 향기는 멀리 퍼져 나간다.

11. 주역에서 정역으로

정역사상의 연구자 이상룡李象龍은 혁괘의 성격을 다음과 같이 설명한다.

革은 變革也라 故舜典曰 鳥獸希革이라 하고
洪範曰 金曰從革이라 하니 皆變革之道也니라
其爲字從黃從甲이라 甲은 鞏固之物이오
黃은 皮毛之色일새 故玉篇曰 革去毛生皮이오
又曰甲冑金革이라 하니라 盖兌는 水也金也오
水火相息而變革者는 河圖之象이오
金火正易而變革者는 洛書之理也라
革卦可謂易曆之關鍵也라
己는 夫天地曆數有時乎變革而器亦隨而遷替이니
革所以次鼎也라

'혁'은 변혁이다. 그래서 「순전」은 '새와 짐승이 털갈이 하는 것'이라 하고, 「홍범」은 '금金은 쫓으며 변화한다'고 한 것은 변혁의 도를 뜻한다. 글자의 구성은 누를 황黃과 갑甲의 합성어로 갑은 견고한 물건을, 황은 모피의 색깔을 뜻한다. 옥편은 '짐승가죽에서 털을 벗겨내어 가공한 가죽' 또는 '갑주甲胄는 가을에 변한다'고 말했다. 대개 태兌는 수水와 금金이요, 물과 불이 서로를 꺼 변혁하는 것은 하도의 모습이다. 금과 화가 서로 자리를 바꾸어 정역正易이 되어 변혁하는 것은 낙서의 이치이다. 혁괘는 역易과 역曆의 원리를 풀어내는 열쇠라고 말할 수 있다. '기己'는 천지의 역수曆數가 일정한 시간대에 변혁하고 실의 사물 역시 교체되므로 혁괘가 정괘 다음에 위치하는 것이다.

象曰 革은 己日이라야 乃孚하리니

元亨코 利貞하여 悔亡하나니라는

歲在六巳이어늘 陽曆必信也라

天地革而四時成은 乾之坤하고

坤之乾而爲泰일새 當朞无閏也라

*「단전」 – "혁은 기일이라야 믿으리니, 크게 형통하고 올바르게 함이 이로우니, 뉘우칠 일이 없다"는 말은 달력이 6과 사巳에 있기 때문에 양력의 사용을 반드시 믿을 것이라는 뜻이다. '천지가 바뀌어 사시가 이루어진다'는 것은 건이 곤으로 바뀌고, 곤은 건으로 바뀌어 천지가 태평해지는 까닭에 1년 날수에 윤달이 없어진다는 뜻이다.

象曰 君子以하여 治歷明時하나니라는
閏陰正陽하여 以合天時也라

* 「상전」 - "군자는 이를 본받아 책력을 다스리고 때(시간질서)를 밝힌다"는 것은 음력이 양력으로 바로잡혀 하늘의 시간에 부응한다는 뜻이다.

初九는 鞏用黃牛之革이니라는
固而且하고 正而需이니 己丑也라

* 초효 - 초구는 굳게 지키기를 누런 소가죽으로 묶는 것같이 한다"는 것은 굳건하게 거듭하며 올바르게 기다린다는 것으로 '기축'의 세상을 뜻한다.

六二는 己日이어야 乃革之니 征이면 吉하야 无咎하리라는
行之有譽也리라

* 2효 - "육이는 기일이라야 개혁할 수 있으니, 가면 길하여 허물이 없을 것이다"라는 것은 개혁을 실천하면 명예가 있을 것이라는 뜻이다.

九三은 征이면 凶하니 貞厲할지니는 處變愼惕也오
革言이 三就면 有孚리라는 三變而正하여 乃信也라

* 3효 - "구삼은 가면 흉하니, 정도를 지켜 위험에 대비해야 한

다"는 것은 변화를 맞이하여 신중하고 두려워한다는 것이고, "개혁한다는 말이 세 번 나아가면 믿음이 있을 것"이라는 말은 세 번 변하여 올바르게 되어 믿을 수 있다는 뜻이다.

九四는 改命하여 吉하리라는
<small>구사   개명   길</small>

金火交際에 當革而革之也라
<small>금화교제   당혁이혁지야</small>

* 4효 - "구사는 하늘의 명을 바꾸어 길할 것이다"는 말은 금화가 교역할 즈음에는 마땅히 개혁하고 개혁하라는 뜻이다.

九五는 大人이 虎變은 恂慄也오
<small>구오   대인   호변   순율야</small>

未占에 有孚니라는 默騭也라
<small>미점   유부   묵즐야</small>

* 5효 - '구오는 대인이 호랑이처럼 변함'은 진실로 두려워하는 것이요, '점을 치지 않아도 믿음이 있다'는 말은 침묵하여 오르는 것을 뜻한다.

上六은 君子는 豹變이오는 莫測也오
<small>상육   군자   표변   막측야</small>

小人은 革面이라는 變而雍하여 无不化也라
<small>소인   혁면   변이옹   무불화야</small>

✝상효 - '상육은 군자가 표범처럼 변함'은 헤아릴 수 없음이요, '소인은 낯빛만 고친다'는 말은 변해서 화합하고 진실로 변화함을 뜻한다

火風鼎卦
화 풍 정 괘

혁명이 성공하면 곧바로 안정을 취하라는 뜻에서 솥을 뜻하는 정괘가 뒤따른다. 성인은 정괘의 생김새에 힌트를 얻어 세 발 달린 솥을 만들어 국가의 안녕을 꿈구었다.

Chapter 8

화풍정괘火風鼎卦
: 개혁을 완성하는 방법

1. 이 세상을 어떻게 안정시킬 것인가? : 정괘

정이천은 택화혁괘 다음에 화풍정괘가 오는 이유를 다음과 같이 말한다.

* 鼎은 序卦에 革物者莫若鼎이라 故受之以鼎이라 하니라
  鼎之爲用은 所以革物也니 變腥而爲熟하고
  易堅而爲柔라 水火不可同處也어늘
  能使相合爲用而不相害하면 是能革物也니
  鼎所以次革也라 爲卦上離下巽하니 所以爲鼎은

^{즉 취 기 상 언} ^{취 기 의 언} ^{취 가 상 자 유 이}
則取其象焉^{이오} 取其義焉^{이오} 取其象者有二^{하니}

^{이 전 체 언 지} ^{즉 하 식 위 족} ^{중 실 위 복}
以全體言之^{하면} 則下植爲足^{이오} 中實爲腹^{이니}

^{수 물 재 중 지 상} ^{대 치 어 상 자} ^{이 야}
受物在中之象^{이오} 對峙於上者^는 耳也^오

^{횡 긍 호 상 자} ^{현 야} ^{정 지 상 야}
橫亘乎上者^는 鉉也^니 鼎之象也^며

^{이 상 하 이 체 언 지} ^{즉 중 허 재 상}
以上下二體言之^{하면} 則中虛在上^{하고}

^{하 유 족 이 승 지} ^{역 정 지 상 야} ^{취 기 의}
下有足以承之^{하니} 亦鼎之象也^라 取其義^{하면}

^{즉 목 종 화 야} ^손 ^{입 야} ^{순 종 지 의}
則木從火也^라 巽^은 入也^니 順從之義^니

^{이 목 종 화} ^{위 연 지 상} ^{화 지 용} ^{유 번 여 팽}
以木從火^는 爲然之象^{이며} 火之用^은 唯燔與烹^{이니}

^{번 불 가 기} ^{고 취 팽 상 이 위 정} ^{이 목 손 화}
燔不可器^라 故取烹象而爲鼎^{하니} 以木巽火^는

^{팽 임 지 상 야} ^{제 기} ^{취 기 상 야}
烹飪之象也^라 制器^는 取其象也^{어늘}

^{내 상 기 이 위 괘 호} ^{왈 제 기 취 어 상 야}
乃象器以爲卦乎^아 曰制器取於象也^나

^{상 존 호 괘 이 괘 불 필 선 기} ^{성 인 제 기}
象存乎卦而卦不必先器^라 聖人制器^에

^{부 대 견 괘 이 후 지 상} ^{이 중 인 지 불 능 지 상 야}
不待見卦而後知象^{이로되} 以衆人之不能知象也^라

^{고 설 괘 이 시 지} ^{괘 기 지 선 후} ^{불 해 어 의 야}
故設卦以示之^{하시니} 卦器之先後^는 不害於義也^{니라}

^{혹 의 정 비 자 연 지 상} ^{내 인 위 야} ^{왈 고 인 위 야}
或疑鼎非自然之象^{이오} 乃人爲也^{라하니} 曰固人爲也^나

^{연 팽 임} ^{가 이 성 물} ^{형 제 여 시 즉 가 용}
然烹飪^은 可以成物^{이오} 形制如是則可用^{이니}

차비인위 자연야   재정역연   기수재괘선
此非人爲오 自然也니 在井亦然이라 器雖在卦先이나

이소취자내괘지상   괘부용기이위의야
而所取者乃卦之象이오 卦復用器以爲義也니라

"정괘는「서괘전」에 '물건을 변혁하는 것은 솥 만한 것이 없다. 그러므로 정괘로 이어받았다'고 하였다. 솥의 쓰임새는 물건을 변혁하는 것이니, 날고기를 변하여 익게 하고, 단단한 것을 바꾸어 부드럽게 만든다. 물과 불은 함께 거처할 수 없는데 서로 합하여 쓰임이 되어 서로 해치지 않게 하면 이는 물건을 변혁하는 것이니, 이런 까닭에 정괘가 혁괘 다음이 된 것이다. 괘의 형성에서 위는 리이고 아래는 손이니, 솥이 된 까닭은 그 형상을 취하고 그 뜻을 취한 것이다. 형상을 취한 것이 두 가지가 있는데 전체로 말하면 아래에 세워진 것은 발이 되고, 가운데 채워진 것은 배가 되니 물건을 받아 가운데에 두는 모습이요, 위에 대치하고 있는 것은 귀이고 맨 위에 가로 뻗쳐있는 것은 고리이니 솥의 모습이다. 상하의 두 실체로서 말하면 가운데 빈 것이 위에 있고, 아래에 발이 있어 받드니 또한 솥의 형상이다. 그 뜻을 취하면 나무가 불을 따르는 것이다. 손은 들어감이니 순종하는 뜻이니, 나무가 불에 순종함은 불태우는 모습이다. 불의 쓰임은 오직 굽는 것과 삶는 것인데, 굽는 것은 기물을 필요로 하지 않으므로 삶는 모습을 취하여 솥이라 했으니, 나무로써 불에 순종함은 음식을 삶아 요리하는 모습이다. 기물을 만드는 것에서 그 모습을 취했는데, 기물을 형상하여 괘를 만들었다는 말인가? 기물을 만드는 모습에서 취했으나 그 형상이 괘에 있는 것이요, 괘가 반드시 기물보다 먼저 있었던 것은 아니다. 성인이 기물을 만들 때에 괘를 본 뒤에 모습을 안 것은 아니지만 사람들이 형상을 모르기 때문에 괘를 만들어 보여주신 것이니, 괘와 기물의 선후는 의미를 방해하지 않는다. 혹자는 의심하기를 '솥은 자연의 형상이 아니요 바로 인간이 만든 것이다'라고 하므로 다음과 같이 대답하였다. '진실로 인위이지만 음식을 삶아 요리하여 물건을 만들 수 있고, 만들어진 기물의 형상이 이와 같으면 사용할 수 있으니, 이는 인위가 아니라 자연이니, 정괘井卦에 있어서도 또한 그러하다. 기물이 비록 괘보다 먼저 있었으나 취한 것은 바로 괘의 형상이요, 괘는 다시 기물을 사용하여 뜻을 삼은 것이다.'"

정괘의 구조는 위가 불[離: ☲], 아래는 바람[風: ☴]이다. '정'은 음식을 익히는 솥을 뜻하는 글자다. 주역을 지은 성인은 정괘의 생김새에 힌트를 얻어 솥을 만들었다고 한다. 초효는 다리가 셋인 솥의 발, 2효와 3효와 4효는 솥의 배, 5효는 솥의 두 귀, 상효는 솥의 고리에 해당된다. 일종의 현대판 측면도인 셈이다. 솥에 물을 붓고 음식을 넣은 다음에, 솥 아래 나무(巽은 바람인 동시에 나무를 뜻한다)에 불을 지피고 바람을 불어넣으면 솥 안의 물과 음식이 부글부글 끓으면서 익는다. 날 것을 솥에서 익히면 새로운 형태로 변모한다. 그래서 주역은 혁괘 다음에 정괘를 배치한 것이다.

택화혁괘를 180° 뒤집어엎으면 화풍정괘가 된다. 전자가 개혁과 혁명을 외쳤다면, 후자는 개혁과 혁명을 통해 이룬 성과를 완결짓는다는 의미가 담겨 있다. 「잡괘전」은 "혁은 옛 것을 고친다는 것이요, 정은 새로운 것을 취함이다"[67]라고 했다. 혁괘는 케케묵고 낡은 것을 제거하는 혁신을, 정괘는 새로운 안정을 굳히라고 말했다. 솥에 들어간 음식물은 새로운 성질로 거듭 태어난다. 쌀이 밥으로, 날 것은 익힌 것으로, 딱딱한 것은 물렁물렁한 것으로 변하여 먹기 좋은 음식물로

---

67 『주역』「잡괘전」, "革去故也, 鼎取新也."

식탁에 올라 입맛을 돋군다.

상수론적으로 정괘가 주역 50번 째에 위치하는 이유를 찾아보자. 주지하다시피 동양의 수리철학은 하도낙서에 연역한다. 하도수 55 + 낙서수 45 = 100을 이룬다. 100은 완성수를 의미하는데, 이 100을 음양으로 나누면 50이 된다. 50은 대연지수大衍之數 49와 태극수 1을 더한 수이다. 대연지수는 만물의 복잡다단한 변화작용을 설명하는 수리철학적 이론이다. 따라서 50은 음양조화를 이루는 평형수라고 할 수 있다.

솥[鼎]은 화로처럼 세 개의 다리가 붙어 있다. 고구려, 백제, 신라 3국이 정립鼎立되어 한반도 정세가 안정되었다는 역사가의 평가처럼 솥은 평안과 조화를 뜻한다. 솥의 용도는 제왕의 권위를 상징하는 보물였던 적이 있었다. 솥[鼎]은 최고 권력자의 위엄을 상징하는 존귀한 물건이므로 매우 정밀한 법도에 따라 제작되었던 까닭에 법상法相으로도 불렸다.

한무제漢武帝가 원정元鼎(BCE 113) 가을에 옹현雍縣으로 행차하여 교사를 거행할 때, 공손경公孫卿은 황제黃帝의 보정寶鼎 고사에 의거하여 태산泰山 봉선封禪과 태일太一 제천祭天을 동시에 주청하였다.[68]

> "한나라의 홍성은 황제가 보정을 얻었던 시기에 해당한다. 한왕조의 성자聖者는 고조의 손자 혹은 증손자대에 나올 것이다. 보정의 출현은 신의 뜻과 상통한 것이므로 봉선封禪을 거행해야 한다. 과거에 등봉登封을 시도한 왕이 72왕이나 되었지만 오직 황제만

---

68 김일권, 『동양의 천문사상- 인간의 역사』(서울: 예문서원, 2008), 68쪽 참조.

이 태산 봉선에 성공하였다. 한왕 역시 태산 봉선하여야 하는데 봉선하면 신선神僊이 되어 등천登天할 것이다."[69]

때로는 솥에다 법령을 새겨 법의 엄정함을 알렸고, 세 발과 불뚝 튀어나온 배와 두 귀가 달린 기이한 형상에 무서운 그림을 그려 악귀를 쫓는 기구로 사용되기도 했다. 이밖에도 솥에 붙은 세 개의 발에 재물과 명예와 장수를 바라는 인간의 염원을 담았으며, 또한 서로 조화롭게 제 위치를 지켜야 한다는 메시지 역할도 했다. 솥에 대한 다양한 전설들이 전해져 내려오지만, 정괘는 음식을 삶고 요리하는 생활도구의 활용을 중심으로 논의를 전개하고 있다.

2. 정괘 : 개혁 이후 가장 시급한 일은 안정이다

* 鼎은 元(吉)亨하니라

  정은 크게 (길하여)[70] 형통한다.

정괘 괘사의 내용은 매우 짧다. 앞의 혁괘는 '크게 형통하여 올바르게 함이 이롭다[元亨利貞]'고 했다. 그 전제조건으로 특정한 날짜인 '기일'에 개혁을 단행하면 모든 사람들의 믿음을 얻을 수 있고[己日乃孚], 결과적으로 온갖 회한이 사라질 것[悔亡]이라는 희망을 언급했

---

69 『사기史記』「봉선서封禪書」.
70 정이천과 주자는 '길'은 쓸데없이 들어간 글자라 했다. "다만 원형이라 말해야 하니, '길'자는 연문이다. 단전에 다시 원형이라 했으니, 연문이 분명하다[止當云元亨, 文衍吉字. 彖, 復止云元亨, 其衍明矣.]" "길은 연문이다[吉衍文也.]"

다. 하지만 정괘는 아무런 조건을 달지 않고 '크게 (길하여) 형통한다 [元(吉)亨]'고 했다. 전자가 새로운 환경을 만들기 위해 어려운 개혁의 과정을 거쳐야 한다는 조건부였다면, 후자는 개혁 이후의 현실을 안정적으로 운영해야 하는 실제상황이기 때문이다.

정괘의 형태는 요리기구인 솥 모양을 닮았다. 초효는 솥의 발[足], 2효와 3효와 4효는 음식물이 가득 찬 배[腹], 5효는 귀[耳], 상효는 고리[鉉]의 형상과 흡사하다. 공자는 솥의 효용성에 의거하여 나무에 불을 지펴 밥을 익히는 것이라고 풀이했다. 형亨은 삶을 팽烹으로 읽어야 한다. 예전에는 형통할 형亨, 제사지낼 향享, 삶을 팽烹 세 글자를 같은 의미로 사용했다. '나무에 불을 지펴서 밥을 삶는다 [以木巽火亨飪也]'는 말은 솥의 쓰임새에 비유하여 설명한 것이다.

☞ 낡고 묵은 것은 털어내고, 새로운 것을 도입하여 안정의 길로 들어서는 것이 형통이다.

3. 단전 : 성인의 임무는 현인을 양성에 있다

* 象曰 鼎은 象也니 以木巽火亨飪也니 聖人이 亨하야

  以亨上帝하고 而大亨하야 以養聖賢하나니라

  巽而耳目이 聰明하며 柔進而上行하고

  得中而應乎剛이라 是以元亨하나니라

단전에 이르기를 정은 형상이니, 나무에 불을 지펴서 밥을 삶으니, 성인이 삶아서 상제님께 제사를 올리고 크게 삶아서 성현을 기른다. 공손하고 귀와 눈이 총명하며, 유가 나아가 위로 행하고 중도를 얻어서 강에 응함이다. 이로써 크게 형통한다.

정괘井卦와 혁괘革卦와 정괘鼎卦는 일련의 연속성을 갖는다. 정괘井卦는 우물의 도리로써 백성을 기르는[養民] 개혁과 혁신을 예고했다면, 정괘鼎卦는 개혁 뒤의 안정된 상태에서 성인聖人이 상제님께 제사올리고 성현의 양성[養聖賢]을 통해 천하를 교화하려는 뜻을 밝히고 있다. 성인은 신성한 솥으로 밥을 짓고 희생물을 삶아 생명을 주신 상제의 은혜에 보답하는 의식을 가장 먼저 치룬다.

주역에는 고대문화의 흔적을 엿볼 수 있는 상제신앙이 드물게 나타난다.[71] 주역은 상제와의 만남인 제사를 성인이 받들어야 할 대사大事로 간주했으며, 인간의 삶을 영광과 축복으로 인도하는 길례吉禮로 인식했다. 주자는 "상제께 제향함[72]은 정성을 귀중하게 여기니 송아지를 쓸 따

---

[71] 주역 16번 째 뇌지예괘(䷏) 「상전」은 상제에게 제사올리는 것을 가장 중요한 행사로 여기고 있다. "상전에 이르기를 우레가 땅에서 떨치고 나오는 것이 예이니, 선왕이 이를 본받아 음악을 짓고 덕을 높여서 성대하게 상제님께 올리고, 조고를 배향하느니라.[象曰 雷出地奮, 豫, 先王 以, 作樂崇德, 殷薦之上帝, 以配祖考.]

[72] 이욱, 「제사의 종교적 의미에 대한 고찰」『유교사상연구』제 16집(한국유교학회, 2002), 84-88쪽 참조. "원래 '제祭'라는 글자는 인간이 고기를 손으로 들고 신께 받치는 것을 형상화한 것이다. 또한 '제'는 도살[殺]과 해체와 진열[肆]의 의미를 지닌다. 희생을 살육하여 해체하고 그 고기를 신에게 늘어놓는 것을 뜻한다. 그러므로 제사에서 제물은 가장 중요할 뿐만 아니라 그 본질적 성격을 드러내는 요소이다. 제례에 사용되는 희생은 소, 양, 닭, 개, 돼지의 다섯 종류의 가축이다. 일반적으로 소, 양, 돼지가 자주 사용되었으며, 이 중 소가 귀한 것으로 여겨졌다."

름이요, 현자를 봉양함은 옹손(아침밥과 저녁밥)과 뇌례牢禮(짐승을 잡아 성대히 올리는 것)를 지극히 해야 한다. 그러므로 '대팽'이라 말한 것이다"[73]라고 하여 상제를 받드는 제사는 정성이 소중하기 때문에 어린 송아지를 통째로 삶아 올렸다고 해석했다. 성인은 상제신앙과 군자와 현자의 양성을 책임진 존재이다. 다만 상제는 한 분이고, 길러내야 할 현자는 다수이기 때문에 '대팽'이라 한 것이다.

정괘의 하괘는 공손을 뜻하는 손巽이고, 상괘는 밝음을 뜻하는 리離이다. 안으로는 공손한 미덕이 있고, 밖으로는 눈과 귀가 밝은 지혜가 있다. 귀 밝은 것을 총聰, 눈 밝은 것을 명明이라 한다. 총명이란 육체의 감각기관인 눈과 귀가 특별히 발달했다는 것이 아니라, 소리 없는 하늘의 소리[天聲천성]를 들을 수 있고 색깔 없는 하늘의 무늬[天文천문]를 볼 수 있는 군자의 능력을 가리킨다. 따라서 솥의 가장 큰 기능은 이목총명한 군자를 양성하는 데 있는 것이다.[74]

"유가 나아가 위로 행하고 중도를 얻어서 강에 응함이라[柔進而上行유진이상행, 得中而應乎剛득중이응호강]"는 명제는 도대체 무슨 뜻일까. 하괘는 바람이고, 상괘는 불이다. 바람은 화력을 북돋아 솥을 달구고, 불은 음식물을 익힌다. 하괘에서 상괘로 넘어와야 비로소 쌀이 밥으로 변할 수 있다. 정괘는 이러한 원리를 '유가 나아가 위로 행한다'고 표현했던 것이다. 바람은 그 역할을 가장 잘 조성하는 기능을 발휘한다는 뜻이다.

---

73 『주역본의』, "享帝貴誠, 用犢而已, 養賢則饔飧牢禮, 當極其盛, 故曰大烹."
74 이정호, 『주역정의』(서울: 아세아문화사, 1980), 105쪽 참조, "九二·九三·九四의 鼎實·雉膏·公餗 등은 총명군자가 먹고 자라야 할 정신적 육체적 식량의 정수를 말한 것이다."

다시 말해서 상괘 불[離: ☲]이 바람[巽: ☴]으로 바뀌면 중풍손괘 重風巽卦(䷸)가 형성된다. 중풍손괘 4효가 위로 올라가면 화풍정괘의 상괘인 리괘(☲)가 되어 솥의 형상을 이루며, 거꾸로 중풍손괘 5효가 4효로 내려와도 마찬가지이다. 따라서 4효가 위로 올라가 중도를 얻어 하괘의 2효 양과 상응한다. 그 결과 아래로는 공손하고 위로는 총명한 덕을 갖추고, 또한 5효와 2효가 상응하여 크게 형통할 수 있는 것이다.

> ☞ 정괘는 혁명 뒤의 안정된 정치상황에서 성인이 가장 먼저 상제님께 제사올리고, 그 다음의 책무로서 현인의 양성을 통해 천하를 교화하는 의지를 밝히고 있다다.

4. 상전 : 군자는 천명을 현실에 구현해야

★ 象曰 木上有火鼎이니 君子以하여 正位하여 凝命하나니라
_{상왈 목상유화정 군자이 정위 응명}

상전에 이르기를 나무 위에 불이 있는 것이 정이다. 군자는 이를 본받아 위치를 올바르게 해서 하늘의 명을 응결한다.

'나무 위에 불이 있다'는 말은 정괘의 형상에 비유하여 설명한 것이다. 나무에 불을 댕겨서 음식을 조리하는 이치를 뜻한다. 정괘는 양이 양자리에 있는 3효를 제외하고는 모두가 부정위不正位이다. 예컨대 책상과 의자 등은 어느 한쪽으로 기울면 불안하다. 만약 가스레인지 위의 솥이 기울게 걸려 있다면 음식이 설익거나 쏟아질 것이다. 그만큼 우리네 시골 잔칫집에서 쓰이는 솥은 투박하지만, 무게감이 있고 안

정된 모양새를 취하고 있다.

군자는 솥[鼎]의 묵직한 모습을 본떠 항상 자신의 위상을 단정하고 장중하게 다듬어야 마땅하다. '정위正位'는 언제 어디서나 역사적 사명을 잊지 않고 자신을 되돌아보면서 올바른 자세를 견지하는 것이고, '응명凝命'은 하늘이 자신에게 부여한 사명을 엄수한다는 뜻이다. 하늘이 군자에게 내린 인류사적 사명을 삶의 목표로 삼는 행위가 '응명'이다. 즉 군자는 천명이 현실에 구현되도록 힘써야 할 책무가 있는 것이다.

정역사상은 '정위正位'를 인간학적 의미를 넘어서 우주론적 개념으로 확대한다. 「설괘전」의 '천지가 생겨난 이래 처음으로 그 위치가 정해졌다[天地定位]'[75]는 명제는 건남곤북乾南坤北의 복희괘도를 가리킨다. 한편 '천지가 올바르게 제자리를 잡으면[天地正位]' 정역괘의 이른바 건북곤남乾北坤南의 새로운 질서가 성립한다. 이는 천지가 근원적으로 바뀐다는 소식을 알리고 있다.

> ☞ 군자는 솥의 묵직하고 안정된 모습을 본받아 하늘이 부여한 역사적 사명을 엄수하는 존재이다.

---

75 「계사전」 상편 1장에서는 '天尊地卑, 乾坤定矣.'라고 했으며, 소강절에 의해 복희팔괘도를 설명한 것으로 판명된 「설괘전」 3장에서는 "天地定位, 山澤通氣, 雷風相薄, 水火不相射, 八卦相錯."라고 했다. 정역에 따르면, 위 두 인용문은 한 번 생겨난 천지는 바뀔 수 없다(선천 : 중국역학은 빅뱅 이후 최초로 태어난 '아기우주'는 팽창과정을 거듭하면서 현재에 이르렀다는 학설을 견지한다. 김일부에 의해 새롭게 수립된 한국역학은 선천과 후천이 순환하면서 우주는 진화한다는 이론을 주장한다)는 것이 전제되어 있다. 김일부는 복희괘의 질서에서 문왕괘의 질서로, 다시 일정한 시간대에 문왕괘의 질서에서 정역괘의 질서로 바뀌면(후천) 하늘의 원리가 땅에서 이루어져 천지비天地否가 지천태地天泰의 양상으로 새롭게 정립되는 이치를 밝혔다.

5. 초효 : 과거의 잘못은 과감하게 버려라

* 初六은 鼎이 顚趾나 利出否하니 得妾하면 以其子无咎리라

  象曰 鼎顚趾나 未悖也오 利出否는 以從貴也라

초육은 솥의 발꿈치가 엎어졌으나 비색한 것을 내놓는 것이 이로우니, 첩을 얻으면 그 자식이 허물이 없을 것이다. 상전에 이르기를 '솥의 발꿈치가 엎어지나' 법도에 어긋나지 않음이요, '비색한 것을 내놓음이 이로움'은 귀함을 따름이다.

초효는 천진난만한 어린이들의 얘기처럼 아주 재미있게 구성되어 있다. 솥이 뒤집히는 일은 불길한 사건이다. 세 개의 다리 중에서 하나가 부러져 균형을 잃고 발이 하늘을 향한다. 다리가 부러진 솥은 쓸모없다는 말이 아니라 이미 오래된 음식물을 버리려고 엎어 놓았기 때문이다. 한때는 주부들이 가장 갖고 싶어하던 물건 중의 하나가 코끼리밥통였던 적이 있었다. 새로 밥을 짓기 위해서는 밥통을 뒤집어 그 안을 씻어내야 한다. '비否'는 나쁘고 더러운 것을 뜻한다. 그렇지 않고 어제 먹던 밥에다 다시 밥을 지으면 엉망진창이 될 것이 뻔하다. 솥 안에 있는 찌꺼기를 버리기 위해서는 반드시 솥을 엎어야 한다는 것이다.

솥은 쌀을 보관하는 뒤주가 아니다. 솥의 용도는 오래된 것을 버리고 새로운 것을 받아들이는데 있다. 더러운 것은 버려야 이롭다[利出否]. 초효는 과거를 청산하고 새롭게 출발할 것을 일깨운다. 신체제를 세우기 위해서는 과거의 잘못을 털어내야 발목이 잡히지 않는다. 그

러니까 솥의 다리가 위를 향하는 것은 당연하다.

솥의 발이 망가져서 엎어진 것이 아니라, 새로운 음식을 만들기 위해서 솥을 뒤집어 깨끗이 청소하려는 이유 때문이었다. 초효는 4효와 상응한다. 정괘는 초효가 4효와 상응하려는 목적을 솥이 엎어졌다고 표현했던 것이다. 첩을 얻는 행위는 결단코 칭찬받을 일이 아니다. 더구나 권장사항이 될 수도 없다. 하지만 첩이 아들을 낳아 핏줄을 잇는 것은 나쁜 일이 아니다. 이는 솥이 엎어져 전화위복이 된 것을 비유한 것이다.

정실부인이 아기를 낳지 못하여 첩을 얻는다는 것은 봉건시대에나 통용될 수 있는 발언이다. 자식을 낳지 못하는 것은 허물이 아니다. 불륜을 저질러 자식을 낳는 것과 자식을 낳기 위해 첩을 얻는 것은 문제가 다르다. 첩을 들인다는 것은 새로운 것을 받아들인다는 뜻이므로 솥을 뒤집는 일은 법도에 어긋나지 않는다. 초효가 자신의 짝인 4효 양陽의 귀중한 뜻을 따르는 일이기 때문이다.

☞ 솥의 용도는 새로운 것을 받아들이는데 있다. 잘못된 관습은 털어버리고 새롭게 출발해야 미래를 기약할 수 있다.

6. 2효 : 초지일관의 마음을 지켜라

* 九二는 鼎有實이나 我仇有疾하니 不我能卽이면 吉하리라
  (구이) (정유실)   (아구유질)   (불아능즉)   (길)

  象曰 鼎有實이나 愼所之也니 我仇有疾은 終无尤也라
  (상왈 정유실)   (신소지야)   (아구유질)   (종무우야)

구이는 솥에 실물이 있으나 내 원수가 병이 생기니, 내가 능히 나아가지 않으면 길할 것이다. 상전에 이르기를 '솥에 음식물이 있으나' 삼가서 가는 바이니, '내 원수가 병이 생김'은 마침내 허물이 없어질 것이다.

2효는 양이 음자리에 있으나[不正(부정)], 하괘의 중도를 지키고 있고 위로는 5효와 상응한다. 초효는 솥을 비웠으나, 2효 양陽은 솥에 내용물이 가득 찬 모습을 상징한다. 갑자기 초효 여자[仇(구)= 짝]가 2효 남자에게 상사병[疾(질)]을 알리면서 바짝 다가온다. 이 둘은 맺어질 수 없는 관계이다.

2효는 중용의 덕을 갖춘 남자다. 초효 여자의 유혹에 빠지거나 마음이 흔들려서는 안 된다. 반드시 파트너인 5효와 만날 약속을 지켜야 하기 때문에 2효에 대한 초효는 원수가 되는 것이다. 초효의 끈질긴 유혹을 뿌리치고 5효에게 가야만 길할 수 있는 것이다.

2효는 먹음직한 음식이 가득 찬 형상인데, 그렇다고 함부로 먹지도 못한다. 초효에게 발길을 돌리지 말고, 하늘이 맺어준 배필인 5효에게 신중하게 행선지를 잡아야 한다. 자신을 짝사랑하는 초효 여자가 병들지라도[我仇有疾(아구유질)] 원래의 약혼자를 찾아나서면 마침내 허물이 생기지 않는 것이다.

> 중용의 미덕을 지켜야만 정의의 실천도 따뜻해진다

7. 3효 : 주변 여건에 흔들리지 말라

* 九三_{구삼}은 鼎耳革_{정이혁}하여 其行塞_{기행색}하여 雉膏_{치고}를 不食_{불식}하나
方雨_{방우}하여 虧悔終吉_{휴회종길}이리라

象曰_{상왈} 鼎耳革_{정이혁}은 失其義也_{실기의야}일새라

구삼은 솥귀가 바뀌어 그 행함이 막혀 꿩의 기름을 먹지 못하나, 바야흐로 비가 내려서 후회가 없어지고 마침내 길할 것이다. 상전에 이르기를 '솥귀가 바뀜'은 그 뜻을 잃기 때문이다.

3효는 양이 양자리에 있으나[正_정], 중도를 벗어나 굳셈이 지나친 양상이다. 솥귀를 변화시키도록 에너지가 너무 넘치기 때문에 맛있는 음식을 먹을 수 없는 형국에 이르렀다. 원래 귀는 추위와 더위에 민감하다. 3효의 짝꿍인 상효를 비롯하여 불을 상징하는 상괘 솥은 세찬 불길로 달구어져 음식이 부글부글 끓고, 솥귀는 잡을 수 없을 정도로 뜨겁다. 이를 솥귀가 바뀌었다[鼎耳革_{정이혁}]고 표현한 것이다.

주역은 지나치거나 그렇다고 부족하지 않은 중용의 미덕을 최고의 가치로 삼는다. 하지만 3효의 상황은 비정상이다. 정괘의 주인공[主_주爻_효] 5효와 상응관계를 이루지 못하기 때문에 솥귀를 잃어버린 꼴이다. 더욱이 3효는 하괘에서 상괘로 넘어가지 직전의 접점인데도 불구

하고 솥은 뜨겁고 솥귀가 바뀌었으니(떨어짐) 옮길 수도 없는 처지다.

솥귀가 없어지고 갈 길이 막혔다[其行, 塞]는 것은 곧 5효 군주가 등용하지 않음을 형용한 말이다. '치雉'는 꿩, '고膏'는 기름을 뜻하는 글자로서 '치고'는 기름기가 철철 넘치는 꿩고기를 가리킨다. 맛있는 꿩고기를 먹지 못한다[雉膏不食]는 것은 5효 군주로부터 녹봉을 받지 못하는 것을 뜻한다.

처음에 3효 양은 5효 음을 만나지 못하여 가슴 속에 회한을 품고 있었다. 그러나 올바른 마음가짐으로 자신을 지켜 나중에는 5효 군주의 눈에 띄어 차츰 회한이 사라져 좋은 일이 생길 것이라고 했다. 주역은 양(3효)과 음(5효)이 만나 화합함으로써 상황이 역전되는 것을 '비가 내린다[方雨]'고 표현한다.

'솥귀가 바뀜은 그 뜻을 잃기 때문이다[鼎耳革, 失其義也]'라는 말은 매우 의미심장한 내용이다. 솥귀가 떨어진 것은 도리를 잃어버렸기 때문이라고 풀이하여 5효 군주와의 화합을 강조하는 것이 보통였다. 이는 선후천론의 시각에서 해명하는 것이 보다 타당하다. 3효는 후천으로 넘어가기 직전인 선천의 막바지인 까닭에 어쩔 수 없이 도리를 잃는다. 따라서 인간이면 누구나 뉘우치는 삶을 살 수밖에 없고, 음양이 근본적으로 균형이 잡히는 후천의 새로운 환경이 조성될 것을 기대하면서 정도를 걸어야 하는 것이다.

☞ 올바른 마음가짐이 만사형통의 지름길이다.

8. 4효 : 의무와 책임소재는 타인에게 양도할 수 없다

* 九四는 鼎이 折足하여 覆公餗하니 其形이 渥이라 凶토다
  (구사) (정) (절족)   (복공속)   (기형 악) (흉)

  象曰 覆公餗하니 信如何也오
  (상왈 복공속)   (신여하야)

구사는 솥이 다리가 부러져서 공의 밥을 엎으니, 그 얼굴이 젖음이라. 상전에 이르기를 '공의 밥을 엎음'은 믿음이 과연 어떠한고?

'복覆'은 뒤엎는 것, '속餗'은 고기와 야채를 섞어서 끓인 죽을 뜻한다. 4효는 양이 음자리에 있고[不正], 중용은 아니지만 초효와 상응한다. 초효는 더러운 것을 씻기 위해 솥을 엎었지만, 4효에서는 군주에게 드릴 죽을 쏟는 상황을 얘기한다.

4효는 5효 군주 밑에서 중책을 맡은 신하다. 그럼에도 짝꿍인 초효의 지원을 받으려다 맡은 바 책임을 소홀히 하다가 솥의 다리가 부러져 군주가 먹을 음식을 쏟았다. 무거운 형벌을 감내해야 하는 형국이다. 뒷감당이 두렵고 무섭다. '얼굴을 붉혀 부끄러워 하는 모습[其形渥]'의 대목을 정이천은 '무안하여 땀이 줄줄 흐른다'[76]고 했으며, 주자는 조열지晁說之(1059~1129)의 견해를 받아들여 '무거운 형벌'로 풀이했다.[77]

---

[76] 『역정전』, "천하의 임무를 담당하는 대신의 위치에서 등용한 바가 훌륭한 사람이 아니어서, 복패함에 이르면 이는 그 임무를 감당하지 못한 것이니 부끄러움이 심한 것이다. '기형악'은 무안하여 땀이 흐름을 이르니, 그 흉함을 알만 하다.[居大臣之位, 當天下之任而所用非人, 至於覆敗, 乃不勝其任, 可羞愧之甚也. 其形渥, 謂赧汗也, 其凶可知.]"

[77] 『주역본의』, "형악은 여러 책에 형옥으로 되어 있으니, 무거운 형벌이라고 했

공자는 4효의 뜻을 매우 중시했다. "덕은 아주 엷은데 지위는 높고, 지혜는 작은데 도모하는 것은 크며, 힘은 작은데 맡는 일이 무거우면 거의 예외 없이 불행을 겪을 수밖에 없다! 역에서는 '솥의 다리가 부서지고 뜨거운 음식이 쏟아져 얼굴이 젖어 엉망이 되었으니 흉하다'고 하니, 이는 자신의 임무를 제대로 수행할 수 없음을 말한 것이다."[78]

애당초 4효와 상응하는 초효는 음유陰柔 소인이다. 큰일을 맡을 수 없는 소인의 능력은 솥의 다리가 부러진 양상과 흡사하다. 사람 보는 안목이 부족한 신하가 소인과 가깝게 지내다가 대사를 망쳐 군주에게 대접할 음식을 엎지르는 것과 같다. 신하는 무거운 형벌로 징계받는다. 소인만을 믿은 4효 신하는 화를 피할 수 없는 것이다.

> ☞ 소인과 가깝게 지내다가 책임을 다하지 못한 사람은 무거운 형벌을 면할 수 없다.

9. 5효 : 중용으로 천하를 먹여 살려야

* 六五는 鼎黃耳金鉉이니 利貞하니라
  육오   정황이금현   이정

으니, 이제 그 말을 따른다.[形渥, 諸本作刑剭, 謂重刑也, 今從之.]"
[78] 『주역』「계사전」하편 5장, "子曰 德薄而位尊, 知小而謀大, 力小而任重, 鮮不及矣, 易曰鼎折足하여 覆公餗, 其形渥, 凶, 言不勝其任也."

^{상왈} ^{정황이} ^{중이위실야}
象曰 鼎黃耳는 中以爲實也라

육오는 솥에 누런 솥귀와 쇠고리이니, 올바르게 함이 이롭다. 상전에 이르기를 '솥에 누런 솥귀'는 중도를 실질로 삼음이다.

5효는 음이 양자리에 있으나[不正], 상괘의 중도이며 2효와 상응하는 정괘의 주효主爻이다. 솥은 모든 것을 삶아서 만백성이 먹고살게 하는 이로운 도구이다. 그것은 솥 속에 들어간 다양한 견해를 한 곳에 모아 통일하는 기능을 상징한다. 만물의 다양성을 통일하려면 연결고리가 있어야 한다. 귀는 만물의 소리를 듣는 기관이고, 고리는 수많은 소리를 하나로 꿰뚫어 통일하는 핵심이다. 이런 까닭에 5효는 솥귀[耳]와 쇠고리[金鉉]를 동시에 언급하는 것이다.

5효는 정괘를 성립시키는 주효이기 때문에 '누런 귀[黃耳]'라 했다. 오행에서 중앙에 위치한 '토土'는 노란색이다. 토는 수화목금의 핵심으로서 수화목금의 운행을 중앙에서 조절하는 심장부에 해당한다. 그리고 매우 단단한 쇠고리[金鉉]를 상징하는 5효가 비록 음이지만 양인 2효와 상응하므로 결국 5효 자체는 강유를 겸비하고 있음을 뜻한다. 쇠 '금'은 단단함을, 고리는 귀를 꿰뚫어 솥을 옮길 수 있는 수단이다.

쇠는 부러지기 쉬운 반면에 버들가지는 유연하여 부러지지 않는다는 속담이 있다. 5효와 2효는 각각 중도로써 상응하는 관계다. 5효는 그 근본이 음이기 때문에 올바름을 굳게 지켜야 좋다[利貞]. 쇠고리는 과연 2효인가, 상효인가에 대한 학설로는 두 가지가 있다. 주자는 후자의 입장을 취한다. 상효는 옥으로 만든 고리[玉鉉]를 말하는데,

솥을 옮기는 고리는 두 개가 있다는 뜻이다. 하나는 5효의 쇠고리, 다른 하나는 상효의 옥고리가 그것이다. 따라서 주자의 견해가 보다 합리적이라 할 수 있다.

주역은 중용의 효용성의 극대화를 칭송한다. 5효의 '중용을 실질로 삼는다[鼎黃耳, 中以爲實也]'는 말이 바로 그것이다. 솥은 용광로와 유사하다. 온갖 쇠들이 펄펄 끓는 용광로에 들어가서는 쇳물이 되어 나온다. 솥에서 나온 음식물[中道 = 中庸]이 천하를 먹여살리는 효과를 형상화한 것이다. 이처럼 중용의 가치는 위대하고 또 위대한 것이다.

> ☞ 주역은 솥에서 나온 음식물조차도 중용을 바탕으로 삼아야 그 효용성이 크고 위대하다고 가르친다.

10. 상효 : 강유의 조화는 상황을 역전시키는 양약

* 上九는 鼎玉鉉이니 大吉하야 无不利니라

象曰 玉鉉在上은 剛柔節也일새라

상구는 솥에 옥고리이니 크게 길하여 이롭지 아니함이 없다. 상전에 이르기를 '옥고리'가 위에 있음은 강유를 조절했기 때문이다.

상효는 양이 음자리에 있고[不正], 상괘의 중도도 아니다. 대부분의 상효는 부정적 내용으로 일관되어 있으나, 정괘는 예외다. 앞의 수풍정괘와 마찬가지로 화풍정괘 상효 역시 길한 내용이다. 우물물과 솥 안의 음식물은 천하사람 모두가 먹을 수 있으므로 크게 길하여 이롭지 않음이 없다.[79] 우물과 솥은 효용의 극대화를 꾀할 수 있는 뜻을 함축하고 있는 것이다.

'옥'은 굳으면서도 부드러운 돌덩이다. '옥고리[玉鉉]'는 불에 달궈진 솥이 뜨겁기 때문에 열 전달력이 낮은 옥으로 만든 손잡이로 솥을 들거나 옮기기 쉬운 장점이 있다. 옥고리는 강과 유 어느 쪽에 치우지지 않는 특징이 있다. 양[剛: 시간]와 음[柔: 공간 = 陰位]이라는 강유가 조화를 이루고 있기 때문이다.

'옥고리가 위에 있음은 강유를 조절했기 때문이다[玉鉉在上, 剛柔節也]'라는 명제는 수많은 영감을 불러일으킨다. '강剛'은 뜨거운 열熱이고 양이다. '유柔'는 차가울 한寒이고 음이다. 옥은 뜨거운 것과 차가운 것을 잘 조절하는 기능을 한다. 인간사에서도 강유의 조절이 성공의 열쇠임을 가르친다. 따라서 옥은 참된 조화와 화합을 상징한다.

---

79 장시앙핑/박정철, 『역과 인류사유』(서울: 이학사, 2007), 141-142쪽 참조. "주역의 긍정적 가치평가 용어 중에 눈여겨볼 만한 것은 '큰 허물은 없다[无大咎]'(2회)와 '이롭지 않음이 없다[无不利]'(13회)이다. 이들은 모두 중성적 가치에 가까운 미묘한 평가이다. '큰 허물은 없다'의 경우는 관련된 행위의 부정적 현실을 이미 인식하면서도 사건 전체에 대해 그 행위가 미치는 영향이 비교적 작다는 것을 의식한 것이다. '이롭지 않음이 없다'의 경우는 희망적인 의미를 갖지만 모종의 부정적인 가능성을 인식한 것이다. 이것은 주역의 가치체계 속에서 이미 진행형 가치평가[動態評價]가 있었음을 말하는 것이다. 긍정과 부정 가치의 임계상황에 대해 중성적 평가만 한 것이 아니라, 플러스[正]에서 마이너스[負]로 이동하는 가치평가도 했다는 것을 보여준다."

> 항심의 가장 큰 적은 조급증이다.

11. 주역에서 정역으로

정역사상의 연구자 이상룡李象龍은 정괘의 성격을 다음과 같이 설명한다.

☞ 此鼎制取其象이니 故其爲字는 上離目이오 下巽股라
目은 象中虛하고 股는 合牀片二字일새
牀片卽判巽木而爲之者也라
鼎有三足有兩耳니 對峙於上鉉橫亘乎其上하여
貫耳擧鼎者也라
夫鼎은 重器이니 大人濟屯而定之라
故鼎所以次屯也라

☞ '정鼎'은 솥 모양에서 취한 글자로 위는 눈[離], 아래는 넓적다리[巽]를 상징한다. 눈[目]은 중앙이 비어 있으며, 넓적다리[股]는 평상 상牀과 조각 편片의 합성어다. 상편牀片은 곧 바람을 뜻하는 손巽과 동방의 목[木]을 구분하기 위해 만든 글자다. 솥에는 세 개의 발과 두 개의 귀가 있다. 대치하는 형상의 솥귀는 위를 향해 옆으로 뻗어 있으므로 솥귀를 꿰어 솥을 들어 올리는 것이

다. 솥은 무거운 물건이다. 대인은 어려움[屯]을 제도하는 존재이기 때문에 정괘가 둔괘 다음에 위치하는 것이다.

象曰 鼎은 元(吉)亨하니라는
_{단 왈 정 원 길 형}

烹飪而歆而養하여 三極之道諧矣라
_{팽 임 이 흠 이 양   삼 극 지 도 해 의}

＊「단전」- '정은 크게 (길하여) 형통한다'는 말은 음식을 잘 삶아 익혀 제사음식으로 올려서 길러내는 것으로 삼극의 도가 잘 화합하는 것을 뜻한다

象曰 君子以하여 正位하여 凝命하나니라는
_{상 왈 군 자 이   정 위   응 명}

不違天命也라
_{불 위 천 명 야}

＊「상전」- "군자는 이를 본받아 위치를 올바르게 해서 하늘의 명을 응결한다"는 것은 천명을 거슬리지 않는다는 말이다.

初六은 鼎이 顚趾나 利出否하니 得妾하면 以其子无咎리라
_{초 육   정   전 지   이 출 비   득 첩   이 기 자 무 구}

賤反爲貴오 翻倒之幸也라
_{천 반 위 귀   번 도 지 행 야}

＊초효 - "초육은 솥의 발꿈치가 엎어졌으나 비색한 것을 내놓는 것이 이로우니, 첩을 얻으면 그 자식이 허물이 없을 것이다"는 말은 천한 것이 귀한 것으로 바뀌는 행운을 뜻한다.

九二는 鼎有實이나 我仇有疾하니 不我能卽이면 吉하리라는
_{구 이   정 유 실   아 구 유 질   불 아 능 즉   길}

^{성인지대보} ^{인불감문야}
聖人之大寶를 人不敢問也라

* 2효 - "구이는 솥에 실물이 있으나 내 원수가 병이 생기니, 내가 능히 나아가지 않으면 길할 것이다"라는 것은 성인의 중요한 보물에 대해 감히 묻지 못하는 것을 지적한 말이다.

^{구삼} ^{정이혁} ^{기행} ^색 ^{치고}
九三은 鼎耳革하여 其行이 塞하여 雉膏를
^{불식} ^{구정기천} ^{의불식록야}
不食은 舊鼎旣遷이어늘 義不食祿也오
^{방우} ^{휴회종길} ^{지재흥륭야}
方雨하여 虧悔終吉이리라는 志在興隆也라

* 3효 - "구삼은 솥귀가 바뀌어 그 행함이 막혀 꿩의 기름을 먹지 못함"은 옛 솥이 이미 옮겨졌으므로 의리상 녹봉을 먹지 않는다는 것이며, "바야흐로 비가 내려서 후회가 없어지고 마침내 길할 것이다"는 것은 뜻이 흥성함에 있다는 말이다.

^{구사} ^정 ^{절족} ^{복공속} ^{기형} ^악 ^흉
九四는 鼎이 折足하여 覆公餗하니 其形이 渥이라 凶토다는
^{모록탐위} ^{모현질능} ^{복국이안후야}
冒祿耽位하여 侮賢嫉能하며 覆國而顔厚也라

* 4효 - "구사는 솥이 다리가 부러져서 공의 밥을 엎으니, 그 얼굴이 젖음이라. 흉하다"는 것은 녹봉과 벼슬을 탐하여 현명한 이를 업신여기고 능력 있는 이를 질투하여 나라를 뒤집고도 얼굴빛이 두꺼운 것을 뜻한다.

^{육오} ^{정황이금현} ^{이정}
六五는 鼎黃耳金鉉이니 利貞하니라는

$$\underset{\text{력 수 재 기}}{\text{曆數在己}}^{\text{이어늘}} \underset{\text{금 화 이 혁 야}}{\text{金火而革也}}^{\text{라}}$$

* 5효 - "육오는 솥에 누런 솥귀와 쇠고리이니, 올바르게 함이 이롭다"는 것은 역수가 갑기甲己에서 기갑己甲으로 바뀔 시간대이므로 금화가 교체가 됨을 가리킨다.

$$\underset{\text{상 육}}{\text{上六}}^{\text{은}} \underset{\text{정 옥 현}}{\text{鼎玉鉉}}^{\text{이라는}} \underset{\text{백 신 향 지 야}}{\text{百神享之也}}^{\text{라}}$$

* 상효 - '상구는 솥에 옥고리가 있음'은 백신百神을 받드는 것이다.

重雷震卦
중뇌진괘

동서양 신화에서 벼락은 하늘의 신성과 위엄을 상징한다. 벼락은 관료와 백성을 긴장시키고 국정의 분위기를 쇄신하는 군주의 위엄을 드러내는 상징체다.

Chapter 9

중뢰진괘重雷震卦
: 안정으로 들어서는 발판

1. 세상을 다스리는 원칙과 변수 : 진괘

정이천은 화풍정괘 다음에 중뢰진괘가 오는 이유를 다음과 같이 말한다.

* 震은 序卦에 主器者莫若長子라 故受之以震이라하니라
  鼎者는 器也니 震爲長男이라
  故取主器之義而繼鼎之後라
  長子는 傳國家繼位號者也라
  故爲主器之主하니 序卦에 取其一義之大者하여

爲相繼之義하니라

震之爲卦는 一陽이 生於二陰之下하니

動而上者也라 故爲震이라

震은 動也어늘 不曰動者는 震有動而奮發震驚之義일새라

乾坤之交가 一索而成震하니 生物之長也라

故爲長男이라 其象則爲震이오 其義則爲動이니

雷有震奮之象이오 動爲驚懼之義라

"진괘는 「서괘전」에 '기물을 주관하는 자는 맏아들 만한 이가 없다. 그러므로 진괘로 이어받았다'고 하였다. 정은 기물이니, 진은 맏아들(장남)이 되므로 기물을 주관하는 뜻을 취하여 정괘의 뒤를 이었다. 맏아들은 국가를 전하고 직위와 칭호를 계승하는 사람이다. 그러므로 기물을 주관하는 주인이 되었으니, 「서괘전」에는 한 뜻의 큰 것만을 취하여 서로 잇는 뜻으로 삼은 것이다. 괘의 형성은 하나의 양이 두 음의 아래에 생겼으니, 움직여 올라가는 것이다. 그러므로 진이라 하였다. 진은 움직임인데, 움직임이라 말하지 않은 것은 진에는 움직이고 분발하며 놀람이라는 뜻이 있기 때문이다. 건곤의 사귐이 한 번 찾아 진을 이루니, 사물을 낳는 으뜸이다. 그러므로 맏아들(장남)이 되었다. 그 형상은 우레이고 그 뜻은 움직임이니, 우레는 움직이고 놀라는 모습이 있고, 움직임은 놀라서 두려워하는 뜻이 된다."

진괘의 구조는 위가 우레[震: ☳], 아래 역시 우레[震: ☳]이다.

'진震'은 움직이다, 떨쳐 일어나다는 뜻이다. 하늘과 땅이 교감하여 최초로 생겨난 양 에너지가 우레다. 갓난아기가 산모의 자궁에서 나오면서 '응아!'라고 소리지면서 세상에 신고하는 소리와 마찬가지로 우레는 만물탄생의 첫 신호탄이다. 복희괘는 안에서 밖을 지향하면서 만물의 탄생을 알리는 기호를 형상화했는데, 그것은 한 집안의 맏아들[長男]에 해당한다.

우레는 창세신화에서 주연배우로 활약한다. "우레의 신은 세계 각국의 신화에서 독특한 지위를 차지한다. 우레는 공포와 위엄을 상징하기 때문에 최고신의 전유물처럼 되어 있다. 서양과 동양의 최고신인 제우스와 황제黃帝는 우레의 신을 겸하고 있다. 동양신화에서 우레의 신은 뇌신雷神, 뇌사雷師 혹은 뇌공雷公 등으로 불린다. 본래 남신이지만 번개만을 분리해서 여신의 전모電母를 숭배하기도 한다. 초나라 지역에서는 풍륭風隆이라도 불렸는데, 이것은 우레 소리를 본뜬 것이다. 바람, 비, 구름, 우레 등의 신은 모두 강우降雨와 관련된 신들이다."[80]

하늘에서 내리는 우레와 번개는 뇌성벽력雷聲霹靂이고, 땅에서 요동치는 우레는 지진地震이다. 하늘이 천둥과 번개를 내리치면서 세상을 깜짝 놀라게 하는 형상이 바로 '진震'이다. 힘찬 우레는 번개와 비를 동반한다. 우레의 진정한 동무는 번개불[火]이다. 그것은 주역 21번 째 화뢰서합괘火雷噬嗑卦(☲☳)와 55번 째 뇌화풍괘雷火豐卦(☳☲)

---

80 정재서, 『이야기 동양신화』(서울: 황금부엉이, 2004), 98쪽

가 증명한다.[81]

진괘는 정괘 다음에 온다. 그래서 「서괘전」은 "기물(그릇)을 주관하는 자는 맏아들 만한 이가 없다"고 했다. 여기서 말하는 기물은 솥[鼎]을 가리킨다. 솥은 단순히 음식을 익히는 그릇이 아니라 제사지낼 때 쓰는 신성한 그릇이다. 제기祭器를 준비하고 제사를 주관하는 일은 장남의 몫이다.

2. 진괘 : 천둥은 일종의 하늘의 경찰관이다

* 震진은 亨형하니 震來진래에 虩虩혁혁이면 笑言소언이 啞啞액액이리니
震驚百里진경백리애 不喪匕鬯불상비창하나니라

진은 형통하니 우레가 올 때는 깜짝 놀라고 놀래서 (우레가 그친 다음에는) 웃음소리 깔깔거리니, 우레가 백 리까지 깜짝 놀라게 함에 (제주가) 비창을 잃지 않는다.

우레는 형통한다. 하늘과 땅이 처음으로 교감하여 우레라는 맏아들을 낳았다. 천지는 우레를 통해 출생신고한 다음에 지속적으로 팽창과 발전을 거듭하기 때문에 형통한다. 우레는 가장 높은 곳에서 앞이 훤히 트인 땅을 지향하므로 형통할 수밖에 없다.

---

81 ① 우레와 번개가 서합이니, 선왕이 이를 본받아 벌을 밝히고 법을 잘 정비하느니라[象曰 雷電, 噬嗑, 先王以, 明罰勅法.] ② 우레와 번개가 모두 이르는 것이 풍이니, 군자는 이를 본받아 감옥 일을 끊고 형벌을 이루느니라.[象曰 雷電皆至 豊, 君子以, 折獄致刑.]

우레는 아무런 경고 없이 갑자기 들이닥치기 때문에 무섭다. 세상에서 가장 무서운 것은 '우르릉 꽝!' 하는 천둥소리일 것이다. 우레가 한 번 진동하면 어른들도 두려워 몸을 움츠린다. 평소 죄하고는 거리가 먼 사람도 그 소리를 꺼리는데, 심지어 죄지은 이는 오금을 못추릴 정도로 두려움에 떤다. 천둥은 하늘의 뜻을 거역한 사람에게 내리는 심판으로 여겨졌다. 천둥은 일종의 하늘의 경찰관이다. 악행을 단속하고 단죄하는 것이 천둥의 역할이다. 전설에서는 벼락맞아 죽는 것을 가장 치욕스런 일로 받아들인다.[82]

우레소리는 한없이 널리 퍼진다. 사방 백리를 공포와 두려움의 도가니로 휘감는다. 멀리 떨어진 사람을 놀라게 하고, 가까운 사람들로 하여금 겁먹게 한다. 천둥과 번개는 엄청난 폭풍우와 바람을 수반한다. 공포의 대상이다. 번개는 단 한번의 불칼로 거목을 쓰러뜨리고, 비바람은 한 해의 농작물을 순식간에 휩쓸고 지나가버린다. 수마가 할퀴고 간 뒤의 자연은 다시 침묵으로 돌아서면서 언제 그랬느냐는 듯이 생기를 북돋는다.

'혁虩'은 파리를 잡어먹는 거미가 두려워한다는 뜻인데, '혁혁虩虩'은 무섭고 두려워하면서 사방을 두리번거리는 모습을 본뜬 의태어다. 하지만 천둥이 멎으면 깔깔대면서 웃는 때가 온다[笑言啞啞]. 진괘는 우레를 통해 두려움과 웃음을 병행시켜 고난과 행복의 이중적 의

---

[82] 마노 다카야/이만옥, 『도교의 신들』(서울: 들녘, 2001), 218-219쪽. "뇌신雷神(= 雷公)은 악행을 저지른 인간의 생명을 빼앗는 집행관의 직분을 가지고 있으며, 그의 상사는 인간행동의 선악을 판단하는 천둥 관련 최고신인 뇌제雷帝다. 도교에서 뇌제를 지칭하는 정식 명칭은 '구천응원뇌성보화천존九天應元雷聲普化天尊'이다."

미를 담고 있다. 우레는 자연의 경이로운 현상과 함께 신비로운 생명의 지속성을 상징한다.

'비匕'는 제사드릴 때 국을 뜨는 큰 숟가락을 뜻한다. 솥에서 삶은 제물을 꺼내 신에게 바치기 위해 상 위에 올려놓을 때 필요한 숟가락[匙^시]이다. '창鬯'은 울금향鬱金香을 넣어 빚은 귀한 술로써 신을 부를 때[降神^{강신}] 주로 쓴다. 울창주는 검은 기장으로 빚은 술에 울금향의 풀을 섞어 만든다. 동양에서는 향기가 독특한 울창주를 땅에 부어 신이 강림하도록 하는 용도로 사용하는 전통이 있었다.[83]

대추나무로 만든 숟가락과 울창주는 제사의식을 주관하는 주인공[祭主^{제주}= 장남]이 직접 사용하는 신성한 도구이기 때문에 우레소리에 놀라 땅에 떨어뜨려서는 안 된다[震驚百里, 不喪匕鬯^{진경백리, 불상비창}]. 어떠한 두려움에도 굴복하지 말고 맡은 바 책임을 다해야 한다는 뜻이다. 우레는 하늘에 대한 정성이 지극한 사람은 해치지 않는다는 믿음이 짙게 깔려 있다. 제사를 주관하는 일은 장남만이 누리는 특권이지만, 정치적 권위와 종교적 경건성을 잊지 말라는 깨우침인 것이다.

> ☞ 진괘는 우레를 통해 두려움과 웃음을 병행시켜 인간의 도덕적 각성을 촉구한다.

---

83 『예기禮記』「교특생郊特牲」, "주나라 사람들은 냄새를 숭상한다. 그래서 울창주를 땅에 부어 냄새나게 한다. 또한 울금향 풀을 두드려 짠 즙에 울창주를 화합하여 그 냄새가 아래로 연천에 사무치게 한다. 강신하는 옥주전자의 자루로 규장을 사용하는 것은 옥의 기운을 쓰기 위한 것이다.[周人相臭, 灌用鬯臭, 鬱合鬯, 臭陰達於淵泉, 灌以圭璋, 用玉氣也.]"

3. 단전 : 종묘사직은 나라와 왕실의 안녕과 직결

★ 象曰 震은 亨하니 震來虩虩은 恐致福也오
笑言啞啞은 後有則也라
震驚百里는 驚遠而懼邇也니
出可以守宗廟社稷하여 以爲祭主也라

단전에 이르기를 진은 형통하니 '우레가 올 때는 깜짝 놀라고 놀람'은 두려워하여 복을 이룸이요, '웃음소리 깔깔거림'은 뒤에 법칙이 있음이다. '우레가 백 리까지 깜짝 놀라게 함'은 먼 곳을 놀라게 하고 가까운 곳은 두려워하게 함이니, 나가서는 충분히 종묘사직을 지켜서 제주가 될 것이다.

주역 64괘 중에서 진괘「단전」은 괘사의 내용을 그대로 인용한다. 우레는 공포의 소리에 그치는 것이 아니라 복을 이르게 하는 하늘의 피뢰침으로 작용하기도 한다. 공포는 현실적으로 존재하는 우레라는 실체로부터 나오는 무서움이다. 하지만 실존철학에 따르면, 불안은 뚜렷한 대상이 없는데도 불구하고 의식의 심층에서 우러나와 원초적인 두려움을 엄습하게 만든다. 천둥은 하늘의 징계인 동시에 죄에서 벗어나게 하는 하늘의 장치인 셈이다.

천둥은 항상 두려움의 대상만은 아니다. 오히려 행복을 담보해주는 원인으로 작동한다. 다만 조건이 있다. 자신의 허물을 낱낱이 뉘우쳐 새로운 삶을 살아야 하는 각오가 뒤따라야 한다는 점이다. 하늘이 천둥으로 징계의 표시를 내렸는데도 회개하지 않는다면 두려움은 복으로 바뀌지 않는다. 천둥과 번개칼의 무서운 공격을 받지 않으려면 마음가짐과 삶의 방식을 올바르게 가져야 한다. 도교에서는 우레의 신은 사람의 마음을 꿰뚫어보는 거울로 들여다보고 징계해야 할 사람에게 천둥과 번개로 내리친다고 가르쳤다.

자신의 삶을 반성하고 뉘우치면 우레의 공포는 복을 받는 지침으로 전환될 수 있다. 우레는 올바른 삶으로 이끄는 등대로 작용한다. 마음먹기에 따라 천둥[天動]과 번뜩이는 번개 또는 하늘과 땅이 붕괴될 지경의 공포와 두려움마저 선풍기의 미풍처럼 가볍게 넘길 수 있다. 두려움을 웃음으로 변질시키는 열쇠는 우레에 있는 것이 아니라 인간의 결심[後有則也]에 달린 것이다.

"우레가 백 리까지 깜짝 놀라게 하여 먼 곳의 사람을 놀라게 하고 가까운 곳의 사람을 두려워하게 한다[震驚百里, 驚遠而懼邇也]"는 대목은 우레의 위력을 실감나게 하는 표현이다. 엄청난 비바람을 수반하는 천둥에 모든 사람이 두려움에 떨지라도 맏아들(장남)은 제사에 쓸 숟가락을 떨어뜨려서는 안 된다. 또한 천둥소리에 놀래서 울창주를 쏟지 않는 두둑한 배짱과 아울러 담대한 정신을 갖추어야 한다.

종묘사직은 나라를 세우고 이끌었던 조상들의 신주를 모신 사당이다. 장남은 강인한 정신력과 고매한 인격을 갖추어야 수많은 곤경과 위기 속에서도 종묘사직을 지킬 수 있다. 조그마한 사건에도 휘둘리거나, 큰일에 허둥지둥 정신을 잃는다면 종묘와 사직을 받들 수 없다.

종묘와 사직을 지키는 일은 나라와 왕실의 안녕과 직결된다. 따라서 장남은 국가적으로나 종교적으로 위기를 기회로 바꿀 수 있는 자질을 키워야 할 것이다.

> ☞ 자연의 소리(우레)를 진리의 음성으로 받아들이라는 가르침은 자연친화의 사유와 일치한다.

4. 상전 : 자연의 경고음은 하늘의 메세지

* 象曰 洊雷震이니 君子以하여 恐懼修省하나니라
  <small>상왈 천뢰진 군자이 공구수신</small>

상전에 이르기를 거듭하는 우레가 진이다. 군자는 이를 본받아 놀라고 두려워하여 자신을 닦고 반성한다.

괘의 위아래 모두가 진震(☳)이라는 뜻이다. '천洊'은 거듭 '중重'과 의미가 같은 글자다. 계속 밀려오는 거친 파도처럼 우레가 거듭해서 내리친다는 것은 하늘의 노여움이 이루 헤아릴 수 없음을 가리킨다. 하늘이 우레를 거듭해서 내려보내는 까닭은 인간으로 하여금 허물을 깨닫는 기회를 주기 위해서다. 그런데도 거짓된 행동과 과오를 고치지 않는다면 어떤 재앙이 닥칠지는 아무도 모른다.

허물은 또다른 허물을 낳아 하나의 습관으로 고착되기 쉽다. 공자는 자연의 경고음에 민감하게 반응했다. 공자의 언행을 기록한 『논어』는 "빠른 천둥이나 사나운 바람에도 반드시 얼굴빛이 변했다"[84]

---

84 『논어』「향당편鄕黨篇」, "迅雷風烈, 必變."

고 했다. 공자가 얼굴빛이 변한 이유에 대해 주자는 하늘의 노함을 공경했기 때문이라고 주석을 달았다. 만일 모진 바람과 빠른 우레와 극심한 비가 있으면 반드시 변하여 비록 밤일지라도 일어나서 의관을 똑바로 하고 앉았다고 전한다.[85] 공자는 지축을 울리는 천둥이나 사나운 비바람을 만나면 스스로를 가다듬는 모범을 보였던 것이다.

군자는 우레가 세상을 진동하는 현상을 본받아 자신을 반성하여 새로운 인간으로 거듭 태어나는 자세를 확립한다. 평소 과오를 저질렀는가를 항상 두려워하고, 깊이 반성하고 성찰하여 심신을 닦는다. 「상전」의 문법을 분석하면, 자연에 대한 사실판단[洊雷震]이 가치판단[君子 '以']으로 전환하고, 이를 다시 당위법칙[恐懼修省]으로 도출하는 형식을 취하고 있다. 주역의 「상전」은 이 세 문제를 동일한 사건으로 읽어내는 특징을 보여준다.

> ☞ 「상전」은 사실판단=가치판단=당위법칙을 동일지평에서 다루는 문법으로 이루어져 있다.

5. 초효 : 우레는 인간의 도덕성을 판단하는 하늘의 검찰

* 初九는 震來虩虩이라야 後에 笑言啞啞이리니 吉하니라
  象曰 震來虩虩은 恐致福也오

---

85 『논어집주論語集註』, "必變者, 所以敬天之怒. 記曰若有疾風迅雷甚雨, 則必變, 雖夜必興, 衣服冠而坐."

笑言啞啞ᄂᆞᆫ 後有則也라
<small>소 언 액 액　　후 유 칙 야</small>

초구는 우레가 올 때는 깜짝 놀라고 놀라야 뒤에 웃음소리가 깔깔거리니 길할 것이다. 상전에 이르기를 '우레가 올 때는 깜짝 놀라고 놀람'은 두려워하여 복을 이룸이요, '웃음소리 깔깔거림'은 뒤에 법칙이 있음이다.

괘사의 내용은 초효의 내용에 그대로 이어진다. 다만 '길'이라는 글자 하나가 덧붙여졌을 뿐이다. 초효는 진괘 전체의 주효主爻로서 천둥을 몰고 오는 주인공이다. 초효는 양이 양자리[正]에 있고, 우레가 일어나는 진원지에 해당한다.

우레가 쳤는데도 두려워하지 않는 사람은 귀머거리일 것이다. 위기를 만나면 그 사람의 능력이 드러난다. 허둥지둥 정신 못차리는 부류가 있고, 침착하게 대처하는 부류가 있다. 초효는 미리부터 방심하지 않고 조심하는 태도를 높이 산다. 그래서 효사를 지은 주공은 괘사를 지은 아버지 문왕의 말을 인용하면서 '길'이라는 글자를 덧붙였을 따름이다.

주역은 자연의 경고인 우레를 인간에 대한 도덕성 검증이라고 간주했다. 자연에 대한 인간화의 전범이다. 자연현상을 도덕적으로 두려워하는 마음으로 받아들이면 상황은 역전된다. 공포에서 마음의 안정과 행복으로 전환된다. 이러한 태도가 개인의 삶의 규범과 좌우명으로 자리잡게 되면 가슴에는 항상 웃음꽃이 핀다.

> ☞ 유죄와 무죄를 판단하는 우레는 인간의 도덕성을 검증하는 하늘의 신이다.

6. 2효 : 목숨과 재물은 양립할 수 없다

* 六二는 震來厲라 億喪貝하야 躋于九陵이니
  _{육이   진래려   억상패   제우구릉}

  勿逐하면 七日에 得하리라
  _{물축   칠일   득}

  象曰 震來厲는 乘剛也일새라
  _{상왈 진래려   승강야}

육이는 우레가 닥침에 위태함이다. 재물 잃을 것을 헤아려 언덕에 오름이니, 쫓지 않으면 7일만에 얻을 것이다. 상전에 이르기를 '우레가 닥침에 위태함'은 강을 탔기 때문이다.

2효는 음이 음자리에 있고[正], 하괘의 중도를 얻고 있다[中]. 초효는 강력한 에너지인 우레와 진동이 힘차게 위로 올라오는 형세다. 그러니까 우레가 닥쳐오면 위태롭다. 감각능력이 뛰어난 개미와 쥐는 지진이 오는 것을 미리 알아채 며칠 전부터 도망간다고 알려져 있다. 지진은 모든 것을 한꺼번에 삼켜버리는 위태로운 징조이다.

'억億'이라는 글자에 대해서는 이설이 분분하다. 우번虞翻은 '안타깝다'는 의미로 이해했고, 간보干寶는 감탄사 '아아!'로 새겼고, 정현鄭玄은 숫자인 '억'으로 풀이했다. 정이천은 헤아릴 '탁度'으로, 주자는 그 의미를 '잘 모르겠다'고 했다.[86] 분명히 우레가 닥치는 것은 외부로부터 기인한다. 하지만 위험을 감지하고 느껴 대비하는 일은 마음에

---

86 ① 손성연孫星衍, 『주역집해소周易集解疏』, "虞翻曰 億, 惜辭也.", "干寶曰 億, 歎辭也." "鄭康成曰 十萬曰億." ② 『역정전』, "億, 度也." ③ 『주역본의』, "億字, 未詳."

서 비롯된다. 2효는 중도를 지키는 까닭에 어려운 상황을 대처할 수 있다고 일깨운다.

지혜로운 이는 미리 재물 잃을 것을 헤아려 높은 산언덕으로 피난한다. 목숨과 재물은 양립할 수 없다. 사람 나고 돈 났지 돈 나고 사람 나는 일은 없다. 재물은 벌면 다시 모을 수 있으나, 목숨을 걸고 재앙과 승부를 거는 행위는 어리석다. 재물을 얻는다고 모여지는 것은 아니다. 중정의 덕을 갖춘 2효 군자는 돈에 눈멀지 않기 때문에 재물을 잃어도 마음이 동요되지 않는다. 재물은 이레만에 돌아온다고 했다. 이레(7일)에 대해서도 여러 견해들이 있다. 진震(☳)은 일곱 수이기 때문에 7일, 또는 일곱 달(7달), 일곱 해(7년)이라는 풀이가 파생되기도 한다. 하지만 초효에서 상효를 거쳐 다시 초효로 돌아오는 기간은 7일이라는 견해가 가장 설득력이 있다.

초효와 2효의 관계를 '음이 양을 올라탔다[乘剛승강]'고 했다. 주역은 이렇게 양[剛강] 위에 음[柔유]이 있는 현상을 꺼린다. '억음존양抑陰尊陽'의 논리가 적용되었기 때문이다. 지푸라기 하나 잡을 힘도 없는 사람이 호랑이 등에 업힌 꼴이라 위험하기 짝이 없다. 공포를 몰고오는 우레를 정면으로 막기는 불가능하다. 멀리 피하는 것이 상책이다.

☞ 중용의 도리를 지키면 잃은 것도 원상회복할 수 있다.

7. 3효 : 날마다 마음을 단속하라

* 六三$_은$ 震蘇蘇$^{육삼}_{진소소}$니 震行^{진행}하면 无眚^{무생}하리라

象曰 震蘇蘇$^{상왈 진소소}$는 位不當也^{위부당야}일새라

육삼은 우레가 두렵고 불안하니 움직여서 가면 재앙이 없을 것이다. 상전에 이르기를 '우레가 두렵고 불안함'은 위치가 마땅치 않기 때문이다.

3효는 음이 양자리에 있고[不正^{부정}], 하괘의 중용을 지나쳤으며[不中^{부중}], 상효와도 상응하지 못해 꽤 불안한 상황이다. '소소蘇蘇'는 겁에 질린 나머지 정신을 잃어 까무러칠 지경에서 간신히 깨어난다는 뜻이다. 가슴이 두근거리며 불안한 이유는 자신의 위치가 옳지 못하기 때문이다.

2효는 음이 양을 탔기 때문에 위태로운 반면에, 3효는 직접 음이 양을 올라타지는 않았다. 중간에 2효가 완충역할을 하고 있으므로 크나큰 재앙은 생기지 않는다. 까무러쳤다가 깨어나면 재빨리 그 자리에서 벗어나라는 지침이다. 계속 그곳에서 머물면 재앙을 피할 방법이 없다.

> ☞ 두려워하는 마음으로 앞으로 나아가면 재앙을 피할 수 있다.

8. 4효 : 숨이 가쁘면 잠시 쉬어가라

* 九四는 震이 遂泥라 象曰 震遂泥는 未光也로다
  _{구 사   진   수 니   상 왈 진 수 니   미 광 야}

구사는 우레가 드디어 진흙 구덩이에 빠짐이다. 상전에 이르기를 '우레가 드디어 진흙 구덩이에 빠짐'은 빛나지 못함이다.

4효는 진괘의 조연으로서 양이 음자리에 있고[不正], 상괘의 밑바닥에 있다[不中]. 주연과 조연, 즉 초효는 '길하다'고 한 반면에 4효는 왜 진흙창에 빠졌다고 했는가? 위로 두 개의 음, 아래로도 두 개의 음에 둘러싸인 형국이다. 4효는 양의 신분인데도 불구하고 네 개의 음에 둘러싸여 제대로 힘쓰지 못하기 때문에 효사는 진흙덩이에 빠진 모습이라고 했다. 더구나 짝인 초효 역시 두 개의 음에 의해 가로막혀 도와주지 못하므로 단독으로 밀고나갈 여력조차 없다.

우레는 물리적으로 계산 불가능할 정도로 엄청난 에너지를 발산한다. 번갯불이 먼저 번쩍인 뒤에 고막을 찢을 듯한 천둥이 울린다. 하지만 4효는 초효로부터 멀리 떨어져 있을 뿐만 아니라 진흙 구덩이에 빠진 형국이므로 빛나지 못한다. 우레의 위력이 훨씬 반감하여 제구실을 못함을 상징한다.

> ☞ 앞뒤가 막힌 상황에서는 잠시 멈추는 것이 삶의 지혜이다.

9. 5효 : 중용은 최고의 보약

* 六五는 震이 往來厲하니 億하여 无喪有事니라
  _{구 오   진   왕 래 려   억   무 상 유 사}

  象曰 震往來厲는 危行也오 其事在中하니 大无喪也니라
  _{상 왈 진 왕 래 려   위 행 야   기 사 재 중   대 무 상 야}

  육오는 우레가 가고 옴에 위태로우니, 일이 있는 자는 헤아려서 잃음이 없다. 상전에 이르기를 '우레가 가고 옴에 위태로움'은 위험하게 행함이요, 그 일이 중도에 있으니 크게 상함이 없는 것이다.

우레가 가고 온다[往來]에서 '가는' 우레는 초효를 가리키고, '오는' 우레는 힘이 약화된 4효를 가리킨다. '일이 있는 사람[有事]'에서 있을 유有를 어조사로 해석하는 이가 있으며, 어떤 이는 '숟가락이나 울창주를 떨어뜨리지 않는다[无喪]'는 말과 연계된 종묘사직에 제사 드리는 일이라 보는 사람도 있다. 후자의 견해가 합당하다.

5효는 음이 양자리에 있으나[不正], 상괘의 중용[中]이다. 중용의 덕을 갖췄기 때문에 비록 올바른 위치에 있지 않더라도 정도에 어긋나지는 않는다. 정도는 중도(중용)의 범주에 함축되는 덕목이다. 이는 주역이 강조하는 '시간의 원리에 적중하는 태도[時中]'가 아닐 수 없다.

정이천은 정도와 중도의 관계를 아주 상세하게 논의하고 있다. "육오는 비록 음으로서 양의 자리에 거처하여 자리가 마땅치 않아 부정이 되지만, 유로써 강의 자리에 거처하고 또한 득중하므로 중덕을 얻고 있다. 중을 잃지 않으면 정에서 어긋나지 않으니, 중(용)이 귀한 까닭이다. 여러 괘에서 2효와 5효는 비록 자리가 마땅치 않더라도 중용을 아름답다고 여긴 경우가 많고, 3효와 4효는 자리가 마땅할지라도 혹 중용에 지나친 경우가 있으니, 중용(중도)이 항상 정도보다 중요하기 때문이다. 대개 중용이면 정도에서 어긋나지 않고, 정도가 반드시 중용이라고는 할 수 없다. 천하의 이치가 중용보다 더 좋은 것이 없으니, 육이와 육오에서 볼 수 있다."[87]

> ☞ 중용을 함부로 먹는 만병통치약으로 사용해서는 안 된다. 중용은 정의에 앞서기 때문이다.

10. 상효 : 실천에 앞서 거듭 생각하라

* 上六은 震이 索索하여 視矍矍이니 征이면 凶하니

震不于其躬이오 于其隣이면 无咎리니 婚媾는 有言이리라

象曰 震索索은 中未得也일새오

雖凶无咎는 畏隣戒也라

상육은 우레가 진동할 때 너무 무서워 발을 떼지 못하여 두 눈을 두리번거리니, 가면 흉하니, 우레의 진동이 그 몸에 미치지 않고 그 이웃에 이르면 허물이 없으리니, 혼인하는데 말이 있을 것이

---

87 『역정전』, "六五雖以陰居陽, 不當位爲不正, 然以柔居剛, 又得中, 乃有中德者, 不失中, 則不違於正矣, 所以中爲貴也. 諸卦二五, 雖不當位, 多以中爲美, 三四雖當位, 或以不中爲過, 中常重於正也, 蓋中則不違於正, 正不必中也. 天下之理, 莫善於中, 於六二六五, 可見."

다. 상전에 이르기를 '(우레의) 진동에 너무 무서워 발을 떼지 못함'은 중도를 얻지 못했기 때문이요, 비록 '흉하지만 허물이 없다' 함은 이웃을 경계함을 두려워하기 때문이다.

'삭삭索索'은 천지를 뒤흔드는 우레의 진동 때문에 넋이 나가 걸음을 떼지 못하는 모양을 본뜬 의태어다. 다만 맥이 풀려 사방을 두리번거리기만 할뿐 불안하기 짝이 없다. 혼이 빠져 무작정 앞으로 나가면 낭패만 볼뿐 이득될 것이 전혀 없다[征정, 凶흉]. 앞으로 나아가려도 우레, 물러서려도 우레소리가 두렵다. 움직이면 움직일수록 점점 사태는 꼬인다.

상효는 그나마 음이 음자리에 있기 때문에 정도를 지키고 있다. 우레의 위력이 소멸 직전의 상태에서 상효까지 직접 다가오지 못하고 [震不于其躬진불우기궁], 이웃인 5효에 많은 피해를 입히는 형국이다. 상효는 진괘의 극한이다. 우레의 고향인 초효로부터 거리가 멀다. 비록 우레의 위력을 직접 실감할 수 없을지라도, 그 여파가 이웃인 5효에 미쳤다고 여기고 자중하면 허물은 생기지 않는다. 이럴 때 유비무환의 정신으로 대비해야만 피해가 없다.

혼구婚媾는 결혼을 신청하는 상효의 짝인 3효를 가리킨다. 3효와 상효는 같은 음이기 때문에 합당한 관계는 아니다.[88] 그러니까 구설수에 오른다[有言유언]. 원망투의 말이 많다는 뜻이다. 이런 연유에서 움직

---

88 혹자는 이를 앞의 문장과는 별개의 내용이라 주장한다. "恐懼修省할 때는 오직 上天을 신앙해야지 인간과 교합해서는 안 되기 때문에 '婚媾有言'이라고 하였다."(김진규 구성/김병호 강의, 『亞山의 周易講義(中)』서울: 소강, 2000), 294쪽 참조.

이면 흉하다[征, 凶]라고 했던 것이다.

> ☞ 재난은 막는 방법은 유비무환의 정신이 최고이다.

11. 주역에서 정역으로

정역사상의 연구자 이상룡李象龍은 진괘의 성격을 다음과 같이 설명한다.

震_은 在文爲雨辰_{이오} 辰_은 東方也_라

震動東北_{이니} 陰陽和而爲雨之義也_라

爲卦上下皆雷有奮發_{이오} 震動而上下驚懼之象也_며

又主器莫若長子_{일새} 而宮四則不能主器_{이니}

宗六然后_에 乃主器_라 易所謂復則无妄是也_라

宗長主器_는 止一不變者_{이오} 无極宮之體象_{이니}

震所以次艮也_라

'진'은 문자적으로 비 우雨와 별 진辰의 합성어다. 진은 동방으로 우레가 동북에서 소리치므로 음양이 화합하여 비가 오는 뜻을 취한 것이다. 괘에는 위아래 모두 우레가 떨쳐 일어나 우레소리가 울리면 상하에서 놀라고 두려워하는 모습이 담겨 있다. 주기主器

를 맡을 존재는 맏아들 만한 사람이 없기 때문에 나머지 사상四象은 주기主器가 될 수 없으므로 6이 맏아들이 된 뒤에 비로소 주기가 될 수 있는 것이다. 주역의 이른바 복괘 다음에 무망괘가 되는 이유와 같다. 종장宗長과 주기主器는 '하나에서 그침[止一지일]'의 불변하는 무극궁의 본체를 상징하기 때문에 진괘는 간괘 다음에 위치하는 것이다.

단왈 진   형   제 출 호 진   형   막 대 언
象曰 震은 亨함은 帝出乎震이오 亨은 莫大焉이라

진 래   혁 혁   소 언   액 액
震來에 虩虩이면 笑言이 啞啞은

천 위 방 노   자 이 위 안 야
天威方怒를 自以爲安也오

진 경 백 리   불 상 비 창
震驚百里애 不喪匕鬯하나니라는

도 지 번 천   득 주 종 기 야
倒地飜天하여 得主宗器也라

*「단전」 – '진이 형통함'은 진에서 상제가 출현한다는 것이요, '형통한다'는 것은 더 이상 큰 것이 없음이요, "우레가 올 때는 깜짝 놀라고 놀래서 (우레가 그친 다음에는) 웃음소리 깔깔거린다"는 것은 위엄있는 하늘의 성냄을 스스로 위안 삼음이요, "우레가 백 리까지 깜짝 놀라게 함에 (제주가) 비창을 잃지 않는다"는 것은 땅이 뒤집히고 하늘이 바뀌어 맏아들을 상징하는 그릇을 얻을 것을 뜻한다.

상 왈 군 자 이   공 구 수 신   경 천 작 인 야
象曰 君子以하여 恐懼修省하나니라는 敬天作人也라

*「상전」 – "군자는 이를 본받아 놀라고 두려워하여 자신을 닦고 반성한다"는 말은 하늘을 공경하여 사람다운 사람이 되는 것을

뜻한다.

初九는 震來虩虩이라야 後애 笑言啞啞이리니 吉하니라는
危然后에 安也라

* 초효 – "초구는 우레가 올 때는 깜짝 놀라고 놀라야 뒤에 웃음소리가 깔깔거리니 길할 것이다"는 것은 위험에 빠진 뒤에야 편안할 수 있다는 말이다.

六二는 震來厲라 億喪貝는
動以大闢으로 億國革命也오
躋于九陵이니 勿逐하면 七日에 得하리라는
□✕盪動하여 己日에야 乃正也니라

* 2효 – "육이는 우레가 닥침에 위태함이다. 재물 잃을 것을 헤아린다"는 것은 자연의 대변화로 개벽되므로 모든 나라가 혁명될 것이며, "언덕에 오름이니, 쫓지 않으면 7일만에 얻을 것이다"라는 말은 음양이 끓어오르듯이 움직여 기일己日(즉, 기로 시작하는 해)에 모든 것이 정상화된다는 뜻이다.

六三은 震蘇蘇니 震行하면 无眚하리라는
散而復蘇하고 恩威幷摯也라

* 3효 – "육삼은 우레가 두렵고 불안하니 움직여서 가면 재앙이

없을 것이다"라는 것은 흩어지면 다시 두렵고 불안하여 은혜와
위엄이 함께 두텁다는 뜻이다.

九四는 震이 遂泥라는 海變成泥也라
_{구사   진   수니   해변성니야}

* 4효 - "구사는 우레가 드디어 진흙 구덩이에 빠짐"이라는 말은
바다가 변해서 진흙이 된다는 뜻이다

六五는 震이 往來厲하니 億하여 无喪有事니라는
_{육오   진   왕래려   억   무상유사}

往往服惕하여 厲甚矣오 而百億君長이 濟世安民也라
_{왕왕복척   려심의   이백억군장   제세안민야}

* 5효 - "육오는 우레가 가고 옴에 위태로우니, 일이 있는 자는
헤아려서 잃음이 없다"는 말은 항상 마음으로 두려워하여 근심함
이 깊은 것이요, 위정자들이 세상을 제도하여 백성을 안심시킨다
는 것이다.

上六은 震이 索索하야 視矍矍이니 征이면 凶함은
_{상육   진   삭삭   시확확   정   흉}

天下消索而不安이니 宜其更張也오
_{천하소삭이불안   의기경장야}

震不于其躬이오 于其隣이면 无咎러니 婚媾는 有言이라는
_{진불우기궁   우기린   무구   혼구   유언}

動不由我하니 何嫌多口乎리오
_{동불유아   하혐다구호}

* 상효 - "상육은 우레가 진동할 때 너무 무서워 발을 떼지 못하
여 두 눈을 두리번거리니, 가면 흉하다"는 것은 온 천하에 무서움
이 사라져도 불안하기 때문에 변혁해야 마땅하다는 것이요, "우

레의 진동이 그 몸에 미치지 않고 그 이웃에 이르면 허물이 없으리니, 혼인하는데 말이 있을 것이다"라는 것은 나로부터 말미암지 않는 움직임이므로 어찌 싫어하는 말이 많겠는가?

중산간괘
重山艮卦

주렴계는 "간괘" 하나에 담긴 의미가 법화경 法華經의 세계보다 크다고 했다. 지금의 세상은 속도의 시대라고 자랑하지만, 주역은 간괘의 가르침에서 잠시 멈추어 쉬어 가라고 주문한다.

Chapter 10

중산간괘 重山艮卦
: 그침과 움직임의 미학

1. 새로운 생명이 움트는 옴빠로스(배꼽) : 간괘

정이천은 중뢰진괘 다음에 중산간괘가 오는 이유를 다음과 같이 말한다.

★ 艮은 序卦에 震者는 動也니 物不可以終動하야 止之라
故受之以艮하니 艮은 止也라 하니라
動靜相因하여 動則有靜하고 靜則有動하여
物无常動之理하니 艮所以次震也라
艮者는 止也어늘 不曰止者는 艮은 山之象이니

有安重堅實之義하여 非止義可盡也일새라
乾坤之交가 三索而成艮하여 一陽이 居二陰之上하니
陽은 動而上進之物이니 旣至於上이면 則止矣요
陰者는 靜也니 上止而下靜이라 故爲艮也라
然則與畜止之義何異오 曰畜止者는 制畜之義니
力止之也오 艮止者는 安止之義니 止其所也라

"간괘는 「서괘전」에 '진은 움직임이니, 사물은 끝내 움직일 수 없어 멈춘(그친)다. 그러므로 간괘로 이어받았으니 간은 멈춤이다'라 하였다. 동정은 서로 원인이 되어 움직이면 고요함이 있고, 고요하면 움직임이 있어 사물은 항상 움직이는 이치가 없으니, 간괘가 이런 까닭에 진괘의 다음이 된 것이다. 간은 그침인데, '그침止'이라 말하지 않은 것은 간은 산의 형상이니 안정되고 무겁고 견실한 뜻이 있어 '그침'의 의미로 다할 수 없기 때문이다. 건곤의 사귐이 세 번을 거쳐 간을 이루어 하나의 양이 두 음 위에 있으니, 양은 움직여 위로 나아가는 사물이니, 이미 위에 이르면 그친다. 음은 고요함이니, 위는 그치고 아래는 고요하다. 그러므로 간이라 한 것이다. 그렇다면 '축지畜止'의 뜻과는 무엇이 다른가. '축지'는 억제하고 저저하는 뜻이니 힘으로 제지함이요, '간지艮止'는 그침을 편안히 여기는 뜻이니, 그 자리에 그치는 것이다."

주역에서 간괘 만큼 무한한 상상력과 영감을 불러일으키는 괘는 없다. 주역을 애독했던 우리 조상들은 간괘의 가르침에 따라 자신들의 호에 '간' 혹은 '산'을 붙이는 멋진 전통을 만들었다. 위아래 모두가 산이 겹친 모습을 본뜬 까닭에 중산간괘라 불린다. 앞의 중뇌진괘를 180° 뒤집어엎으면 간괘이다. 진괘가 움직임[動]을 얘기했다면, 간괘는 고요함[靜]을 말한다. 동정은 시간적으로나 공간적으로 떨어져 존재한 적이 없다. 움직임 가운데 고요함이 내재해 있고, 고요함 속에서 움직임이 싹터 이 세상은 둥글어간다. 이런 연유에서 중뇌진괘 다음에 동정動靜을 함께 언급하는 간괘가 뒤따르는 것이다.

진괘와 간괘의 형상은 정반대이다. 전자는 양효가 밑에서 최초로 생긴 형태인데 비해서, 후자는 양효가 가장 위로 올라가 그친(멈춘) 형상이다. 간괘는 땅[坤: ☷]에서 처음으로 생긴 양 에너지[震: ☳]가 높이 올라가 극한까지 도달한 산의 모습[艮: ☶]이다. 만물은 탄생된 이후로 요동치면서 팽창과 발전을 거듭한다. 그 과정이 끝나면 안정기에 돌입하는데, 간은 멈춤과 그침[止]을 뜻한다. 그러나 천지의 운동이 서서히 멈춘다면 이 세상은 카오스 상태로 돌입할 것이다. 주역은 간괘에 천지가 새롭게 움직여 재창조한다는 선후천의 이치를 숨겨 놓았다. 이것이 바로 주역의 독특한 이론인 종시론終始論이다.

종시론은 주역의 시간론인 동시에 우주론이며 역사철학과 문명론의 이론적 근거이기 때문에 간괘는 64괘 중에서 가장 중요하다고 할 수 있다. 간괘의 원리는 원문에 대한 이해도 중요하지만, 「설괘전」을 비롯한 여러 이론 또는 직간접적으로 연관된 내용들을 종합적으로 고찰할 때 비로소 주역의 전모가 밝혀질 수 있다.

'간'은 8괘의 하나이다. 주역은 건, 태, 이, 진, 손, 감, 간, 곤의 8괘로 우주의 기원과 생성 및 발전과정을 설명한다. 각각의 괘에는 그 특색이 있다. 이들의 유기적 조합으로 64괘가 형성되며, 이들을 어떻게 풀이하느냐에 따라 별도의 학설이 성립되어 주역의 다양성을 꽃피워 왔다. 64괘의 조합은 매우 질서있게 배열되어 있다. 그 질서를 어떤 방향으로 읽어가느냐에 의해 다양한 설명이 가능한 까닭에 주역에 대한 정통성과 비정통성, 신비주의와 합리주의로 나뉜다.

복희팔괘에서 문왕팔괘로 이어져 왔다는 것이 주역학의 전통적 시각이다. 조선조 말기에 정역팔괘가 출현함으로써 주역을 이해하는 방식이 이웃나라 중국과는 전혀 달라지게 되었다. 그것은 천지가 생, 장, 성이라는 과정을 거쳐 완수된다는 이론이다. 복희팔괘는 천지 탄생[生]의 단계, 문왕팔괘는 성장[長]의 단계, 정역팔괘는 완성[成]의 단계를 표상한다. 『정역』은 천지에 대한 목적론적 성격을 한층 강화시키고, 그 구조와 과정을 설명하는 가운데 새로운 이념이 보강됨으로써 전통의 주역관을 뛰어넘는 논리를 갖추게 되었던 것이다. 복희팔괘는 태초에 우주가 생성되는 모습을, 문왕팔괘는 만물이 성장하는 모습을, 정역팔괘는 분열팽창에서 수렴통일의 과정을 거쳐 우주가 성숙하는 이치를 밝혔다.

복희팔괘와 문왕팔괘와 정역팔괘의 두드러진 차이점은 남북축과 동서축에서 찾을 수 있다. 복희팔괘의 남북축은 천지비天地否의 형상을, 정역팔괘의 남북축은 지천태地天泰의 형상을 취한다. '막힐 비否'는 입 구口 자 위에 아니 불不 자가 있다. 그 입을 꽉 막고 있는 모습이 바로 '천지비'다. 천은 양을, 지는 음을 상징한다. 양기운은 위로 올라가고 음기운은 아래로 내려가면, 음양은 더욱더 간격이 벌어져 조화를 이룰 수 없기 때문에 '천지비괘'에서 만물의 비정상적 진화를 엿볼 수 있다. 하지만 정역팔괘는 음기운은 아래로 내려오고 양기운은 위로 올라가 음양이 교접하여 정상적 조화를 이루는 형상을 띤다.

문왕팔괘는 남북축이 '감리'로, 동서축은 '진태'로 이루어져 있다. 물불을 상징하는 감리가 중심축을 이루는 체계는 만물이 성장 일변도로 나아감을 표상한다. 그리고 동서의 '진태'(장남과 소녀의 불균형한 배합)는 감리의 운동을 정상적으로 콘트롤할 수 있는 능력이 원초적으로 부재함을 반영한다. 이것이 바로 천지운행의 기우뚱한 모습이며, 그것을 표상하는 시스템이 바로 문왕팔괘이다. 하지만 정역팔괘에서는 지천태의 남북축이 중심이 되어 소남소녀의 간태가 동서에서 대응하는 방식을 취하고 있다. 특히 문왕팔괘와 정역팔괘의 배열을 비교하면, 문왕괘의 '진'이 '간'으로 바뀌면[震變爲艮] 정역괘가 된다. 즉 '간'이 어디에 자리잡는가에 따라 괘도의 전체 배열과 시스템이 전환되는 것을 알 수 있는 것이다.

소강절에 의해 '문왕괘도'라고 규정된 「설괘전」 5장에는 매우 의미심장한 내용이 담겨 있다. "(천지의 주재자인) 상제는 진에서 만물을 발동시키며('상제의 조화권이 진에서부터 나타나며'라는 해석도 가능하다), 손에서 가지런히 하고, 리에서 서로 보고, 곤에서 수고로우며, 태에서 기뻐하고, 건에서 싸우고, 감에서 위로하고, 간에서 말씀logos이 이루어진다. 간은 동북방의 괘이니, 만물이 완성되어 마치는 바이며 또한 만물이 이루어져 처음으로 시작되는 바이기 때문에 '말씀이 간에서 완성된다'라고 한 것이다."[89]

---

89 "帝出乎震, 齊乎巽, 相見乎離, 致役乎坤, 說言乎兌, 戰乎乾, 勞乎坎, 成言乎艮. 艮東北方之卦也, 萬物之所成終而所成始也, 故曰成言乎艮."

『시경』이나 『서경』에 자주 나타나는 천지의 궁극적 존재인 상제上帝, 제帝, 천제天帝 등의 용어가 괘의 형성원리에 등장함에 주목해야 한다. 상제(제, 천제)는 동양의 신관에서 말하는 조물주, 또는 인격적 주재자를 가리킨다. 특히 '말씀이 간에서 이루어진다[成言乎艮]'는 말은 천지의 진리가 간방위에서 완성된다[90]는 혁명적인 명제인데, 이에 대해 과거의 학자들은 거의 주목하지 않았다. 그렇다면 이 구절의 본질적 의미는 무엇인가.

「설괘전」에 의하면, 문왕팔괘도는 '진'에서 시작하여 '간'에서 끝맺는다. '상제의 활동은 진에서부터 나타난다[帝出乎震]'는 명제에서 상제의 주재권능은 '진'에 깃들어 있으므로 문왕팔괘도는 '진' 방위에서 출발함은 당연하다. 진의 방위에서 시작한 주역은 장남의 권위로 세상을 떨친다. 하지만 정역에서는 '3은 1과 5의 중앙이다[三, 一五中.]'고 했다. 정역에서 말하는 열린 세계가 10의 세계(하도의 세계)라면, 문왕팔괘도의 3진三震은 그 절반인 5의 '중'에 지나지 않는다. 그만큼 상극질서(낙서)를 반영하는 문왕팔괘도는 좁고 답답하기 짝이 없는 닫혀진 세상이다. 이런 연유에서 주역은 열린 세상을 암시하는 64번 째의 화수미제괘火水未濟卦(6 + 4 = 10의 세계를 지향한다)로 끝맺어 『정역』의 출현을 예고하는 셈이다.

---

90 "'천지가 간방으로부터 시작되었다'하나 그것은 그릇된 말이요, 24방위에서 '한꺼번에'에 이루어진 것이니라."(『도전』 6:51:3) '천지가 간방으로부터 시작되었다'는 말은 선천개벽이 끝마치고 새로운 후천이 시작되는 곳이 바로 '간방'이라는 뜻이다. 선천개벽과 후천개벽을 구분해야 한다.

정역은 '8은 15의 중앙이다'[91]라고 하였다. '8간'은 선천의 3진과는 다르게, '십건오곤十乾五坤' 즉 '천지십오天地十五'의 중앙에 위치한다. '8간'은 후천의 시작점이 되어 물과 불[水火]이 순환반복함으로써 선천 '3진[震]'의 세계를 마감하고, 새롭게 열리는 무극대도의 세계로 줄달음친다. 따라서 문왕팔괘도에서 정역팔괘도로의 전환은 3진에서 8간으로의 진화라고 할 수 있다. '진변위간震變爲艮(문왕괘의 '진'의 위치가 정역괘의 '간'으로 전환)'하여 동서축의 간태가 화합하는 세계는 그 무대가 얼마나 광대무변한 것인가를 짐작하고도 남는다.

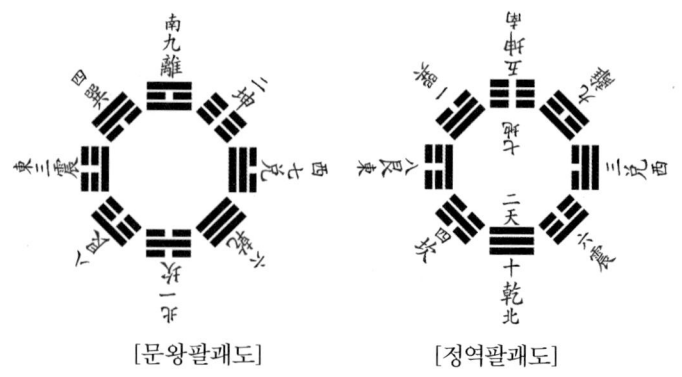

[문왕팔괘도]   [정역팔괘도]

이런 의미에서 선천의 '진震'이 그 방위조차 '천지 안의 세계[天地有形]' 즉 '인간의 이성 또는 지구중심'으로 설정한 반면에, 후천의 '간艮'은 '천지 바깥의 세계[天地無形]'까지 관통하는, 즉 '우주

---

91 『정역』「십일일언(十一一言)」"十一歸體詩", "八, 十五中之中.", 『정역』「십일일언(十一一言)」"十一歸體詩", "八, 十五中之中."

의 중심'에 설정하여 천지질서와 인간본성의 근본적인 변화의 가능성을 제시했던 것이다. 김일부는 「대역서大易序」에서 "복희씨는 거칠게 괘를 그었고, 문왕은 교묘하게 괘를 그었으니, 하늘과 땅이 기울어진 지 2,800년이라"[92]고 하여 선천은 기우뚱한 상태로 발전하여 극도의 갈등현상이 빚어지는 세상임을 간접적으로 설명한 바 있다.

만물의 완성도를 표상하는 정역괘도에서 간은 8, 태는 3으로 수식화되어 있다. 형식적인 합(10 + 1)은 분명히 11이지만, 그 실질적 의미로는 11에서의 10은 무극, 1은 태극이다. 선천에서의 무극은 현상계의 배후에서 천지창조의 본원으로 자리잡아 태극으로 하여금 자신의 역할을 대신하게 했지만, 후천에서는 직접 전면에 등장하여 새로운 천지를 여는 창조적 조화의 본체로 작동한다. 김일부는 '십일귀체十一歸體'를 비롯한 다양한 논리를 개발하여 선천에서 후천으로의 전환 논리를 성공적으로 수립했다.[93]

정역에서 말하는 '십일귀체'는 결국 '십일성도十一成道'를 뜻한다. 굳이 구분한다면 십일귀체는 구체적인 결과적 변화를, 십일성도는 그 원리를 가리킨다고 하겠다. 김일부는 '십일성도'에 의한 우주의 공덕은 한량없이 크고 위대하다고 하여 후천의 이상세계를 탄복하였다. 이밖에도 '십일귀체'와 같은 의미로 쓴 것을 소개하면 '십일일언十一一

---

92 『정역』「대역서」, "夫子親筆吾己藏, 道通天地無形外. 伏羲粗畫文王巧, 天地傾危二千八百年."
93 『정역』상편 「十五一言」의 짝인 「十一一言」의 결론은 "十一吟"에 있다. "십일음"에는 '금화교역'의 결과로 나타나는 11가지의 공덕을 찬양하고 있다. ① 十一歸體, ② 五八尊空, ③ 九二錯綜, ④ 火明金淸, ⑤ 天地淸明, ⑥ 日月光華, ⑦ 琉璃世界, ⑧ 上帝照臨, ⑨ 于于而而, ⑩ 正正方方, ⑪ 好好無量 등이 그것이다.

言(무극과 태극의 한마디 말씀, 무극과 태극이 하나로 합하는 말씀)', 무극과 태극이 하나로 합하는 이치와 그것이 구체화되는 광경에 감탄하여 읊은 시인 "십일귀체시"와 "십일음十一吟", '무극이태극십일無極而太極十一', '십일지덕이천도十一地德而天道' 등이 있다.

우리는 3과 8의 상수론적인 성격에 주목할 필요가 있다. 11은 3과 8의 합인데, 3은 1과 5의 존재론적 '중中'이고, 8은 하도낙서의 센터에 있는 무극과 황극의 합수인 15의 '중中'이다. 또한 5운五運이 6기六氣로 변화해도 11이 되는 동일한 현상으로 나타난다. 선천의 5황극이 후천의 6황극으로 변해도 11이다. 이를 간략히 도표화하면 다음과 같다.

손度數	1	2	3	4	5	6	7	8	9	10
順數	10	9	8	7	6	5	4	3	2	1
逆數	1	2	3	4	5	6	7	8	9	10
上下合	11	11	11	11	11	11	11	11	11	11

'간'은 만물을 끝맺고 다시 시작하는 생명의 배꼽이다.[94] 새질서와 새 생명이 열리는 '새마당'의 옴빠로스다. 그것은 생사의 교차로, 삶과 죽음의 정거장인 동시에 보금자리다. 왜냐하면 간은 나무의 뿌리인 동시에 열매이며, 생명을 지속시키는 불멸의 씨앗이기 때문이다. 이런 까닭에 정역은 8간에서 출발하여 7지七地로 끝맺는 것이다.

---

94 『주역』「설괘전」6장, "終萬物始萬物者莫盛乎艮, 故水火相逮, 雷風不相悖, 山澤通氣, 然後能變化, 旣成萬物也."

2. 간괘 : 멈춤과 그침의 미학

★ 艮其背_{간기배}면 不獲其身_{불획기신}하며 行其庭_{행기정}하여도 不見其人_{불견기인}하야 无咎_{무구}리라

그 등에 그치면 그 몸을 얻지 못하며, 뜰을 걸어도 그 사람을 보지 못하여 허물이 없을 것이다.

'간'에 대해 「설괘전」은 다양한 의미로 풀이했다. '간'은 듬직한 몸무게로 멈추어 있는 산이요, 지름길[徑路_{경로}]이요, 하나의 양이 땅[坤土_{곤토}] 위에 있는 형상인 작은 돌이요, 드나드는 큰 문[門闕_{문궐}]⁹⁵이요, 과일과 나무열매[果蓏_{과라}]요, 궁중의 문을 지키는 혼시閽寺요, 손끝으로 물건을 잘 쥐어 머무르게 할 수 있는 손가락[指_지]요, 개[狗_구]요, 쥐[鼠_서: 두 음이 아래에 엎드려 양을 보고 멈춘 모습]요, 부리가 단단한 검은 새인 검훼黔喙요, 나무로는 단단하고 마디가 많은 것을 본뜬 것이다.

산은 대지의 지붕이다. 산은 꿈쩍 하지 않는다. 산이 움직이지 않는 모습은 사람의 몸체로는 '등[背_배]'에 해당된다. 대체로 육체의 모든 기관들은 움직이는데 반해서 등은 고정된 채 멈춰 있다. 사람은 눈으로 직접 등을 볼 수 없다. 등은 상체를 버텨주면서도 자신의 역할을 생색내는 법이 없다. '등'은 손발이나 목처럼 관절이 없기 때문에 언제나 그칠(멈춤) 만한 그 장소를 지킨다. 등이 없는 육체를 상상해보라. 끔찍하다.

'그 몸을 얻지 못한다[不獲其身_{불획기신}]'는 말은 혼과 넋이 나간 육체는 있

---

95 정역사상의 창시자인 김일부는 간괘의 '문궐'을 금화교역이 이루어지는 '금화문金火門' 또는 '개벽문開闢門'의 뜻으로 새긴다.

어도 없는 것과 마찬가지라는 뜻이다. 고귀한 정신을 고스란히 담은 육신의 실체, 의식의 심층부에 자리잡은 그 본질[身]을 깨우치지 못했다는 의미이다. '등'은 몸의 일부분을 이루지만, 깨우침은 자신의 몫이다. 그렇다고 심신이원론의 관점에서 읽어서는 안 된다. 육체를 정신의 감옥 또는 불결한 고기덩어리로 간주하듯이 말이다.

인간은 항상 정면을 바라보면서 역동적으로 생활한다. 등짝은 오히려 정태적이다. 눈은 좋은 색을 선호하고, 입은 맛있는 음식을 선호하고, 귀는 아름다운 소리를 선호하지만 등짝은 감각과는 거리가 멀다. 등짝은 감각기능에 매몰되지 않는 가치중립의 몸통이다. 그것은 욕망의 굴레를 벗어나 '주관적 자아'를 초월한 상태를 뜻한다. 등짝은 육체를 잊고 욕망도 씻어냈음을 상징한다. 내부가 정화되면 외부의 유혹에 휘둘리지 않는다. 이는 등짝의 비유를 통해 욕망에 따라 인식하고 활동하지 말라는 것이다.

'그 몸을 얻지 못한다[不獲其身]'는 말은 개인이 진리의 눈을 싹틔우는 단계라면, "뜰을 걸어도 그 사람을 보지 못하여 허물이 없다[行其庭, 不見其人, 无咎]"는 말은 진리를 바깥으로 옮겨야 한다는 당위성을 뜻한다. 전자가 잠에서 깨어나는 단계라면, 후자는 감각의 세계 즉 일상의 삶에서 깨어나라는 가르침이라고 할 수 있다. 그래서 유학자들은 간괘가 뜻하는 윤리의 소중함과 함께 주역의 주제는 마음학임을 알려주고 있는 것이다.

> ☞ 감각의 세계에서 깨어나 윤리의 삶에 주목하라. 윤리적 세계의 핵심은 마음의 조절에 있다.

3. 단전 : 간괘의 핵심은 시중時中의 정신이다

* 彖曰 艮_은 止也_니 時止則止_{하고} 時行則行_{하여}
動靜不失其時其道光明_{이니} 艮其背_는 止其所也_{일새라}
上下敵應_{하여} 不相與也_{일새}
是以不獲其身行其庭不見其人无咎也_라

단전에 이르기를 간은 그침이니, 때가 그칠 만하면 그치고 때가 행할 만하면 행하여 움직이고 고요함에 그 때를 잃지 않아 그 도가 환하게 밝음이다. '그 등에 그침'은 그곳에 그치기 때문이다. 상하가 적응하여 서로 더불지 못하기 때문에 '그 몸을 얻지 못하며, 뜰을 걸어도 그 사람을 보지 못하여 허물이 없을 것이다.'

현대인들은 시간에 쫓겨 살면서 느림의 여유를 느낄 겨를 조차 없이 속도와의 싸움을 즐기고 있다. 느림과 빠름의 어정쩡한 절충주의는 간괘의 가르침과 어긋난다. 간괘는 오직 시간의 본성과 일치된 행위를 최고로 꼽는다. 시간은 지공무사至公無私하다. 뜨락을 함께 거니는 동료에게도 사사로운 감정으로 편애하지 않는 행위는 시간의 정신과 부합한다. 한때는 불교에 심취했던 주렴계周濂溪(1017~1073)는 엄청난 부피를 자랑하는 『법화경法華經』도 '간'이라는 글자 하나로 모두 풀 수 있다고 장담했던 것이다.[96]

---

96 『주자전서周子全書』, 권18, 「유사遺事」, "一部法華經, 只消一箇艮字可了."

성인은 간괘의 원리에 근거하여 교화를 베풀었다고 주렴계는 말했다. 그 요체는 곧 중도[中]이다. "성인이 가르침을 세워서 사람들로 하여금 스스로 악을 바꾸게 했으며, 스스로 중도에 이르러 그치게 하였다."[97] 중도는 두 얼굴을 갖는다. 이미 드러난 중도와 아직 드러나지 않은 중도가 바로 그것이다. 성리학에서는 이를 현상적 차원과 본질적 차원으로 구분한다. 전자에 따르면 어머니가 돌아가시면 펑펑 울고, 자식이 상장을 받으면 기뻐하는 것은 넘치거나 모자람이 없는 '시중'의 정신과 일치한다. 이때의 중은 조화[和]이다.

간괘는 중도와 시간을 결합시켜 설명한다. 여기에는 조건이 있다. 그것은 바로 '시중時中'이다. 멈추는 것이 옳으면 멈추고, 행동하는 것이 옳으면 행동해야 한다. 멈춰야 할 때는 나아가거나, 나아갈 때는 멈추는 것은 시간의 정신에 위배된다[不中]. 멈춤과 그침을 뜻하는 '지止' 위에 한 일一 자를 붙이면 옳을 정[中正]이다. 따라서 '시중'은 존재와 인식과 가치와 행위가 조화된 역동적 개념이라면, 중정은 정태적 개념인 것이다.

간괘는 '동정動靜'에 시간이라는 생명력을 불어넣는다. 만약 동정에 시간이 배제되면 물리적 운동에 지나지 않는다. 반대로 시간에 사람냄새가 물씬 담긴 행위가 배제되면 쇠로 만든 시계의 숫자판에 불과할 것이다. 주역의 시간은 항상 가치문제가 수반되기 때문에 '간괘의 원리가 현실에 밝게 빛난다[其道光明]'고 했던 것이다.

정이천은 『맹자』를 인용하여 공자의 행동거지 하나하나가 '시중'

---

97 『통서해通書解』권7, 「사師」, "故聖人入教, 俾人自易其惡, 自至其中而止矣."

의 구현이었다고 했다. "군자는 때(시간)를 귀중하게 여기니, 중니의 '행지구속行止久速'이 그것이다. 간의 실체는 독실하여 광명한 뜻이 있다."[98] 맹자는 공자를 백이, 이윤, 유하혜와 차별화하면서 공자는 시간의 정신[時中]을 꿰뚫은 성인이라고 칭송했다. "속히 떠날 만하면 떠나고, 오래 머물 만하면 오래 머물며, (관직에서) 물러날 만하면 물러나고, 벼슬할 만하면 벼슬한 것은 공자이시다. … 공자는 때를 알아서 알맞게 해 나가셨던 분이다. 그래서 공자를 집대성한 분이라 부르는 것이다."[99]

간괘의 핵심은 '시중時中'에 있다. 청나라의 혜동惠棟(1696~1758)은 '시중'의 위대성을 다음과 같이 말한다. "역은 참으로 심오하다. 그러나 한마디로 말하면 시중時中이다. 「단전」에 '時'에 대하여 말한 곳은 24괘, '中'에 대하여 말한 곳은 35괘이며, 「상전」에서 '時'에 대하여 말한 곳은 6괘, '中'에 대하여 말한 곳은 36괘이다. 時에 대하여 말한 곳에서 … 時行, 대체로 待時, 時變, 時用, 時義, 時發, 時舍, 時極이라 했고, 中에 대하여 말한 곳에서는 中正, 正中, 大中, 中道, 中行, 行中, 剛中, 柔中이라 하였다. 또 蒙卦에서는 時中하라고 했다."[100]

자사子思는 『중용』에서 공자의 학문의 결론은 '군자와 시중[君子而時中]'이라고 밝혔고, 맹자 또한 공자를 '시간의 정신을 꿰뚫은 성인[聖之時者]'이라고 극찬하였다. 동양의 中 사상이 요순에서

---

98 『역정전』, "君子所貴乎時, 仲尼行止久速是也. 艮體篤實, 有光明之義."
99 『맹자』「만장」하, "可以速而速, 可以久而久, 可以處而處, 可以仕而仕, 孔子也. … 孔子, 聖之時者也. 孔子之謂集大成."
100 곽신환, 『주역의 이해』(서울: 서광사, 1990), 260쪽 재인용.

시작되었다면, 이러한 '중'의 '시간적인 적합성[時中^{시중}]'의 뜻은 공자에 의해 처음으로 밝혀졌다. '시중'은 주역의 근간이다. 예컨대 산지박괘山地剝卦「단전」은 '군자는 줄고 불고 차고 비는 하늘의 운행을 숭상한다[君子尙消息盈虛天行也^{군자상소식영허천행야}]'라 했고, 뇌화풍괘雷火豐卦「단전」은 '천지가 차고 비는 운동은 시간과 더불어 줄고 부는데, 하물며 인간이며 하물며 귀신이랴![天地盈虛, 與時消息, 而況於人乎, 況於鬼神乎^{천지영허 여시소식 이황어인호 황어귀신호}]'라고 말했다. 이는 '시중時中'의 구체적인 표현이다.

상수학에서는 특정한 시점(시간)과 특정한 공간이 만나는 특이점을 '궁宮'으로 표현했다. 궁은 갓머리 '宀' 지붕 아래 천간[口]과 지지[口]가 하나로 결합된 모습을 본뜬 글자다. 그것은 인간의 의지로 바꿀 수 없는 자연의 이치이기 때문에 '시중'의 범주 안으로 들어올 수 없다. 하지만 천간과 지지의 조합으로 만들어진 특정한 시공, 예컨대 '갑자'라든가 '임진'이라는 날짜에 농사 시기를 결정하거나 혼인날을 택일하는 방법 등의 사회적인 시간으로 발전하기에 이른다.[101]

간괘는 상하 모두가 산(☶)이다. 초효와 4효, 2효와 5효는 음끼리 상대하고, 3효와 상효는 양끼리 상대하는 적대적 관계[敵應^{적응}]이다. 음양이 교감하지 못하기 때문에 왕성한 활동을 기대할 수 없다[不上與也^{불상여야}]. 그것은 주관적 판단과 억측에 사로잡혀 진정한 자아 혹은 주체성을 확보할 수 없다[不獲其身^{불획기신}]는 것을 가리킨다. 더욱이 밖으로는

---

101 이창익, 『조선후기 역서의 우주론적 복합성에 대한 연구』(서울대 박사논문, 2005), 11쪽. "역서曆書는 인간적인 시간, 우주적인 시간, 사회적인 시간 등의 이종의 시간들이 조우하고 교차하여 형성되는 조합적인 시간, 혹은 종합적인 시간을 표현한다." 그것은 인간화된 시간, 즉 사회화된 시간을 뜻한다.

타인의 마음을 읽을 수 없을 뿐만 아니라 심지어 교류도 불가능하다. 그러나 지켜야 할 것은 반드시 지키기 때문에 허물이 생기지 않는다는 뜻이다.

> ☞ 주렴계는 진리의 꽃다발이라고 불교가 자랑하는 『법화경法華經』도 '간'이라는 글자 하나로 모두 풀 수 있다고 장담했듯이, 간괘는 시간의 흐름의 적절성[時中]을 강조한다.

4. 상전 : 하늘이 부여한 자신의 위상을 사무치게 새겨야

★ 象曰 兼山이 艮이니 君子以하여 思不出其位하나니라
_{상왈 겸산 간 군자이 사불출기위}

상전에 이르기를 산이 연이어 있는 것이 간이다. 군자는 이를 본받아 생각이 그 위치에서 벗어나지 아니한다.

'겸산兼山'은 두 개의 산이 나란히 있다는 뜻이다. 괘의 위 아래 산[艮: ☶]이 겹쳐 있어 매우 안정된 모양을 이루어 그칠(멈출) 자리에 그친 형상이다. 산은 항상 그 자리에서 움직이지 않고 우뚝 솟아 있다. 산은 타인의 영역을 침범하지 않고 자신의 공간을 말없이 지킨다.

간괘 「상전」의 핵심은 '생각[思]'과 '지위[位]'에 있다. 여기서 말하는 지위는 단순한 벼슬 따위에 한정되지 않는다. 시간이 '중中'을 얻어야 하는 것처럼, 군자 역시 올바른 자리[正位]를 얻어야 마땅하다.

'성인의 큰 보물은 지위'[102]라는 의미에서 보면, 시간과 대응하는 지위는 하늘이 부여한 선험적인 명령[命]이다. 군자는 하늘이 부여한 자신의 위상을 사무치게 새겨야 한다. 여기서 벗어난 일체의 사특한 생각은 올바르지 않다.

'위位'는 곧 역사적 사명과 결부된 일종의 분수이다. 분수에 넘치거나 모자라는 행위는 역사에 죄를 짓는 일이다. "지위가 없음을 근심하지 말고, 지위에 설 만한 자질을 갖출 것을 근심해야 한다. 자기를 알아주지 않음을 근심하지 말고, 알아줄 만한 자질을 갖추기에 힘써야 한다."[103] 때와 지위는 하늘의 일이지만, 이를 깨닫고 실천하려는 덕성은 군자의 책무이다.

> ☞ 때와 현실적 지위는 하늘의 영역이지만, 이를 깨닫고 실천하려는 의지는 군자의 의무사항이다.

5. 초효 : 멈춤의 시기에도 올바름[正]으로 무장하라

★ 初六은 艮其趾라 无咎하니 利永貞하니라

象曰 艮其趾는 未失正也라

초육은 발꿈치에 그침이다. 허물이 없으니 오래도록 올바르게 함

---

102 『주역』「계사전」하 1장, "聖人之大寶曰位."
103 『논어』「이인편」, "不患無位, 患所以立, 不患莫己知, 求爲可知也."

이 이롭다. 상전에 이르기를 '발꿈치에 그침'은 올바름을 잃지 않음이다.

초효는 사람의 발로 비유할 수 있다. 사람이 움직이려면 우선 먼저 발을 떼야 한다. 발걸음을 옮기려 해도 아직은 힘이 미약하다. '발에서부터 그친다'는 말은 움직이지 않아야 좋다는 것을 알고 애당초 움직이지 않는 것을 뜻한다.

초효는 음의 실체로서 양의 위치에 있으므로 부적합하다[不正]. 부적합하다는 사실을 깨닫는 자체로도 큰 허물은 없다. 허물없다는 것을 결코 자랑삼아서는 안 된다. 진정으로 정도를 꾸준히 지켜야 제 구실을 할 수 있다.

> ☞ 일시적인 허물 없음에 자만하지 말라. 정도를 지켜야 인간 노릇을 할 수 있다.

6. 2효 : 진리[道]가 펼쳐지지 않음을 근심하라

* 六二는 艮其腓니 不拯其隨라 其心不快로다

  象曰 不拯其隨는 未退聽也일새라

육이는 장딴지에 그침이다. 구원하지 못하고 따라가니 마음이 상쾌하지 않다. 상전에 이르기를 '구원하지 못하고 따름'은 물러나 듣지 않기 때문이다.

'비腓'는 장딴지, '증拯'은 건지다 또는 구원하다는 글자다. 2효는 비록 음이 음자리에 있으나[正], 위로는 5효 음과 감응하지 못하여 힘쓸 수 없다. 그것은 장딴지의 역할과 흡사하다. 장딴지는 스스로 움직이지 못한다. 다만 허리 밑에 있는 넓적다리가 움직이는 대로 움직일 따름이다. 장딴지는 자율성이 없는 까닭에 하괘의 주인공인 3효의 움직임에 수동적으로 따라갈 수밖에 없다.

2효는 모든 조건을 갖춘 중정이다. 아쉽게도 스스로는 유약한데다가 주변의 여건이 여의치 않다. 허리가 움직이면 장딴지는 싫은 내색도 못한다. 3효를 구제하지도 못하고 오히려 막무가내 3효를 따라야만 하는 운명이다. 허리 움직임에 무조건 따르는 것이 썩 내키지 않아 마음은 불쾌할 뿐이다.

허리는 장딴지의 속셈을 모른다. 장딴지는 중정의 덕을 갖추었으나, 허리의 움직임에 피동적으로 따라간다. 장딴지로서는 속수무책이다. 허리는 장딴지의 충언을 무시한다. 오히려 한 걸음 물러나 귀를 틀어막고 아예 듣지 않는다[未退聽也]. 그것은 육신에 대한 걱정이 아니라, 진리[道]가 펼쳐지지 않았기 때문에 생기는 근심을 묘사한 것이다.

☞ 세속의 일에 전력투구하는 것은 소인의 관심사이며, 군자는 진리와 정의의 사회적 구현에 힘써야 한다.

7. 3효 : 의견을 조정하고 소통하는 지혜를 터득해야

* 九三은 艮其限이라 列其夤이니 厲薰心이로다
　　　　　　구삼　　　간기한　　　　　열기인　　　　여훈심

象曰 艮其限이라 危薰心也라
　　　상왈　　간기한　　　　　위훈심야

구삼은 허리에 그침이다. 등살을 벌리니 위태로워 마음이 찌는 듯하다. 상전에 이르기를 '허리에 그침이다.' 위험하여 '찌는 듯하다.'

'한限'은 상체와 하체를 유연하게 연결하는 허리를 뜻하고, '열列'은 벌릴 또는 끊을 열裂과 같은 뜻이다. '인夤'은 등뼈 좌우에 붙은 근육과 살을 의미하며, '훈薰'은 연기로 그슬리거나 찌다는 뜻이다. 상효가 간괘의 주인공이라면, 3효는 작은 주인공으로서 상괘와 하괘를 소통시키는 연결고리이다.

3효는 양이 양자리에 있으나[正], 힘이 지나쳐 한쪽으로 기울어진 모양새다. 게다가 중용도 아니다. 엄연히 산의 황제(상효)가 존재함에도 불구하고 황태자(3효)가 너무 날뛰는 형세다. 3효 양 하나가 음효들을 중앙에서 가로막고 있다. 3효는 아래의 두 음과 위 두 음을 끊어 그 사이를 더 벌림으로써 소통을 방해하는 꼴이다. 상하를 잘 조정하는 구심점이 되어야 하는데도 불구하고 역효과를 빚어내는 것과 흡사하다. 3효는 음양의 갈등을 부추겨 등살이 좌우로 벌어지는 양상으로 표현했다.

축구에서 중원의 마술사로 불리는 미들필더의 역할은 막중하다. 그는 공수의 속도를 조절하면서 공격진과 수비진을 이끈다. 미들필더는 공격과 수비를 부드럽게 조화시켜 힘의 균형을 극대화시키는 임무를 맡는다. 하지만 단독 플레이로 아군의 분열을 조장하여 팀을 패배로 몰아간다면 미들필더(허리)는 있으나마나 할 것이다. 3효는 중간자만이 가지는 친화력[中和중화]의 중요성을 망각하여 생기는, 즉 허리가 제 구실을 못하여 일어나는 폐단을 지적하였다.

> ☞ 상하를 비롯한 공동체 구성원의 가려운 곳을 찾아내어 마음을 한 곳으로 모아 사회의 힘을 길러야 할 것이다.

8. 4효 : 몸뚱이를 움직이는 것은 '간'의 마음

* 六四육사는 艮其身간기신이니 无咎무구니라

  象曰상왈 艮其身간기신은 止諸躬也지저궁야라

육사는 몸(상반신)에 그침이니 허물이 없다. 상전에 이르기를 '상반신에 그침'은 그 몸에 그침이다.

'신身'은 허리 위의 몸통을 가리키고, '저諸'는 어디에[之於지어]라는 조사로서 '저'로 읽어야 한다. 4효는 음이 음자리 있으면서 정도를 지킨다[正정]. 이미 친화력을 상실한 단계를 넘어섰기 때문에 그칠 곳을 알아서 그치므로 허물이 생기지 않는다. 비록 자신이 처한 위치는 적당하지만, 4효는 성품이 유약한 신하에 비견된다. 신하는 모름지기 군주의 잘잘못을 지적하여 천하의 안녕을 도모해야 하는데, 우유부단한 성격에 때문에 몸을 아껴서 제자리만을 고수한다.

4효는 허리를 지나 가슴 부위의 심장을 가리킨다. 심장은 몸의 엔진이다. 불규칙하게 움직이는 엔진은 쓸모없다. 엔진이 움직일 때는 소음이 일어난다. 약한 동력의 엔진은 안정적일 수는 있으나, 막강한 힘을 발휘할 수 없다. 안정만을 추구하는 신하는 개인적 허물은 없을지언정 사회적으로는 도움이 안 된다는 뜻이다.

한의학에서는 마음이 머무는 자리를 심장心臟이라 한다. 심장에서 나온 마음이 육체를 주재하여 몸을 움직이게 만든다. 몸을 움직이는 마음이 바로 '간'의 마음이다. "'신身'은 몸이 펴있는 형태로 그쳐 있음을 말한 것이고, '지저궁야止諸躬也'는 몸을 구부려 엎드려 있는 형태로 그쳐 있음을 말한 것이다. 따라서 4효는 굴신屈伸하면서 그쳐 있음을 뜻한다. '함咸'의 마음자리가 '간'의 몸자리다. 함은 감응인 까닭에 마음을 주로 하고, '간'은 반신半身인 까닭에 몸을 주로 했을 뿐이다."[104] 몸과 마음은 둘이 아니라 심신일원心身一元으로 작용한다. 몸과 마음은 별개의 존재가 아니다. 몸이 가면 마음도 따라가고, 마음이 그치면 몸 역시 그친다. 여기서 몸과 마음이 소통하는 조화의 경계를 발견할 수 있다.

> ☞ 몸과 마음이 일치하는 조화의 방법을 배워야 진정한 인간이다.

---

[104] 이정호, 『주역정의』(서울: 아세아문화사, 1980), 113-115쪽 참조.

9. 5효 : 입과 혀는 몸을 망치는 도끼와 칼이다

* 六五는 艮其輔라 言有序니 悔亡하리라

  象曰 艮其輔는 以中으로 正也라

육오는 볼에 그침이다. 말에는 질서가 있으니 후회가 없을 것이다. 상전에 이르기를 '볼에 그침'은 중도로써 올바르게 함이다.

5효는 음이 양자리에 있으나[不正], 상괘의 중용을 얻었다. 얼굴 두 볼(뺨) 한가운데에 입이 있다. 입으로 말할 때는 볼이 저절로 움직인다. 볼에서 그친다[艮其輔]는 것은 입에서 그친다는 말과 같다. 입에서 그친다는 것은 말을 함부로 내뱉어서는 안 된다는 뜻이다. 그렇다고 꿀먹은 벙어리처럼 침묵으로 일관하는 것은 자포자기의 행위다.

입은 언어의 도구이다. 말해야 할 때는 말하고, 말하지 말아야 할 때 말해서는 안 된다. 말할 때는 말하지 않고, 말해서 안 될 때 말하는 것은 올바른 태도가 아니다. 말을 할 경우는 일단 조리있게 해야 한다. 그렇지 않으면 말로 인한 재앙이 뒤따른다.『명심보감明心寶鑑』에는 몸과 말에 관한 유익한 얘기가 있다.

> "입과 혀는 화와 근심을 불러들이는 문이고 몸을 망치는 도끼와 같다. 사람을 이롭게 하는 말은 솜처럼 따뜻하고, 사람을 해치는 말은 가시처럼 날카로우니, 사람을 이롭게 하는 한마디 말은 천금같이 무겁고, 사람을 해치는 한마디 말은 칼로 베는 것같이 아프다. 입은 사람을 다치게 하는 도끼이고, 말은 혀를 끊는 칼과 같으니, 입을 다물고 혀를 깊이 감추면 몸이 어디에서나 편안하다."

"말이 이치에 맞지 않으면 차라리 말을 하지 않는 것만 못하다. 한마디 말이 이치에 맞지 않으면 많은 말을 해도 소용이 없다."[105]

언어의 사용은 극도로 자제해야 옳다. 앞뒤를 가리고, 경중을 따져서 법도에 알맞게 말하면 괜찮다. 5효는 음이 양자리에 있기 때문에 정도가 아니지만[不正], 상괘의 중용을 얻고 있다. 중도로써 부정을 보강하고 조화하라[以中, 正也]는 뜻이다. 중화中和의 품성 덕분으로 실언하지 않는 까닭에 뉘우치는 일이 생길 리 만무하다.

☞ 중용의 도리로 부정함을 고쳐라.

10. 상효 : 배움의 목적은 머무름을 알기 위해서

* 上九는 敦艮이니 吉하니라

象曰 敦艮之吉은 以厚終也일새라

상구는 돈독하게 그침이니 길하다. 상전에 이르기를 '돈독하게 그쳐 길함'은 두터움으로 마치기 때문이다.

상효는 양이 음자리 있고[不正] 상괘의 중용을 지나쳤다. 64괘 상효의 대부분은 좋지 않는 상황을 말했으나, 간괘의 미덕은 그침 또는

---

105 『명심보감』「언어편言語篇」, "口舌者, 禍患之門, 滅身之斧也. 利人之言, 煖如綿絮, 傷人之言, 利如荊棘, 一言半句, 重値千金, 一語傷人, 痛如刀割. 口是傷人斧, 言是割舌刀, 閉口深藏舌, 安身處處牢." "言不中理, 不如不言. 一言不中, 千語無用."

멈춤이기 때문에 상효는 돈독하게 그쳐서 하나도 나무랄 바가 없다.

주역에서 돈독하다[敦]는 글자가 나오는 곳은 두 군데가 더 있다. 하나는 지택임괘地澤臨卦(䷒) 상효의 '돈독하게 임한다[敦臨]'는 것이고, 다른 하나는 지뢰복괘地雷復卦(䷗) 5효의 '돈독하게 회복함[敦復]'이 그것이다. 시간적 입장에서 그칠 때는 그치고 행할 때는 행하는 행위가 바로 '돈간'이다.[106]

주역과 정역을 평생 연구한 이정호는 함괘咸卦와 간괘艮卦의 공통점을 도표로 시각화했다.[107]

澤山咸 ䷞ 上 ䷞ 下	重山艮 ䷳ 上 ䷳ 下
上六, 咸其輔頰舌(볼, 뺨, 혀)	上九, 敦艮(종합, 통합)
九五, 咸其脢(등)	六五, 艮其輔(볼)
九四, 憧憧往來朋從爾思(마음)	六四, 艮其身(마음)
九三, 咸其股(넓적다리)	九三, 艮其限(허리)
六二, 咸其腓(장딴지)	六二, 艮其腓(장딴지)
初六, 咸其拇(엄지발가락)	初六, 艮其趾(발꿈치)

간괘에는 초효로부터 상효에 이르기까지 '그침[艮]'이라는 글자가 여섯 군데 있다. 그것은 유교의 학문방법론과 인식의 문제를 다룬 『대

---

106 간괘 상효가 양에서 음으로 변하면 지산겸괘地山謙卦(䷎)가 형성된다. 겸괘의 주인공[主爻]은 3효이다. 스스로를 낮추는 겸손의 미덕으로 그치면 길하다. "구삼은 수고로우면서도 겸손함이니, 군자가 (종신토록) 마침이 있으니 길하다.[九三, 勞謙, 君子有終, 吉.]" 간괘 상효와 겸괘 3효는 공통적으로 마칠 종[終]으로 매듭짓고 있다.

107 이정호, 앞의 책, 114쪽 참조.

학大學』의 요지에 반영된다. 여기서 눈여겨봐야 할 것은 『대학』 삼강령三綱領의 첫구절이 머뭄(그침, 멈춤: 止)으로 시작한다는 점이다. "대학의 도리는 밝은 덕을 밝히는데 있으며, 백성을 친하게 여기는데 있으며, 지극한 선에 머무름(그침)에 있다. 그침을 안 뒤에 정함이 있나니, 정한 뒤에 고요할 수 있고, 고요한 뒤에 편안할 수 있고, 편안한 뒤에 사유할 수 있고, 사유한 뒤에 얻을 수 있다."[108]

조선의 화담花潭 서경덕徐敬德(1489~1546)은 간괘의 원리와 『대학』을 결합하여 자연철학을 활짝 꽃피웠다. 그는 "군자가 배움을 귀하게 여김은 머무름을 알기 위해서다"라고 했다.[109] 서경덕이 말하는 '머무름[止]'은 "모든 우주적 존재질서의 기본적 바탕이다. 인간존재의 사회적 질서도 이 자연적 존재의 머무름의 성실한 표현에 지나지 않는다. 일물일사一物一事에도 성실하고 공경하는 마음으로 접하고 응하려는 주일무적主一無適의 자기수련이다."[110]

> ☞ 멈춤과 머무름은 천지를 관통하는 보편원리다.

---

108 『대학』, "大學之道, 在明明德, 在親民, 在止於至善. 知止而後有定, 定而後能靜, 靜而後能安, 安而後能慮, 慮而後能得."
109 『화담집花潭集』「송심교수서送沈敎授序」, "君子之所貴乎學, 以其可以知止也."
110 김형효,「화담 서경덕의 자연철학에 대하여」『동서철학에 대한 주체적 기록』 (서울: 고려원, 1985), 79-86쪽 참조.

11. 주역에서 정역으로

정역사상의 연구자 이상룡李象龍은 간괘의 성격을 다음과 같이 설명한다.

艮은 在文從坤從止라 止는 山也오 坤은 土也라
故其象爲山字與文倂일새 取坤土而隆其上也오
又上下皆山이 象天開之山이니 已崧而在上하고
地闢之山은 湧出而止下라 是固道統之終始와
萬物之生成之正方也니 而天下井井之道는
由艮始之라 艮所以次井也라

'간'은 문자적으로 곤坤과 멈출 지止의 합성어로 지止는 산을, 곤은 토土를 뜻한다. 간은 산의 모습을 상징하는 글자와 문체를 같이 사용하여 곤토坤土가 위로 솟아오르는 것을 취하였다. 위아래가 모두 산인데, 하늘이 열리면서 우뚝 솟아오른 산은 위에 있고 땅이 열리면서 생긴 산은 용출하면서 아래에서 멈추었다. 이것은 도통의 순서와 만물이 생성하는 올바른 방식으로 천하의 우물을 만드는 도리가 간괘에서 비롯되었기 때문에 간괘가 정괘 다음에 위치하는 것이다.

象曰 艮其背면 不獲其身은 山起西北하여

_{미 견 전 체 야} _{행 기 정} _{불 견 기 인} _{무 구}
未見全體也오 **行其庭**하여도 **不見其人**하여 **无咎**라는

_{가 천 하 이 화 외 이 야}
家天下而化外夷也라

* 「단전」- "'등에 그치면 그 몸을 얻지 못한다'는 것은 산이 서북쪽에서 일어나 전체를 볼 수 없다는 것이요, "뜰을 걸어도 그 사람을 보지 못하여 허물이 없을 것이다"라는 것은 천하를 가족으로 삼아 바깥 오랑캐를 교화시킨다는 뜻이다.

_{상 왈 군 자 이} _{사 불 출 기 위}
象曰 君子以하야 **思不出其位**하나니라는

_{광 천 하 지 사 려 야}
廣天下之思慮也라

* 「상전」- "군자는 이를 본받아 생각이 그 위치에서 벗어나지 아니한다"는 것은 천하를 생각하고 근심하는 것이 넓다는 말이다.

_{초 육} _{간 기 지} _{무 구} _{이 영 정}
初六은 **艮其趾**라 **无咎**하니 **利永貞**하니라는

_{조 판 이 지 하} _{한 기 수 석 야}
肇判而止下로 **限其水汐也**라

* 초효 - ""초육은 발꿈치에 그침이다. 허물이 없으니 오래도록 올바르게 함이 이롭다"는 것은 만물의 창조가 아래에 그치는 까닭에 썰물현상의 한계를 지적한 말이다.

_{육 이} _{간 기 비} _{지 위 중 악 야} _{부 증 기 수}
六二는 **艮其腓**라는 **止爲中岳也**오 **不拯其隨**라

_{기 심 불 쾌} _{도 산 초 재} _{부 득 수 출}
其心不快로다는 **導山初載**이나 **不得隨出**이니

_{소 이 불 락 야}
所以不樂也라

＊2효 - '육이는 장딴지에 그침'은 중악中岳에 머문다는 것이고, "구원하지 못하고 따라가니 마음이 상쾌하지 않다"는 것은 산을 따라 처음으로 실었으나 연속으로 나오지 못하므로 기쁘지 않다는 뜻이다.

_{구 삼   간 기 한   열 기 인   여 훈 심}
九三은 **艮其限**이라 **列其夤**이니 **厲薰心**이로다는

_{수 설 산 치   절 기 한   인   늠 율}
水泄山峙하여 **絶其限**이오 **夤**은 **凜慄**야라

＊3효 - "구삼은 허리에 그침이다. 등살을 벌리니 위태로워 마음이 찌는 듯하다"는 것은 물은 새고 산은 높아져 그 한계를 가로막는 것이요, 인夤은 두려워하여 벌벌 떠는 모양이다.

_{육 사   간 기 신   무 구   전 피 치 간 야}
六四는 **艮其身**이니 **无咎**니라는 **田彼菑墾也**라

＊4효 - "육사는 몸(상반신)에 그침이니 허물이 없다"는 말은 오랫동안 묵혔던 밭을 개간하는 것을 가리킨다.

_{육 오   간 기 보   언 유 서}
六五는 **艮其輔**라 **言有序**는

_{생 차 간 국   시 연 후   어 지 야}
生此艮國하고 **時然后**에 **語之也**라

＊5효 - "육오는 볼에 그침이다. 말에는 질서가 있다"는 것은 간국艮國(조선: 한국)이 생겨난다는 것이고, 때가 이른 뒤에 말하라는 뜻이다.

上九는 敦艮이니 吉하니라는

敦厚永終이 七小八大也일새라

* 상효 – "상구는 돈독하게 그침이니, 길하다"는 말은 항구불변의 이치가 두텁게 마치는 것은 7은 작고 8은 크기 때문이다.

찾아보기

번호

4덕 191

5황극 101, 139

6갑 183, 189

8간 260

10무극 126, 139

24절기 186

60갑자 49, 178, 188

ㄱ

간 262, 263, 269, 274, 275

간괘 249, 254, 255, 256, 264, 265, 266, 268, 269, 273, 277, 278, 280

간보 241

갑기 179, 187

갑기야반 178

갑자 189

건괘 53, 126, 179, 180, 191

건도 179

걸왕 184

겸괘 17, 115, 120, 121, 124, 125, 127, 134, 137, 139, 144, 150, 156

겸손 121, 122, 123, 124, 127, 128, 132, 135, 136, 137, 138, 139, 141, 142, 144, 146, 152

계사전 114

고괘 178

곤괘 45, 108, 109, 189

곧음 17, 19

공자 19, 20, 129, 138, 162, 190, 210, 221, 238, 239, 266, 267

괘기설 186

구괘 17

군대 15

군자 31, 35, 51, 52, 53, 54, 81, 109, 123, 127, 133, 135, 137, 138, 140, 144, 145, 146, 158, 163, 188, 197, 198, 199, 201, 202, 212, 214, 239, 267, 270, 272, 279

군자표변 197

군주 29, 31

귀신 128, 129, 130, 131

규괘 177

금화교역 181, 182

기갑 179, 187

기갑야반 178

기일 177, 178, 183, 189

기제괘 124
기축 189, 201
길흉화복 131
김일부 49, 59, 60, 134, 155, 156, 178, 181, 261

ㄴ

낙서 45, 61, 101, 155, 181, 200
낙서수 208
남방화 176
논어 106
뇌지예괘 17, 150
니체 111

ㄷ

다산 20
단전 129
달력 186
당태종 32
대동사상 74
대동사회 18, 75, 76, 82
대연지수 208
대유괘 17, 74, 78, 98, 99, 100, 112, 115, 120, 156
대인 19, 195, 196, 197, 198, 202
대인호변 195
대학 278, 279

덕치 25
도가 32
도생역성 57, 58, 61
도수 187
동곽번간 31
동인 73
동인괘 17, 72, 73, 74, 75, 77, 78, 79, 83, 85, 91, 92, 98, 99, 100, 156
둔괘 43, 44, 153, 226
들뢰즈 187

ㄹ

라즈니쉬 131
력 186
리괘 17, 191

ㅁ

맹자 18, 19, 20, 31, 52, 134, 266, 267
명심보감 276
목민 20
몽괘 43
무극 49, 50, 125, 139, 262
무극대도 260
무망괘 249
무왕 184

무정 108
문언전 180, 191
문왕 240
문왕괘 126
문왕괘도 126, 181, 193, 196
문왕팔괘 257, 258, 259
미제괘 259

ㅂ

박괘 17, 268
밝음 176
법가 32
병가 32
복괘 17, 249, 278
복희괘 126
복희괘도 126, 193
복희팔괘 60, 257
봉선 208, 209
부다익과 134
부암 108
부열 108
부정 29, 176
부중부정 23
북방수 176
비괘 17, 40, 41, 42, 43, 45, 47, 66, 72

ㅅ

사괘 14, 15, 16, 17, 18, 21, 40, 41, 42
산지박괘 17
산풍고괘 178
삼극론 49, 50
삼지양천 134
삼천양지 134
상극 45, 47, 155, 156, 177, 181, 187
상극질서 259
상멸 181
상생 47, 155, 181, 187
상수론 58, 101
상식 181
상제 158, 159, 168, 170, 211, 212, 249, 258, 259
생갑자 178
생계해 178
생수 101
서경 60
서경덕 279
서괘전 15, 41, 73, 99, 151, 175, 206, 231, 233, 255
서합괘 232
선갑삼일 178

선경삼일 178
선천 49, 125, 134, 156, 178, 189, 219
선후천 44, 45
선후천론 178, 189, 193, 219
선후천변화 181, 182
설괘전 134, 159
성선설 20, 52
성수 101
성악설 52
성인 59, 206, 207, 210, 211, 212, 213, 266, 270
소강절 59, 258
소인 30, 31, 52, 110, 164, 197, 198, 202, 221, 272
소인혁면 197
소축괘 17, 66
손괘 178, 213
송괘 14
수기 51
수지비괘 17, 40
수풍정괘 174
수화기제괘 124
순도수 60, 61, 64
순역 54
순자 52, 65

시간 45, 48, 49, 57, 58, 59, 61, 62, 103, 107, 157, 168, 185, 186, 200, 265, 266, 269, 270
시중 157, 167, 266, 267, 268
신탁 196
신화 21, 100
십건오곤 152, 156
십오일언 125
십일귀체 261
십일성도 261
십일일언 125

ㅇ

안민 20
알악양선 104
양력 201
양혜왕 19, 20
어거스틴 122
어둠 176
억음존양 60, 134, 242
여민동락 20
역 186
역도수 60, 61, 64
역법 59
역생도성 57, 58, 61
역수 60, 200

역학 186

예 191

예괘 17, 144, 150, 151, 153, 154, 156, 157, 158, 159, 164, 168

예기 76

옥고리 223, 224, 228

옥현 222, 223, 224, 228

왕도 30, 31, 33

우레 233, 234, 235, 236, 237, 238, 239, 240, 241, 244, 245, 247, 248

우물 211

우번 241

원 101

원역 193

원형이정 183, 191

윤역 187, 193

율려도수 50

음력 201

음양가 32

음양소식 186

이상룡 33, 66, 92, 115, 143, 169, 199, 225, 248, 280

이세민 32

이정호 156, 163, 278

인도 128, 130

임괘 278

ㅈ

자사 267

잡괘전 42, 207

장인 19

장자 29

정괘 174, 204, 206, 207, 208, 209, 210, 211, 212, 213, 216, 218, 222, 223, 226, 230, 233

정도 18, 19, 27, 67

정역 57, 58, 59, 60, 126, 155, 178, 187, 193, 200, 260, 278

정역괘 126, 261

정역괘도 126, 181, 193, 196

정역사상 49, 57, 134, 152, 187, 188, 214

정역팔괘 60, 257, 258

정의 19

정이천 40, 57, 72, 98, 120, 123, 150, 177, 204, 220, 230, 241, 245, 254, 266

정현 241

제갈량 23

제자 29

조양율음 134

조열지 220

조지프 켐벨 21
조화 44, 45, 46, 83, 131
종교 21, 131
종말론 74
종시론 256
종횡가 32
죄 105
주공 240
주렴계 265, 266, 269
주역 17, 186
주왕 184
주자 102, 109, 127, 211, 220, 222, 239, 241
중뇌진괘 230, 254
중도 28, 35, 64, 85
중산간괘 254
중심 136
중용 25, 28, 29, 30, 87, 89, 113, 121, 133, 161, 167, 194, 195, 217, 218, 220, 223, 242, 243, 245, 246, 273, 277
중정 32, 51, 54, 55, 73, 88, 89, 124, 136, 161, 196, 242, 272
중정지도 32
중풍손괘 178
지도 128, 130, 180

지뢰복괘 17
지산겸괘 17, 120, 139, 150, 152
지수사괘 14, 16, 17, 40
지천 178
지천태 126, 178, 182, 257
지천태괘 103, 129
지축경사 156
진괘 230, 231, 233, 234, 235, 236, 244, 249, 254, 256
진선미 104
진시황 31

ㅊ

책력 186, 201
천간 49
천도 128, 130
천둥 233, 236, 237, 238, 239, 240
천명 45, 226
천문 187
천문학 185
천지비 126, 178, 182, 257
천지비괘 72
천지일월 186
천택리괘 17
천풍구괘 17
천화동인괘 17, 72

체십용구 126
체오용육 126
축토 144
축회 144
출사표 23
칭물평시 134

ㅋ

캘린더 185, 186, 187
켐벨 21
쾌괘 17

ㅌ

탕왕 55, 56, 184
태극 49, 50, 125
태산 208, 209
택천쾌괘 17
택화혁괘 174, 177, 204

ㅍ

패도 30, 31, 33
표범 198
표변 197, 198, 202
풍괘 232, 268
풍천소축괘 17

ㅎ

하도 45, 61, 155, 181, 200
하도낙서 181, 188, 189, 208, 262
하도수 208
한동석 156, 182
한무제 208
함괘 278
향헌 110
헤라클레이토스 100
혁괘 49, 174, 175, 176, 177, 179, 180, 183, 184, 200, 204, 206, 207, 211
형 101, 191
혜동 267
호랑이 196, 198
호변 195, 196, 197, 202
홍범 200
화이트헤드 105
화천대유괘 17, 98, 120
화택규괘 177
화풍정괘 204, 230
황극 49, 50, 101, 125, 139, 262
황우 189, 191
후갑삼일 178
후경삼일 178
후덕재물 108
후천 49, 67, 125, 134, 156, 178, 189, 219

증산도 상생문화연구총서

당태종唐太宗**과 이십사장**二十四將

이십사장은 이연李淵를 도와 당 왕조를 건립하고, 또 현무문玄武門의 정변에서 진왕秦王 이세민李世民을 도와 그가 황제로 등극하는데 결정적인 공을 세운 24명의 공신을 말한다.

이재석 저 | 512쪽 | 값 20,000원

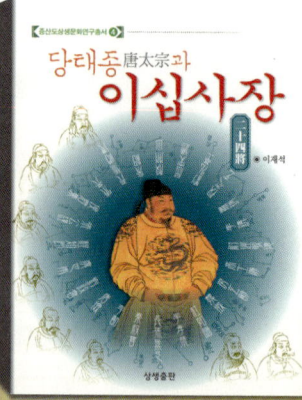

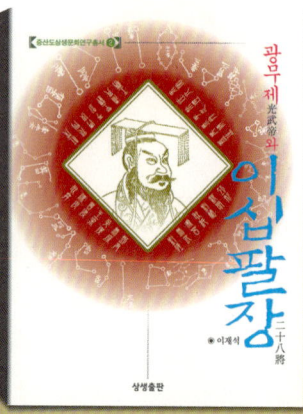

광무제光武帝**와 이십팔장**二十八將

이십팔장은 후한 광무제 유수劉秀가 정권을 수립하는데 큰 공을 세운 스물여덟 명의 무장을 말한다.

이재석 저 | 478쪽 | 값 20,000원

잃어버린 상제문화를 찾아서 동학

상제관이 바로 서지 않으면 우주만물의 원 주인도 제자리를 잡지 못한다. 그래서 이 책은 최수운이 창도한 동학에서 상제관 바로 세우기의 일환으로 집필되었다.

증산도상생문화연구소 | 255쪽 | 값 15,000원

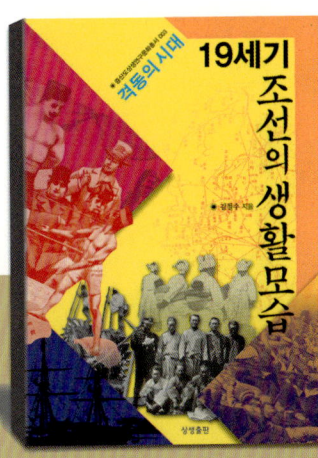

근본으로 돌아가라 [원시반본, 보은, 해원, 상생]
개벽을 극복하고 후천선경을 건설하기 위해 인간은 어떠한 삶을 살아야 하는가를 증산 상제님의 행적과 가르침이 담긴 『증산도 도전』을 중심으로 설명
유 철 저 | 301쪽 | 20,000원

격동의 시대 19세기 조선의 생활모습
이 책은 19세기의 사회상을 리얼하게 보여주려는 자료집이다. '증산상제의 강세를 전후한 모습, 곧 선후천의 갈림길에 선 19세기 조선의 모습'이다.
김철수 저 | 311쪽 | 값 20,000원

인류의 어머니 수부首婦 고판례
강증산 상제님의 종통을 계승한 고판례 수부님의 숭고한 사랑과 은혜의 발자취.
노종상 저 | 454쪽 | 값 20,000원

정역과 주역

김일부선생의 생애와 학문적 연원에 대해 쉽게 설명을 하고있으며, 정역을 공부할 수 있게 대역서의 구성원리와 서괘원리, 중천건괘와 중지곤괘에 대한 해석을 하고있다.

윤종빈 저 | 500쪽 | 값 20,000원

정역구해

김일부의 『正易』을 한 구절씩 낱낱이 풀이한 입문서에 해당한다. 정역을 전문으로 연구하는 사람들은 물론, 처음 배우는 사람들을 대상으로 삼고 있다.

권영원 저 | 500쪽 | 값 25,000원

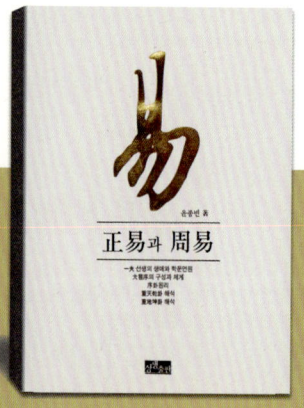

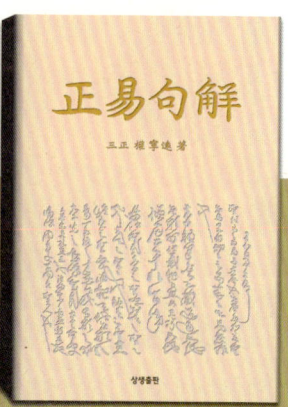

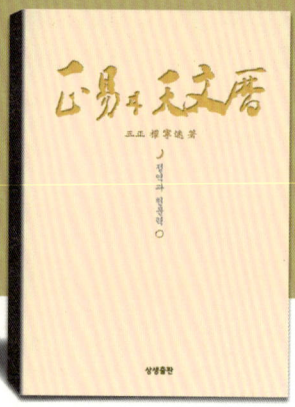

정역과 천문력

한평생 정역을 공부한 저자가 강의록을 책으로 출간하였다. 이 책을 통해 저자는 세상에 처음으로 수지도수手指度數의 실체를 드러내었다. 정역의 핵심인 수지도수의 이론과 동양천문에 대해서 쉽게 도해로 설명하고 있다.

권영원 저 | 656쪽 | 값 29,000원

주역참동계

만고 단경왕丹經王인 주역참동계를 통해서 저자는 동양의 내외단과 서양의 연금술의 전통이 일치함을 주장한다. 지금까지의 참동계 관련 문헌을 총 정리하였으며, 도장경에 나오는 참동계관련 도해를 처음으로 소개하여 독자들의 이해를 높였다.

임명진 저 | 600쪽 | 값 29,000원

증산도 상생문화 총서

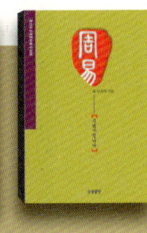

인류문명의 뿌리, 東夷

인류문명의 시원을 연 동방 한민족의 뿌리, 동이東夷의 문명 개척사와 잃어버린 인류 뿌리역사의 실상을 밝혔다.

김선주 저 | 112쪽 | 6,500원

인류원한의 뿌리 단주

강증산 상제에 의해 밝혀진 반만 년 전 요임금의 아들 단주의 원한, 단주의 해원 공사를 바탕으로 전개되고 있는 상생문명건설의 실상을 보여준다.

이재석 저 | 112쪽 | 값 6,500원

일본고대사와 한민족

수많은 백제인의 이주와 문화전파에 따른 문화혁명, 그리고 문화 선생국 백제의 멸망. 그 때마다 일본이 보여준 태도는 모두 한가지 사실로 모아진다. 곧 '일본 고대사 는 한민족의 이주사'라는 사실이다.

김철수 저 | 168쪽 | 값 6,500원

생명과 문화의 뿌리 삼신三神

삼신은 만유생명의 창조와 문화의 뿌리이며 한민족의 정서에는 유구한 정신문화로 자리매김 되어 있음을 보게 된다.

문계석 저 | 196쪽 | 값 6,500원

천국문명을 건설하는 마테오리치

살아서 뿐만 아니라 죽어서도 새 시대 새 문명을 여는데 역사하고 있는 마테오리치의 생애를 집중조명한다.

양우석 저 | 140쪽 | 값 6,500원

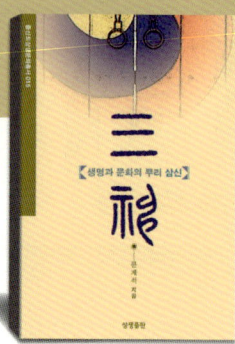

일본의 고古신도神道와 한민족

우리가 왜 일본의 고대사에 주목하는가? 그것은 일본 고대사의 뿌리가 한민족에 있기 때문이다.

김철수 저 | 239쪽 | 6,500원

만고萬古의 명장名將, 전봉준 장군과 동학혁명

전봉준의 혁명은 동학의 창도자 최수운이 노래한 세상, 곧 후천 오만년 운수의 새 세상을 노래한 것이었다.

김철수 저 | 192쪽 | 6,500원

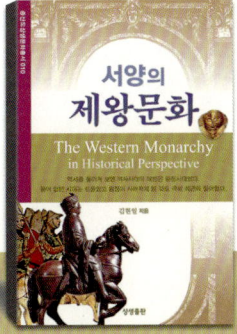

서양의 제왕문화

역사를 돌이켜보면 역사시대의 태반은 왕정시대였다. 이 책은 고대로부터 현대에 이르기까지 이러한 서양 왕정의 역사를 간략히 조망한 책이다.

김현일 저 | 215쪽 | 값 6,500원

천지공사와 조화선경

증산상제가 제시한 우주문명의 새로운 틀짜기와 판짜기의 프로그램이 바로 '천지공사天地公事'이다.

원정근 저 | 136쪽 | 값 6,500원

천주는 상제다

『천국문명을 건설하는 마테오 리치』의 자매편으로 동서양의 종교를 대표하는 기독교와 신교의 신인 천주와 상제가 결국은 동일하다는 사상을 주제로 삼는다.

양우석 저 | 151쪽 | 값 6,500원

홍산문화
[한민족의 뿌리와 상제문화]

홍산문화의 주인공은 동이족의 주체세력이며, 적석총·제단·여신묘의 제사유적군은 상제문화를 대표로 하는 한민족의 뿌리문화를 보여주는 것이다.

김선주 저 | 144쪽 | 값 6,500원

주역周易과 만나다

주역 64괘중 기본괘인 건괘, 곤괘, 감괘, 리괘와 겸괘, 사괘, 대유괘, 혁괘를 정리한 주역입문서.

양재학 저 | 285쪽 | 값 6,500원

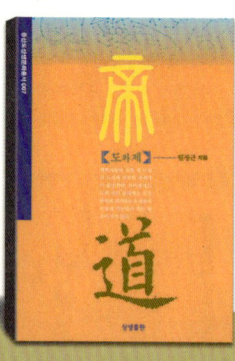

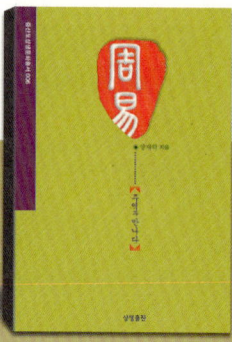

도道와 제帝

개벽사상에 대한 새 담론은 도道와 제帝의 관계에서 출발하며, 인류문명의 패러다임의 전환이 어떻게 가능한가 하는 물음이 담겨 있다.

원정근 저 | 188쪽 | 값 6,500원

하도낙서와 삼역괘도

인류문명의 뿌리인 하도와 낙서의 세계와 복희팔괘, 문왕팔괘, 정역팔괘를 쉽게 정리한 입문서.

윤창열 저 | 197쪽 | 값 6,500원

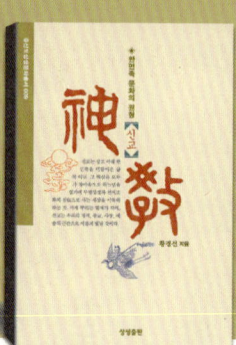

원한을 넘어 해원으로

140여 년 전 증산상제가 밝혀 준 해원 문제의 '코드'를 현대인들이 보다 쉽게 이해할 수 있도록 재조명 하였다. 원리적 접근과 역사적 경험적 접근으로 다가간다.

이윤재 저 | 186쪽 | 값 6,500원

한민족 문화의 원형, 신교

신교는 상고 이래 우리 겨레의 삶을 이끌어 온 고유한 도로써 정치, 종교, 예술 등이 길어져 나온 뿌리가 되는 원형문화다.

황경선 저 | 191쪽 | 값 6,500원

어머니 하느님
【정음정양과 수부사상】

상제의 수부이자 만 생명의 어머니인 태모사상을 통해서 어머니 하느님 신앙의 새로운 의미를 되살펴보고, 진정한 여성해방의 길이 무엇인지를 모색하고 있다.

유 철 저 | 189쪽 | 값 6,500원